JN115840

中小企業の国際化と自立化

―日立地域にみる胎動―

菅田 浩一郎

［著］

文眞堂

はしがき

　本書は，企業城下町といわれるような地域の産業集積地に所在する中小産業材製造企業の国際化について，自立化の概念を絡めながら考察した研究である。この研究においては，茨城県の県北，県央を中心とした地域を一括して「日立地域」と総称し，その地域に所在する中小企業を研究対象とした。中小企業の多くは，長年にわたり日本を代表する電機メーカーである日立製作所の傘下にある日立地域の工場群を主要取引先としてきた。これらの中小企業が，如何にして技術的蓄積を進め，これを開花させ，自立化を図り，また国際化に向けて動き出しているのかということが主要なテーマである。研究に際しては，1980年代になってから地場とは無縁の首都圏から移転してきた中小企業も取り上げた。なぜならば，このように移転してきた中小企業は，従来，日立製作所とは無縁であり，あるいは現在においても無縁であるものの，事業の国際化や自立化において重要なロールモデルを示すからである。

　なお，このように本書では，日立地域の中小企業に焦点を置いているが，かつて「外注下請工場」として弱い立場にあるとみなされ，自立化はともかくとしても「国際化」とは縁がないようにみなされてきた中小企業が実は非常に逞しく世界に向かって動き出しつつあるという，その胎動を把握し，明らかにすることを狙っている。そのため本書の分析視角の立脚点は，強いて言えば経営学における「国際経営論」にある。

　本書は筆者の博士号学位論文をベースとした。筆者は茨城県水戸市の常磐大学に勤務し，教鞭を執りながら埼玉大学大学院人文社会科学研究科の博士後期課程経済経営専攻に学びつつ，この博士論文研究を進めた。勤務先の常磐大学が水戸に所在するため，日立地域の中小企業を研究する上では大いに地の利を活かすことができた。中小企業をご紹介頂くに際しては快くご協力を頂き，また訪問先でも親切に対応して頂いた。中には訪問先企業の経営者のご子息・ご令嬢が現役の常磐大学生であったり，経営者や社員の方ご本人が常磐大学の卒

業生だったりすることもあり，厳しい研究の長い道のりを歩みつつも，地域の絆の温かみを感じることも多かった。これらの意味で本書のベースとなる研究の遂行は非常にやりやすかった。その一方，困難な場面が今一つ思い出せない。あえて言えば真夏の炎天下，蝉しぐれの中，連日中小企業を訪問していたとき，熱中症一歩手前のような状態になり，慌てて梅干しを頬張り，スポーツドリンクをがぶ飲みして車のシートに倒れこんだことなどが思い出されるが，今となってはこれも楽しい思い出である。

　ここで私事にて恐縮ではあるが，本書の基底にある博士論文研究の背景や動機，筆者の経歴等について若干述べさせて頂きたい。筆者は元来，大学の学部では政治学を学び，国際政治論を専門としていた。具体的には EC（現在のEU：欧州連合）政治論が専門であった。しかし，ゆえあって大学院には進まず，1993 年にソニー㈱に就職した。その後，本社を皮切りにテレビ事業本部，携帯電話（ソニー・エリクソン），車載オーディオ，半導体（中小型液晶や有機EL 等）の分野において戦略スタッフや生産戦略（サプライチェーン）関連の業務，あるいは現場での管理会計業務，サプライチェーン実務（生産・販売・在庫計画の策定や調達）を，日本（東京，厚木，東浦，熊本）のみならず中国（北京），タイ（チョンブリ），米国（サンディエゴ）に海外赴任して経験してきた。大くくりにして言えば，筆者は一貫して本社，事業部，工場，販売会社における様々な実務スタッフ業務を行ってきたが，なかなか多様性に富む経験であり，学ぶことも多かった。しかし，その一方で，今にして振り返れば一切断ち切ったつもりでいた学問研究への未練を払拭することができず，気が付けば20 年以上の歳月が経っていた。そして 2015 年，ソニー㈱勤務 22 年を経て，縁あって常磐大学の教員に就任するという僥倖に巡り合ったのである。

　その後，先述の通り教鞭を執り，研究を始めつつ埼玉大学大学院の博士課程に入り，学問研究を本格化させる機会を得た。長年，電器メーカーであるソニー㈱に勤務した経験も踏まえ，筆者としては中小「ものづくり」企業を大切にしたいという思いが強く，是非それを研究テーマの中心に据えようと考えた。また筆者は 1970 年代，幼少の頃，父の転勤に伴い西ドイツ・ハンブルグ市に 6 年間過ごした帰国子女のはしりである。子供のころからの国際的な経験や感覚，興味は今日まで持ち続けており，また，ソニー㈱時代の海外駐在員経験

や国際業務も相俟って，おのずと「国際化」が研究テーマの重奏低音として確定したという次第である。

　本書には，分析の不十分な点が残っているかもしれない。あるいは抜け漏れしている視点も多々あるのではないかと懸念される。しかし，筆者としては，手法として記述統計とはいえ実施したアンケート調査に基づく定量的な分析，インタビューをベースとした事例分析を含む定性的な分析，さらには日立製作所の各種社史，同社の傘下工場が発行する各種工場史，地元にある各種工業協同組合の組合史，あるいは様々な元社員の方々等へのインタビューを踏まえた歴史的分析等，複合的なアプローチから研究を展開することができた。特にインタビューにおいては筆者自身の国内外におけるソニー工場現場での経験も質問を組み立てる上で役立てることができた。その道何十年の中小企業の社長の話を聞いているときに，「なるほど，全くそれはとても良くわかります」と心底共鳴したり，あるいは意外なことを教示され，新しい発見に膝を打ったりといったことが何度もあった。こうしたことは先行研究の精読だけでははく，具体的な泥臭い現場経験を経て初めて掌握できる要素だったりすることも多かったと思う。こうした点に，ささやかながら本書刊行の意義を認めたい。

　本書の刊行に至るまで様々な方々にお世話になった。この場を借りて以下，御礼を申し上げたい。出版元である㈱文眞堂の代表取締役社長である前野隆氏，同社営業部部長の前野弘太氏には本書発刊の機会を与えて頂き大変親切にして頂いた。本書は筆者にとって初めての著書であり，世に問う機会はなかなか得られるものではないのであり，同社には心より御礼を申し上げたい。

　そもそも筆者が学問研究の楽しさに目覚めたのは卒業した慶應義塾大学法学部政治学科においてである。特に筆者が学生時代に所属したゼミナールの担当であった恩師，田中俊郎先生（慶應義塾大学名誉教授）には今でも折に触れて大先輩の教員として，研究者としてアドバイスをご教示頂いている。同様に森征一先生（慶應義塾大学名誉教授，前・常磐大学理事長）にも大きな御恩がある。そもそも唯のビジネスパーソンに過ぎない筆者を実務家教員として常磐大学に迎え入れてくださり，人生の一大転機をもたらして下さったのは森征一先生である。先生には幾度となく勇気づけられ，励まして頂いた。

　埼玉大学大学院人文社会科学研究科博士後期課程経済経営専攻においても副

指導を務めて下さった多くの先生より貴重なアドバイスやコメント，ご指導を賜った。伊藤孝先生（埼玉大学名誉教授，埼玉学園大学教授）には国際産業史を学び，マンツーマンのご指導を頂く貴重な経験をさせて頂いた。先生のご専門である米国の巨大多国籍企業，ニュージャージー・スタンダード石油会社の国際経営史の学びを通じて実証研究の厳しさ，面白さについて身をもって教えて頂いた。朴英元先生（埼玉大学教授）には Research Question の立て方や，分析枠組みの設定方法，定量的アプローチの重要性を教えて頂いただけでなく，国際ビジネス研究学会への門戸を開いて頂いた。金子秀先生（埼玉大学教授）には中小ものづくり企業にとっての製造技術の重要性や中小企業経営における国際化のモチベーション等について貴重なアドバイスを頂いた。石瑾先生（埼玉大学准教授）には本研究の分析枠組みの設定にあたっての国際経営理論のとらえ方について大切なコメントを頂戴した。

　埼玉大学以外の先生方にも多くの知恵をご教示頂いた。大木清弘先生（東京大学准教授）には国際ビジネス研究学会において 2017 年の夏に開催された PDS（Paper Development Session）において博士論文研究の基本的な方向性に影響を与えるほどの大事なアドバイスを頂いた。また，学位を取った後のことではあるが，筆者が初めて国際ビジネス研究学会の全国大会の場において研究報告をするに際しては，中小企業国際化研究の大先輩である高井透先生（日本大学教授）より大いに励まされ，また勉強をさせて頂いた。同様に日本経営学会の場においては，ベンチャー企業論の研究を進める小野瀬拡先生（駒澤大学教授）より温かい励ましの言葉と国際化に取り組む中小企業を見る上で重要なヒントとなる視点ににについてご教示頂いた。筆者にとってやはり初であった日本経営学会全国大会における研究報告の場においては，司会者としてお世話になった太田原準先生（同志社大学教授）には研究報告の内容に今一つ確信が持ち切れずにいた筆者に対して，二輪自動車産業における企業間取引の研究をヒントとして教えて頂き大いに助けられたのみならず，詳細は省くが経営者が国際化に関して抱く認識の在り方について新しい概念の研究を紹介していただき，大いに目が開かれる思いがした。

　このように筆者は多くの先達に助けられ，貴重なアドバイスやコメントを頂戴してきた。これは誠に幸福なことであり，ただ深く感謝するのみである。そ

して，博士論文研究の主指導を担当され，それを超えて今日，今なお研究の道において常に筆者を冷静に，そして温かく教え導いて下さる井原基先生（埼玉大学教授）に筆者は特別の恩義がある。

　井原先生は国際経営，アジアにおける経営やマーケティング，事例研究の方法論などをご専門とされている。筆者が博士課程に入った初日，井原先生には「博士論文研究とは，山野をさまよう旅路のようなものです。これからともにバックパックを背負って出発しましょう」と言って頂いたことが今も忘れられない。この姿勢は一貫して変わらず，筆者としては大いに手本としたいところであるが，師は常にはるか先を行き追いつくことはかなわない。また井原先生は筆者の目線があちこちに泳ぎ，学術的興味関心が分散してしまいがちなのを本道に立ち返らせてくださり，常に伴走してくださった。この姿勢は今日も変わらず続いており，筆者はお世話になってばかりなのである。

　また学術研究以外の分野でも感謝の意を申し上げねばならない方々がいる。研究にあたって様々な中小企業をご紹介くださった公益財団法人いばらき中小企業グローバル推進機構，ひたちなか商工会議所の皆様に深く感謝したい。特に2021年春に闘病生活の末，若くして亡くなられた小泉力夫氏（元ひたちなか商工会議所事業部長）には合掌とともに深く感謝するばかりである。そもそも元はといえば，6年前に筆者が人づてでたどりついたのが，すでに地域おこしや日立地域の中小企業支援で地元では著名人となっていた小泉氏である。人脈も実績も何ももたず中小企業の国際化について研究したいという強い思い一つで乗り込んだ筆者を温かく迎え入れ，喜んで元気な中小企業をご紹介くださったことがすべての始まりであった。折に触れて研究の進捗状況をご報告する度に小泉氏は励ましてくださった。また博士号取得をご報告したときはことのほか喜んでくださった。もっともすでに病状はかなり悪化し，余命いくばくもないときであったが。ほとんど口をきくこともできないほど衰弱しておられたが，固い握手をしながら浮かべられた微笑みが脳裏から離れない。小泉氏は「これからも，がんばれよ」と言外に言っておられたのである。

　本書の研究においては合計49社の中小企業を訪問させて頂いた。本来は一社一社の企業名とご対応下さった方々のご芳名を記載して御礼を申し上げるべきところであるが，紙幅の都合上，また一部の方々からのご要望により具体的

な企業名やご芳名は心苦しくも割愛させて頂く。ほとんどが経営者の皆様であり，中には複数回にわたりインタビューに応じて下さった企業もある。企業経営という重責を担い日々多忙を極めている皆様には，筆者のために貴重な時間とエネルギーを割いて下さった。この御恩は決して忘れることはできない。

　最後に常に私を遠くから温かく見守り，幸福を祈ってくれる父栄一と母萬里子，遠くオーストラリアの地から応援してくれる妹の桜子 Woloszyn とその夫 Peter Woloszyn，活発で明朗な姪の Erica と甥の Oscar，そしてソニー㈱社員という安定した道を捨て，知の冒険に向けた旅路を許し，ともに歩んでくれる妻優美子にもこの場を借りて感謝することをお許し頂きたい。

　　2021 年 8 月 25 日　　　聖ヨセフ・カラサンスの記念日に猛暑の水戸にて

図表リスト

図0-1　背景と問題意識 ···5
図2-1　分析の視角 ···34
表2-1　日立工場・多賀工場の下請業者の名称，所在地，機能 ·····················37
表2-2　日立工場の外注工場数（所在地別・規模別）（1950年代初頭）················39
表2-3　日立工場の外注工場数（所在地別）及び外注依存度推移（1950年代初頭）······39
表2-4　多賀工場　外注工場からの購入高推移（1959〜1968年）·····················42
図2-2　多賀工場「下請指導委員会組織」（1959年）·······································44
図2-3　多賀工場「外注工場指導委員会組織」（1963年）·······························44
表2-5　水戸工場による完成品外注（1967〜1978年）·····································47
表2-6　日立製作所工業協同組合　J.I.S.アーク溶接技術検定受験成績 ············49
表2-7　日立工場の外注工場数（所在地別）（1985年当時）····························53
表2-8　日立工場の外注政策（1971年以降）···53
図2-4　多賀工場の「外注管理委員会」と外注管理体制（1970年）················55
表2-9　多賀工場　業種別再編の考え方 ···57
表2-10　多賀工場の外注政策（1969年以降）···60
表2-11　水戸工場の外注政策（1980年以降）···63
図3-1　地域中小企業のDOI・自立化度合分析枠組み ···································85
表3-1　地域中小企業DOI測定指標項目 ···86
表3-2　地域中小企業自立化測定指標項目 ···92
表4-1　業種記号と業種 ···108
表4-2　企業別記号 ···108
図4-1　日立地域中小企業41社の国際化と自立化（DOI指標と自立化指標）·············110
表4-3　タイプ別の業種別企業数 ··111
表4-4　日立地域中小企業各社別DOI指標及び自立化指標 ···························112
図4-2　日立地域中小企業41社の業種別DOIと自立性 ································113
表4-5　業種別DOI指標及び自立化指標 ···114
表4-6　業種別平均DOI指標及び平均自立化指標の明細（1）·······················116
表4-7　業種別平均DOI指標及び平均自立化指標の明細（2）·······················118
表4-8　業種別の業態変化（過去15〜20年）···120
表4-9　タイプ別・業種別平均DOI指標及び平均自立化指標の明細と
　　　　全体平均との差異 ···128
表4-10　業態毎の業種とDOI，自立化 ···134
表4-11　業態別DOI指標・自立化指標業態別明細 ·······································136
図5-1　分析枠組みにおけるタイプ1・タイプ3-A，タイプ3-Bの位置づけ···········143
図5-2　分析枠組みにおけるタイプ1とタイプ3-Aの位置づけと方向性··············151
写真5-1　E6社の技術力の高さを示すアロワナのモデル·······························161

写真5-2　E6社の技術力の高さを示すLeaf型モデル……………………………162

写真5-3　A8社のシーズヒーター………………………………………………165

図5-3　A8社の自立的経営の特長………………………………………………167

図5-4　分析枠組みにおけるタイプ3-Bの位置づけと方向性…………………168

表5-1　タイプ1，タイプ3-A及びタイプ3-Bのまとめ……………………170

図6-1　分析枠組みにおけるタイプ4とタイプ3-C……………………………174

写真6-1　F3社製のスタンド型風鈴の楽器……………………………………176

写真6-2　C6社　「割裂」®加工の連続写真……………………………………179

写真6-3　C6社の「割裂」®技術を使った製品例………………………………179

写真6-4　C6社の「割裂」®技術を使った製品例………………………………180

写真6-5　A2社のCappa…………………………………………………………183

図6-2　分析枠組みにおけるタイプ3-C………………………………………186

写真6-6　A7社の製品例…………………………………………………………188

写真6-7　NC旋盤機器が並ぶE1社社内生産ライン…………………………190

図6-3　PCB実装工程の構成(1)…………………………………………………192

図6-4　PCB実装工程の構成(2)…………………………………………………193

図6-5　A3社の輸出構造…………………………………………………………194

図6-6　分析枠組みにおけるタイプ4……………………………………………203

表6-1　タイプ3-C，タイプ4のまとめ………………………………………205

図7-1　分析枠組みにおける転入企業の位置づけ………………………………211

図7-2　G4社の考え方……………………………………………………………213

写真7-1　D3社のアルミ鋳造製造現場及び同社が製作するCTスキャナー，
　　　　MRI用の大型部品……………………………………………………216

写真7-2　E3社の製作する歯科医向けスケール………………………………227

写真7-3　F2社による自社開発超精密特殊バイス……………………………228

表7-1　転入企業（タイプ3-B，タイプ3-C，タイプ4）のまとめ…………232

図8-1　日立地域中小企業41社の国際化と自立化（DOI指標と自立化指標）…………237

表8-1　タイプ毎の中核企業分類…………………………………………………240

表8-2　転入企業と全体平均のDOI指標・自立化指標の差異…………………244

表8-3　タイプ別DOI指標・自立化指標と全体平均値との差異，タイプ間の差異(1)…………247

表8-4　タイプ別DOI指標・自立化指標と全体平均値との差異，タイプ間の差異(2)…………249

図8-2　日立地域中小企業の国際化と自立化の方向性と特長……………………254

目　　次

はしがき

図表リスト　**vii**

序章 …………………………………………………………………………… 1

　第1節　問題の所在 ………………………………………………………… 1
　第2節　本研究の構成 ……………………………………………………… 4

第1章　先行研究の検討 …………………………………………………… 7

　はじめに …………………………………………………………………… 7
　第1節　中小企業の国際化に関する先行研究 ………………………… 8
　　(1) 中小企業国際化の全体像 ………………………………………… 8
　　(2) 中小企業国際化の動因(契機・原因)に関する先行研究 ……… 10
　　(3) 中小企業国際化の様態に関する先行研究：Uppsala モデル …… 11
　　(4) 中小企業の国際化に関するその他の諸先行研究 ……………… 15
　第2節　中小企業自立化に関する先行研究 …………………………… 20
　第3節　媒介変数としての「国際化と自立化」に関する先行研究 …… 22
　第4節　日立地域中小企業の国際化と自立化に関する先行研究 …… 24
　小括 ………………………………………………………………………… 25

第2章　日立製作所の外注政策展開過程 ……………………………… 29

　はじめに …………………………………………………………………… 29
　第1節　先行研究の検討 ………………………………………………… 30
　第2節　分析枠組みの設定 ……………………………………………… 33
　第3節　戦前・戦中における日製と外注の関係 ……………………… 35
　第4節　戦後〜高度成長期における日製各工場と外注企業の関係 … 38

　　（1）日立工場 ………………………………………………… 38
　　（2）多賀工場 ………………………………………………… 41
　　（3）水戸工場 ………………………………………………… 45
　　（4）工業協同組合の位置づけと役割 ……………………… 47
　第5節　低成長期バブル崩壊からグローバル化に至るまで ……… 51
　　（1）日立工場 ………………………………………………… 51
　　（2）多賀工場 ………………………………………………… 54
　　（3）水戸工場 ………………………………………………… 60
　小括 ……………………………………………………………… 64

第3章　分析枠組みの設定 ……………………………………… 69

　はじめに ………………………………………………………… 69
　第1節　中小企業のDOI指標に関する先行研究とその修正 …… 70
　　（1）先行研究の検討 ……………………………………… 70
　　（2）DOI指標の修正：日本の地域中小下請型企業のDOI測定指標のために… 72
　第2節　自立化指標に関する先行研究とその修正 …………… 80
　第3節　「理想プロフィール」手法による
　　　　　DOI測定指標・自立化測定指標の設定 …………… 84
　　（1）理想プロフィール …………………………………… 84
　　（2）DOI測定指標及び自立化測定指標 ………………… 85
　　（3）DOI測定指標と自立化測定指標よりなる
　　　　マトリックス上の各タイプ位置づけ ………………… 97
　小括 ……………………………………………………………… 103

第4章　日立地域中小企業の国際化と自立化に関する仮説と定量分析 …… 105

　はじめに ………………………………………………………… 105
　第1節　調査対象と調査方法 ………………………………… 105
　　（1）調査対象について …………………………………… 105
　　（2）調査方法（アンケートとヒヤリング） …………… 107
　第2節　全体像 ………………………………………………… 109
　第3節　業種別及びタイプ別・業種別の特徴 ……………… 112
　　（1）業種別の特徴 ………………………………………… 113

　　（2）タイプ別・業種別の特徴 ………………………………………………… 125

　　第4節　業態毎のDOIと自立性の特徴 …………………………………… 131

　　小括 ………………………………………………………………………………… 138

第5章　事例研究　タイプ1及びタイプ3に発展した中小企業について ……141

　　はじめに ………………………………………………………………………… 141

　　第1節　分析枠組みにおけるタイプ1・タイプ3の位置づけ …………… 142

　　第2節　中核企業への依存が高い企業（タイプ1及びタイプ3−A）の
　　　　　　事例 …………………………………………………………………… 144

　　第3節　国内志向自立化企業（タイプ3−B）の事例 …………………… 151

　　小括 ……………………………………………………………………………… 169

第6章　事例研究　国際化準備段階にある
　　　　　　タイプ3及びタイプ4の中小企業 ……………………………… 173

　　はじめに ………………………………………………………………………… 173

　　第1節　分析枠組みにおけるタイプ3・タイプ4の位置づけ …………… 173

　　第2節　国際化準備段階にある中小企業（タイプ3−C）の事例 ……… 175

　　第3節　自立型国際化を進める中小企業（タイプ4）の事例 …………… 186

　　小括 ……………………………………………………………………………… 203

第7章　事例研究　転入企業 ……………………………………………………… 209

　　はじめに ………………………………………………………………………… 209

　　第1節　分析枠組みにおける転入企業の位置づけ ……………………… 210

　　第2節　転入企業のうちのタイプ3−Bとタイプ3−Cの事例 ……… 210

　　第3節　転入企業のうちのタイプ4の事例 ……………………………… 219

　　小括 ……………………………………………………………………………… 230

終章 ………………………………………………………………………………… 235

　　第1節　本研究より得られる示唆 ………………………………………… 235

　　第2節　本研究の結論 ……………………………………………………… 257

第3節　今後の研究課題 ……………………………………………… 259

参考文献 ……………………………………………………………… 263

参考資料 ……………………………………………………………… 273

索引 …………………………………………………………………… 285

序　章

第1節　問題の所在

　「ものづくり」という日本語は欧米語には見出すことができない独特の空気を帯びる。「ものづくり」という言葉は，匠の技による芸術性を帯びた伝統工芸品の製作から，工場の大量生産に至るまで幅広い意味を持つ。生産物の多寡に幅があるだけではない。「ものづくり」は，研究開発段階の試行錯誤や商品設計，モックアップの製作やそのデザイン検討，技術面での品質の作り込み，筐体の材質選びや手触り感の熟慮といった開発試作段階をさすこともあれば，生産工程の組み方やオペレータ（組立工）の作業や設備，治工具に関する関連技術など量産段階を意味することもある。また「ものづくり」は石油化学や薬液，各種素材から，家電，自動車や航空機，船舶，鉄道とその部品に至るまで幅広い産業分野で用いられる。つまり「ものづくり」はサプライチェーンの川上から川下まで，生産ステージを問わず，また産業分野を問わず用いられる言葉である。しかし，このように多様なシーンで用いられる言葉であるにも関わらず，あえて「生産」「製造」と言わず，「ものづくり」という語を使うとき，日本人は製作者の製作物に対する真摯な向き合いや真剣に打ち込む様子を連想する。魂を込めて製作物に向かい合う様子に，精神修養にも似た雰囲気を感じ取ることさえあるのではないか。そのため「ものづくり」とひらがな5文字で表記する言葉の周辺にある種の精神性や文化の香りさえも感じるのではなかろうか。

　長年にわたり「ものづくり」は日本の産業・経済を支え続けてきた。藤本（2007）が言う通り，「『ものづくり』は，20世紀後半の日本の経済社会が培っ

てきた『得意技』の一つであり，21 世紀初頭の現在でも，世界最高水準の『も
のづくり現場』が日本の津々浦々に存在」するのである（p. 4）。

　日本の産業を支えてきた「ものづくり」の中でも特に中核企業としての日本
の電子・電機及び自動車等の組み立て産業の国際競争力を支えてきたのは多彩
で強固な中小規模の裾野産業である。裾野産業は中小産業財製造企業（部品
メーカー，金型・治工具企業，設計・装置企業，鋳造・鍛造等）及び外注加工
企業（製缶・鈑金，切削・研削，プレス加工，樹脂・ゴム加工等）が担い手で
ある。このように，日本の「ものづくり」を支えてきた力の源泉は，一つには
地域における企業城下町的産業集積地の下請型中小企業の存在にあったことは
まず確認しておく必要がある。

　今日，経済のグローバル競争が激化する中で，中小企業にとって大手顧客で
ある中核企業として日本経済を牽引してきた電機産業や自動車産業の内，電機
産業はグローバル競争の荒波に揉まれ，特にアジア諸国の台頭や欧米競合との
競争激化の中で，国内外を問わない事業再編や，これに伴う研究開発，生産，
あるいは事業本体の海外展開，組織再編や他企業との合従連衡等も余儀なくさ
れてきた。そのため経済のグローバル化が進む今日，日本のものづくりを支え
てきた下請型中小企業は，変革に向けて大きな岐路に立たされており，新たな
視座で中小企業の国際化をとらえなおす必要がある。しかし，海外生産展開に
ついては，慎重に検討するべきであるとの議論もある。加藤（2011a）は，海外
展開に伴う諸問題を詳細にわたり指摘し，安易な中小企業海外展開論を戒めて
いる。たしかに企業の国際化はリスクがつきまとう。しかし，日本の中小企業
数は 2009 年の 421 万社から 2014 年には 382 万社へと 39 万社も減少するなど
（中小企業白書，2017，p. 22），経済のグローバル化に伴う競争環境は厳しさを
ましており，個々の中小企業も政府も存続のために手を打たない訳にはいか
ず，中小企業・小規模事業者の生産性向上支援や海外展開支援等を含む諸政策
が実行されているのである[1]。

　地域に目を転じれば，例えば日本経済を牽引してきた電機産業の最大手たる
日立製作所（以下，本研究においては日製と略記）のおひざ元である日立地域
のような企業城下町の衰退が進んでいるという実態がある。工業統計によれ
ば，日立市の製造業企業数は，1985 年の 848 社から 2014 年には 380 社へと 55%

も減少し，同様にひたちなか市の場合も 1985 年の 381 社から 2014 年には 213 社へとやはり 44％もその数を減らしている（一般財団法人常陽地域研究センター，2015, p. 16）。周知の通り中核企業たる日製は，グローバル化や事業再編を経て 2000 年代半ばより驚異的な業績 V 字回復を果たしたが，同社が栄える一方で，その城下町は衰退を続けるという「ねじれ状態」に陥っているのである[2]。見逃してはならないのは，そうした中でもグローバル競争に打ち勝つために地域パートナーとの密な連携により相互に発展していこうとする日立工場の姿勢であり，自動車部品産業分野での中小企業自身の新技術への対応の必要性の高まりや，成長分野たる医療機器関連での発注増と成長機会の増加といった中小企業にとっての事業機会の増加であり，さらにはこうした機会を活かそうとする地域経済団体によるものづくり産業集積力強化への支援，海外需要の取り込み（国際化）支援といった諸施策が展開されていることである（一般財団法人常陽地域研究センター，2015, pp. 20-24）。個別具体的にみた場合，菅田（2016）にある通り，同地域の中小企業の中には，ひたちなか商工会議所が進めた米国プロジェクトに参加し，自立化を伴う国際展開や，自社製品を活用した国際展開を模索する企業も存在するのである（pp. 54-59）。

　地域の企業城下町的産業集積地における中小企業に目線を向けるのは，昨今叫ばれている地方創生の必要性だけが理由ではない。そもそも中小企業という視点でみた場合，産業集積地には，取引先顧客が多数あり，開放的な都会型（東京，大阪等）と，中核企業を頂点とする取引空間としての閉鎖的な元農村の企業城下町型（日立地域等）がある。都会型は取引先のシフト，転業のチャンス等が比較的多数あるが，企業城下町型はそれが困難であり，より survival の処方箋が必要なのは企業城下町的産業集積地の中小企業である。地域の企業城下町的産業集積地はより閉鎖的な空間で発展したため，生存と発展のハードルがより高いのである。そのため，地域の中小企業の生存につながる国際化とそれを裏付ける自立化の特徴をつかむことができれば，これはよりハードルの低い都会型の中小企業にも適用できる可能性が高いであろう。また中小企業の自立化を問題にするのは，いまだ半数以上の中小企業が下請であり，様々な事業上のトラブルにあっているからでもある（池田，2007, p. 17）。

　そこで本研究においては，日立地域の中小企業を取り上げ，その国際化を自

立化と絡めながら分析し，その特徴を考察する。具体的には日立地域の中小企業49社を訪問してヒヤリングを行う一方，中小企業の国際化度合（Degree of Internationalization：以下DOIと略記）と自立化度合を測定する指標を設定し，これを基に作成したアンケート調査を行い，訪問企業中41社より得た回答結果に基づく記述統計を活用して定量的に測定し，分析を進める。日立地域を取り上げる理由としては同地域に主要工場を多く有する日製が日本を代表する中核企業であること，同地域が閉じられた産業空間よりなる典型的な企業城下町であることが挙げられる。また産業財に着目するのは消費財とは異なり企業間取引関係が長期的に固定化されやすく相互作用による技術蓄積が進むからである。従来，このように地域の企業城下町の現実に立脚しつつ，中小企業国際化の胎動に着目した研究は極めて少ない。従来の議論では，中小企業の国際化は，大企業の海外展開に応じた受動的な海外事業展開を行う場合が多いとされた（山本，2014，p. 142）。また，1980年〜1990年代に取引先の生産拠点移転やコスト削減要請に対応するための受動的な海外展開（生産拠点移転）を行った多数の中小企業が顧客企業の業績不振から取引関係を打ち切られた事例も指摘されてきた（櫻井，2017，pp. 3-4.）[3]。特に日立地域の下請型中小企業は日製を頂点とする閉鎖的な工業集積とみなされ，「退出能力」に欠ける下請企業群が大規模に形成され（国内同地域で：筆者）再生産されるとされてきた（渡辺，1997，p. 209）。しかし，実際には少なくとも一部の企業城下町型中小企業は国際化に向けて動いており，また，それ通じて自立化を図り，あるいは自立化を経て，市場を求めて国際化しようとしているのである。

　以上論じてきた背景と問題意識を図式化したものが図0-1である。

第2節　本研究の構成

　本研究以下のような手順で進めていく。
　まず第1章においては，本研究の問題領域における先行研究を検討する。具体的には中小企業の国際化については，その要因や動機といった国際化の契機に関する，whyという問いをめぐる研究と，国際化の様態を描写する，howを

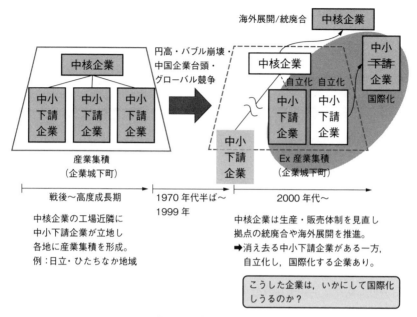

図 0-1　背景と問題意識

問う研究がある。こうした中小企業の国際化をめぐる研究を確認した上で，中小企業の自立化に関する先行研究を確認する。中小企業の自立化に関する先行研究は，中小下請企業の脱下請の条件整備と展開過程に関する研究の確認と換言してよく，極めて重要である。その上で中小企業の国際化と自立化を媒介し，双方の関係性を論じた研究成果を確認した上で，最後にわずかに存在する日立地域の中小企業の国際化と自立化の研究を取り上げることとする。

　第2章においては日立地域の中小企業がいかなる史的展開過程を経て，技術力，経営力を身に着けていったのかを理解する手がかりとして，日製各工場の工場史を紐解き，そこに記録された外注政策史を跡付ける。日立地域の中小企業は無力で miserable な存在とは限らない。むしろ強かに，逞しく生存し続けるだけの力を有しているとみられる。それは長年にわたる中核企業との長期的取引関係の中で培われた技術力に負うところが大きいと考えられる。第2章では，上記外注政策の展開過程から中小企業の力の蓄積過程の一端を垣間見ることを試みる。

　第3章は本研究において日立地域の中小企業を分析する上で必要となる分析枠組みについて論じる。すなわち，縦軸にDOI指標，横軸に自立化指標をとり，日立地域の中小企業がこの座標軸上の何処に位置付くのか，分析するための理論的枠組みを設定する。

　第4章においては第3章において設定した分析枠組み，すなわちDOI指標と自立化指標よりなる座標軸に，実際に行った日立地域中小企業41社より得たアンケート調査の結果を反映させ，中小企業の実態について定量分析を踏まえた考察を行う。

　第5章から第7章までは事例研究である。すなわち，第3章において設定した理論的分析枠組を用いて，41社のアンケート回答企業を含むヒヤリング対象となった49社に対して行ったヒヤリング内容を踏まえた定性的分析である。全49社はタイプ1〜タイプ4まで，いくつかのグループに分類され，複数企業に共通する事項を中心に論じるが，代表例となりうる個別企業の事例や，例外的な事例も取り上げ詳細な検討を加える。

　以上の内容を踏まえ，終章において日立地域における中小企業の国際化はいかに進むのか，その特徴を自立化と絡ませながらいかなることが言えるか，総括する。

[注]
1　中小企業白書（2017）Web版。「平成28年度において講じた中小企業施策」（http://www.chusho.meti.go.jp/pamflet/hakusyo/H29/h29/index.html，2017年11月15日最終確認）。なお，「中小企業施策」については，Webにおいてのみ公開。
2　例えば「自治体消滅の足音：企業城下町の凋落，中核都市の苦境」『日経ビジネス』2016年1月25日，p. 37にあるような経済誌記事においてこうしたことが指摘されている。
3　また林（2016）も1990年代以降の中小企業海外進出の特徴として，親企業への追随や親企業の要求に従った進出の増加及び親企業の進出に伴う準備不足のままでの消極的進出による失敗の増加を挙げている

第 1 章

先行研究の検討

はじめに

　本章においては，日立地域における中小企業の国際化につき，自立化概念を絡ませながら考察するための分析枠組みを構築するための準備として，先行研究を検討する。

　結論を先取りして述べるならば，地域における企業城下町的産業集積地における中小企業（従来の下請型産業財製造業）の国際化を自立化と関連させて論じた研究は国内外を見渡しても少ない。

　中小企業の国際化という側面では欧米における理論的，実証的研究成果が多くみられる。しかし，欧米の中小企業（SME: Small And Medium-sized Enterprises）は往々にして独立起業型ベンチャー企業を研究対象としているものが多い。またその事業分野もサービス業，流通小売業，ソフトウェア産業，建設業等多岐にわたる。一般消費者向けビジネス（BtoC）も含まれる。しかし，本研究の焦点は産業財製造業（BtoB）を営む中小企業にある。欧州等においては，一部では産業財下請型中小企業の国際化を扱った研究も散見される。しかし，これは次章で論ずるような，わが国にみられるような戦前から戦後を経て，高度経済成長期に発展した親企業（以下，中核企業）—下請企業の関係，護送船団方式と呼ばれるような長期固定的取引関係という史的背景を前提とする中小企業とは異なる。したがって，欧米の中小企業国際化研究においては，「自立化」という視点がない。それは当該中小企業が端から独立しているため，もしくは複数の顧客を選べる外注企業だからである。日本の地域中小企業はそれとは異なる。そうであるがゆえに本研究で取り上げる日立地域の中

小企業の国際化を分析するにあたっては，「自立化」の視点が重要なのである。

　中小企業の国際化に関する日本における先行研究においては，実際の中小企業の国際展開の成否を分ける要素等について論じた研究が多くみられる。ただし，理論的な分析枠組みを構築し，定量的分析も踏まえた研究は少ない。また，かつて中核企業の指導によって蓄積するに至った史的展開過程について，これを論じ評価した研究も稀有である。

　なお，本研究における「国際化」とは，対外直接投資や輸出のみならず，輸出前段階での準備活動（Pre-Export Activity）も国際化として含むものとする（Olson & Wiedersheim-Paul, 1978, pp. 283-305; Cavusgil, 1980, pp. 273-281）。また，本研究における中小企業とは，企業城下町的産業集積地に立地し，同地域の中核企業や中核企業以外の各種顧客向けに産業財等を製造販売する企業や加工サービスを提供する企業である。具体的には金属や樹脂・ゴム，ガラスを扱う機械加工業（切削・研削，プレス加工，鈑金，製缶・溶接，金型製造，部品製造），治工具製造業，部品製造業であり，下請型外注加工を行う企業や，自社製品・部品を提供する企業，独立した自社ブランド品や自社独自のサービスを提供する独立型の中小企業も含む。中小企業の企業規模は中小企業庁の定義に準じる。なお，新興ベンチャー企業，一般消費者向け（BtoC）企業，非製造企業，商店等は含まない。

第1節　中小企業の国際化に関する先行研究

(1)　中小企業国際化の全体像

　まず，中小企業の国際化とは何か，国際経営論における先行研究を踏まえた上での概念的な定式化や理論的展望を試みた研究として Rialp & Rialp（2001）がある。Rialp & Rialp（2001）は，事業の国際化は，企業と国際市場の相互作用，学習の繰り返しが鍵概念であるとし，中小企業の国際化に関する理論として，漸進主義的アプローチをとる Uppsala Model を検討する（pp. 49-78）。漸進主義的アプローチは，事業国際化を合理的，計画的な順序ではなくて，ゆっ

くり時間をかけて徐々に進化発展するパターンである。この考え方は，国際化初期段階にある中小企業の輸出行動を説明する上で有益である。しかし，このモデルは国際化ステージの段階を上昇するにあたっての意思決定の動因は説明しない。このように，Uppsala Model はステージを描くが，その原因を語らないという弱点を有するものの，少なくとも中小企業の輸出プロセスのダイナミックな性格の概念化を提供する。このように論じ Rialp & Rialp（2001）は Uppsala Model を高く評価するのである。

　中小企業国際化を説明する独自の理論的な枠組みの構築については，その後様々な試みがあった。例えば，Korsakienė & Tvaronavičienė（2012）は，リトアニアとノルウェーにおける中小企業の国際化に関する比較分析を行う中で，両国の発展経路の相違も踏まえた理論枠組みを模索する。そして，中小企業国際化に影響する要素は，ステージ（Uppsala Model），ネットワーク，IEO（International Entrepreneurship Orientation：国際起業家志向）であるとして，当該中小企業がなぜその国での操業を選んだのかという動機（Reason），企業環境（Environment），そして経営モデル（Model）の 3 点よりなる REM モデルを理論枠組みとして提唱する（pp. 294-307）。

　一方，日本に目を転じた場合，経済のグローバル化という現実を前にして中小企業が存立する社会的分業構造の変容に着目するべきと論じるのが渡辺（2003）である。渡辺（2003）は，従来の国内完結型産業構造を変化させている日本製造企業の海外進出を，三極化と東アジア化の二側面の内容を持つものとして把握することが重要であるとする。そして日本国内でのものづくりは独自性を発揮できるのであり，東アジアが開発できないものを，日本国内の産業集積は開発，生産することが可能であるとして，産業集積の産業基盤は，今後，極めて存在意義が大きいものとなるが，従来型の産業集積利用にとどまるのではなく，独創的に蓄積された技術を創造的に活用しないと，産業集積は存在を停止すると警鐘を鳴らすのである（pp. 1-13）[1]。

　産業集積という視点ではなく，個別企業が直面するグローバル化について，山本（2014）は，近年のグローバル化をビジネスチャンスととらえ，一部の中小製造業は自社の存立維持を図るために，自ら海外に生産拠点，調達拠点を設ける経営行動がみられるとする。さらに第二創業により，イノベーションを起

こし，存立基盤を強化していこうとしている中小企業があるとして，かつての消極的な国際化（中核企業への追従としての海外投資）から，積極的な国際化（主体的な海外展開）への変化が起きていると指摘する（pp. 142-143）。

　また，関（2015）は中小企業国際化に関する従前の研究として，中小企業の類型化，大企業との差異，国際化のプロセス，国際化の成果をめぐる議論があると整理した上で中小企業の国際化に関する研究を網羅的に把握しようとする（pp. 21-35）。

　このように，中小企業の国際化については，欧米においては理論的な精緻化の試みがなされ，また日本においても日本型の中小企業の在り方をめぐる模索がなされ，研究・分析課題の整理が試みられている。以下においては，中小企業が国際化を目指す契機・動因についての先行研究を確認する。

(2)　中小企業国際化の動因（契機・原因）に関する先行研究

　以下においては中小企業一般の国際化につき，その動因（契機・原因）はいかなるものであるかという観点からなされた先行研究を整理したい。

　中小企業の国際化の契機に関しては，中小企業にとって国際展開の契機は「国内市場の寡少性」にあるとする Lindqvist（1991）の研究が挙げられる。Lindqvist（1991）は，当該企業にとって，自国の市場規模が小さいほど，国内市場においてのみ活動することは規模の経済性を実現することが難しくなるとし，自国市場が小さい国のより専門的な企業ほど，早期の段階から海外展開せざるを得ず，同様に先端技術を活用する専門的なニッチ市場を対象とする中小企業ほど，海外事業に乗り出しやすいとしている（p. 35, p. 228）。

　なお，同様に寡少なる国内市場を飛び越えて成長機会を追求するという視点から Etemad（2013）は，中小企業にとって，国際化は成長戦略の不可欠な要素であるとする。世界的な自由化が進展する今日，特に国内市場が狭小の場合，国内での成長はコストが高く困難なものとなる一方，国際化は成長にとって魅力的な機会を提供する。たとえ国内市場の規模が大きい場合でも特定商品の市場規模は成長の継続には小さすぎ，それゆえ国際化は魅力的な成長戦略となる（p. 40）。このように Lindqvist（1991）同様，Etemad（2013）は国内市場

の寡少性が契機となると指摘するとともに，たとえ国内市場が大きなもので
あったとしても，成長戦略の展開には国外に目を向けざるを得なくなるであろ
うとする。

　中小企業の国際化の契機に関する日本における先行研究としては，中核企業
との関係を起点とした分析や，事例研究を用いたベンチャー企業の海外展開に
ついての議論がある。

　久保田（2007）は中小部品メーカーの海外展開は，ユーザー企業との取引が
縮小した場合でも，新規取引先の開拓や新規事業分野の進出が重要であると指
摘する（pp. 43-61）。また，浜松（2012）は中小企業の生産面，販売面におけ
る国際化進展の理由として，生産面は日本国内のコスト高の影響であり，販売
面は新興国市場の台頭と日本市場の成熟化により海外市場に成長機会を求める
ようになってきたことが背景にあると論じる（pp. 35-48）。

　最後に，中小企業の国際化への動機について取りまとめた OECD（2009）を
紹介したい。OECD（2009）は，中小企業の国際化に向けた障壁を列挙した上
で，国際化への動機として，1）成長への動機，2）知識関連の動機（R&D 投
資，イノベーション能力確保，特殊な製品技術，語学力，その他企業としての
各種資源［企業規模，企業年齢，経験等］），3）ネットワーク及びサプライ
チェーンリンクの要因，4）国内市場の成長鈍化，国内市場の寡少性を挙げて
いる（pp. 5-35）。

　以上の通り，中小企業国際化の動因については，市場の探索，成長の模索，
知識の確保等々が挙げられると論じられてきたのであり，参照される要素も多
い。しかし，これらの議論は日本の地域にある企業城下町における，従来は下
請外注と呼ばれてきた中小企業の中核企業との長期固定的取引関係や，そこか
らの自立化を踏まえた国際化を論じたものではない。そのため，後述する通
り，自立化という概念の導入が必要となるのである。

⑶　中小企業国際化の様態に関する先行研究：Uppsala モデル

　企業の国際展開の形態について，Johanson & Vahlne（1977）は Uppsala モ
デルとして有名なステージモデルを論じる。その要諦は，国際化は長期間にわ

たって漸進的な段階を経て実現していくとするものである。Johanson &
Vahlne（1977）は，企業は徐々に国際化を進めるとして，個別企業の発展，特
にその漸進的な企業買収や合併，及び外国市場や外国での操業に関する知識の
漸進的な活用に焦点をおいた国際化プロセスモデルを論じ，国際化とは，一連
の漸進的意思決定によってなされるとした。そして一連の漸進的意思決定に基
づき，企業の国際化は，不定期的輸出に始まり，海外販売代理店を介した輸
出，自社現地販売拠点の設立を経て，海外工場投資というような順序で拡大す
るとする。またその生産投資も最初は単純なものから始まり，やがて複雑な生
産工程が加わるというのである。こうした漸進的な国際化においては，心理的
な距離の大小により，投資拡大までかかる時間が決まる。そのため国際化は，
国内市場に近い心理的な距離の小さな近隣諸国からスタートするというもので
あった（pp. 23–26）。

　心理的距離とは，市場からの情報の流れ及び市場への情報の流れを阻害する
要素の総体と換言できる。それは言語，教育，ビジネス習慣，文化そして産業
の発展程度によって異なるものである。国際化に関する問題解決を阻害するの
は，国際オペレーションにおける知識の欠如であり，市場の情報の不足であ
り，不確定要素である。国際オペレーションを発展させるにあたっては言語や
文化といった国に関する違いについての知識が欠如しているということは，重
大な障害である。反対に言語や文化の知識が蓄積することで国際化は徐々に進
む。Johanson & Vahlne（1977）は Stage Aspect（現状の側面）と Change
aspect（変化の側面）という観点から心理的距離を縮めるサイクルが回り，漸
進的な意思決定に基づく漸進的な国際化が進むと論じた。このサイクルが回る
結果，コミットメントは小さなステップによってなされるとみるのである。

　その後，当該 Uppsala モデルは修正を重ね，2015 年により網羅的な改訂がな
された。すなわち，Johanson& Vahlne（2015）は，かつての Uppsala モデルを
振り返り，1977 年モデルの根本的な前提は，合理性の有限性と不確定性にあっ
たとする。第一に企業は自分たちのオペレーションと海外市場における現在の
活動の経験から学ぶことで変化する。第二に，企業はコミットメントの決定に
より変化する。また学習とコミットメントの構築は時間がかかるとみなした。
これにより，なぜよりリスキーだが潜在的可能性の高い事業領域に進むこと

が，また心理的距離という点でより遠くの市場にいくことが，漸進的になるか
を説明したと振り返る。その後の研究動向として，Johanson and Vahlne は
IMP（International Marketing and Purchasing）プロジェクト[2]を引き合いに
出し，国際マーケティング，国際調達の研究により，国際化した企業が直面す
る環境に関するビジネスネットワークという観点が提供された点を指摘する
（pp. 33-59）。

　ところで IMP（International Marketing and Purchasing）プロジェクトは
1970 年代半ば，国際 BtoB マーケティングの研究プログラムとして始まった。
この研究プログラムにとって，企業は重要顧客との間に長期間にわたる関係を
構築するという観察が重要視され，サプライヤーと顧客の間の交換と適応に焦
点をおいた相互主義アプローチはビジネス関係の研究における理論的枠組みと
して活用されたのである（Håkansson & Ostberg, 1975, pp. 113-123）。その中
で企業の国際化過程におけるネットワークの役割についても，その重要性が論
じられた。こうした背景に基づき，Johanson& Vahlne（2015）は，国際化する
企業が組み込まれているビジネスネットワークと，それに対峙する海外におけ
るビジネスネットワークに焦点をあて，Uppsala モデルを改訂し，国際化とは，
多元的ネットワークの発展プロセスであるとしたのである。企業が成功するた
めには，一つかそれ以上のネットワークに依拠する必要がある。ビジネスは
ネットワークの内部で生起する。ネットワークに居場所がない企業は，アウト
サイダーとなる。外国に行く場合，現地のネットワークに入るのは難しい。外
国企業であるがゆえにインサイダーとなるのは困難である。学習プロセスと信
頼，コミットメント構築がスタートし，海外進出が少しずつ進むとインサイ
ダー化が進み，海外市場開拓にとって助けとなる。企業の環境はネットワーク
より成り立っており，これは学習，信頼構築，コミットメントの発展と，ビジ
ネス機会の活用と発見を助ける。したがって国際化プロセスにおけるビジネス
ネットワークが鍵となるのである（pp. 33-59）。

　Johanson & Vahlne（2015）に先立ち，このような Uppsala モデルにおける
漸進性とビジネスネットワーク関係の重要性に着目した研究としては，
Eriksson et al.（2006）の研究も挙げられる。彼らも国際化理論において，ビジ
ネスネットワークによる国際ビジネスの発展ということが多くの研究により支

持されているとし，長期的なビジネス関係，信頼関係の中で市場取引が起こること，より多くの国における経験がある企業，より高い成長率を期待する企業は国際的な統合チャネルを使おうとすると論じた（pp. 1-22）。

　また，バルト海沿岸諸国の中小企業による中東欧地域への進出を分析したJansson & Sandberg（2008）は，国際化プロセス理論における基本的な前提は，知識の蓄積が継続的なものであり，外国でのオペレーションの成否はその経験年数に依存するとする。Jansson & Sandberg（2008）は，IMP プロジェクトの研究成果を紹介し，中東欧諸国に参入するバルト海沿岸諸国の中小企業にとってビジネス上のネットワークは外国市場への橋渡しとして極めて重要であるとする。外国市場におけるネットワークに立脚点を設けることが参入上必要だからである。Jansson & Sandberg（2008）は，BtoB マーケティングの理論と Uppsala 型のステージモデル理論の両側面を合わせた国際化モデルを提唱し，ネットワーク経験知識の蓄積過程と，個別企業における国際化知識の発展が交互に進むとする。具体的には公式的な取引関係成立前の段階におけるマーケティングがあり，次にネットワーク内における購入側と売り込み側のやり取りの深まりと関係の深まり，試行錯誤があり，最終的にはこの関係は制度化され，習慣化され，コミットメントが当然のものとなるに至る。Jansson & Sandberg（2008）は，このような卸売や代理店等との強いビジネスネットワーク構築が中小企業にとって重要であり，こうした BtoB の関係性と国際化は同時に進むとするのである（pp. 65-77）。

　以上のように IMP プロジェクトの研究成果である国際 BtoB マーケティングにおける相互依存論，ネットワーク理論は Uppsala モデルの修正に一役買うところとなった。これらの研究から，中小企業といえども徐々に時間をかけて輸出から始まり，複雑な生産工程を含む直接投資にまで至る中小企業国際化像を想定してしまいそうであるが，日本の中小企業の現実を振り返った場合，必ずしもそれは適合的ではない。実際，遠原（2012）は，投資，輸出を含めた諸側面で中小企業の国際化は，大企業と比較した場合，全体としては進んでおらず，国際化していない中小企業や企業の国際化プロセスの初期段階にある中小企業が多いことを確認し，中小企業は必ずしも企業の国際化プロセスの段階を上る必要はなく，状況に応じて，各段階にとどまることが，それぞれの中小企

業にとって適切な国際化となっているとみることもできるとするのである（p. 22）。

　したがって，日本の地域における中小企業の国際化を研究するにあたって網羅するべき先行研究とは，Uppsala モデルとはいっても，生産投資にまで至らない中小企業国際化の研究ではなかろうか。すなわち，輸出前段階からスタートし，最終ゴールを定常的な輸出業務の開始に置くというような中小企業国際化に関する先行研究の方がより本研究で扱う中小企業の現実に即したものといえよう。そこには 1977 年に Uppsala モデルが登場する以前の研究も当然そこに含まれることになる[3]。

(4)　中小企業の国際化に関するその他の諸先行研究

①　**Born Global Company 理論とその周辺**：中小企業の国際化を検討するにあたり，1980 年代以降登場してきた説明理論として，Born Global Company（BGC）論[4] がある。Born Global とは，読んで字のごとく創業当初よりグローバル化する企業，との意である。厳密な定義が存在する訳ではないが，基本的には，極めて積極的な起業家のリーダーシップのもと，製品やサービス面のイノベーションを用いて，創業後数年の期間で海外への事業展開を行う企業が，Born Global 企業である。Uppsala モデルで想定される企業の国際化は心理的距離の影響により，暫定的な輸出から始まり，やがては生産投資に至るまで，長い年月をかけて漸進的に国際化を進めるというものであった。この Uppsala モデルの漸進性に異を唱え，創業後の早い時期から直接投資を含む大胆な国際化を進める企業があるとして，その在り様を説明するのが Born Global 論である（Rennie, 1993; Knight & Cavusgil, 1996a, 1996b; Cavusgil & Knight, 2009）。

　BGC についてのより具体的な事例研究としては，Boter & Holmquist（1996）の北欧における従来型中小企業とベンチャー型中小企業の合計 6 社における国際化プロセスを比較分析した研究がある。Boter & Holmquist（1996）は，従来，伝統的な中小企業は漸進的な国際化アプローチをとるのに対して，ベンチャー型の企業は短期間のうちに飛躍的な国際化を遂げることがあると考えられてきたが，国際化の分析にあたっては，国家，産業，企業，個人といった多

元的なレベルでこれを分析する必要があるとする。彼らはベンチャー企業は Global Focus であり，伝統企業は Local Focus であるとする。そして，伝統的な企業における国際化プロセスは，産業構造に依存しており，行政的な企業文化に支配されているのに対して，ベンチャー企業は，産業構造の縛りからはフリーであり，すぐに行動に移す戦略を特徴とする起業家精神のカルチャーを有するとし，言語，規範，価値はあまり重要ではなく，各産業の概念，企業と個人レベルの動向が中小企業の国際化において重要であることが分かったと結論付ける（pp. 471–487）。

　また，上記にて列挙した BGC から派生した考え方の一つが "Born Again Global Company" という考え方である（Bell & McNaughton, 2001; Sheppard & McNaughton, 2012）。創業から十数年，数十年の年月にわたって事業活動の場を国内市場に特化してきた中小企業が，何らかのきっかけにより，ある時期から突然，高スピードにて国際化を推進することがある。Born Again Global Company（BAGC）とはこうした企業のことである。例えばスイスの中小企業を分析した Baldegger & Wyss（2007）は Born Global 企業は，シリコンバレー近辺にみられるがごときハイテクベンチャー企業が多いが，ハイテクでもなければ，新規の企業でもないにもかかわらず急激に国際化する中小企業を視野に入れていないという点が批判されるとして，BAGC 企業が注目されると論じる。すなわち，BAGC 企業は老舗中小企業であるが，何らかの事情，きっかけにより急激な国際化を遂げつつあるローテクの企業である。こうした BAGC 企業を論じる上で Baldegger & Wyss（2007）はスイスの中小企業の国際化を分析するのである（pp. 13–53）。

　BGC もしくは BAGC については，日本においても近年，研究成果が散見される。例えば中道（2018）は，技術の革新性と国際起業家精神が BGC の中心要素であるとした上で，国際経営論において中小企業の経営を論じることは，経済を社会に「埋め込む」といった新制度学派とも重なるが，市場の失敗や金融の暴走が大きな問題となりながらも，市場の万能性のみを引き続いて主張している新自由主義イデオロギーへのオルタナティブとしても現代の中小企業は重要な経済主体であると論じており，上滑りの国際ベンチャー企業論とは一線を画している（pp. 87–109）。また柴原（2017）は，中小ベンチャー企業の国際

化において外部専門家が重要な役割を果たすと論じ，日本の中小ベンチャー企業における国際化の成功要因を探求している（pp. 55-71）。

さらに，上記のような BGC や BAGC に関する論考以外にも，企業経営者の起業家精神を扱った研究（山本，2017，pp. 4-19），国際起業家志向の企業文化や認識パターンの在り方についての考察（Drnovšek et al., 2014; Milanov & Maissenhalter, 2015）等，主として新興ベンチャー企業を対象とした国際化に関する研究が増えてきている。

このように BGC 理論，BAGC 理論及びそれを支える国際起業家志向やその志向性や認識の在り方についての研究は本研究の研究対象である地域の中小企業の国際化について分析する上でも参考となる視点を提供している。すなわち，中小企業といえども，イノベーティブな技術やそれをテコとした顧客開拓の努力，あるいはそもそも広く世界各国にビジネスチャンスを見出す経営者の広い視野やそれを支える柔軟な認識力の重要性が示されているという点において評価できるという意味である。

しかし，これらの理論が主たる分析対象とする中小企業は，日本でいえば新興ハイテクベンチャーが多く，伝統的な企業の蘇り的国際化を扱ったローテク企業の事例はあくまでもスイスの老舗中小企業であった。

一方，本研究の分析対象は繰り返し述べている通り，日本において古くは戦前から始まり，戦後復興期と高度成長期を経て，バブル崩壊も経験し，今やグローバル化の波に直面する金属加工等の元々下請外注企業等と称された中小企業である。それも海外はおろか，日本国内においてさえ，長年にわたり所在する企業城下町的産業集積地の中核企業以外に取引相手を知らないまま育ってきた工場群である。こうした企業の国際化について論究するに際して，安易にBGC 理論や BAGC 理論及びその他の国際起業家志向に関連する理論を適用することは，「木に竹を添える」事態を招く恐れがあるため控えるべきであろう。地に足がついた議論を展開するためには，部分的な参照にとどめないと，研究対処が歩む泥臭い現実を見失うことになりかねないであろう。

② **中小企業国際化の成功・失敗要因及びその是非を論ずる研究**：Jones（2007）は中小企業の国際化とは本質的に企業が自らの成長と発展につながる

機会を活用するプラットフォームプロセスであるとする（pp. 182–203）。同様の日本における論究では，中小企業の国際化は，第二創業を起こすに等しいような強い起業家精神が必要となるものの，この過程を通じて経営革新と同等の効果を享受し，競争力の強化につながることが論じられている（太田，2011；藤井，2013）。

　一方，日本の中小企業について，今後直接投資を通じて海外展開を推進していくべきであるという議論を展開した研究もある。例えば，高（2013）は中小企業の海外展開が産業空洞化をもたらすとの一般的な議論は誤謬であると批判し，むしろ積極的に輸出を展開し，海外直接投資を行う企業は，危機感が高く，営業活動も技術革新も盛んとなり，成長するとしている（pp. 65–69）。また，長谷川（2015）は海外事業展開（生産拠点・販売拠点）することにより中小企業が存立を維持することができるなら，その可能性を優先すべきであるとし，そうすることで中小企業が体力を蓄え，国内においても新たな付加価値の高い分野で新産業を起こす形で中小企業の価値創造が展開されるとする（p. 51）。

　こうした議論とは全く対照的に安易な海外直接投資を戒め，慎重な推進を期するべしとする議論もある。加藤（2011a）は，ブームだからという理由で海外生産展開をすることは無謀であり，企業の存続にとってもマイナスであるとし，セットメーカーは階層の低層化を進め，内製化率向上を実現しつつあるという事実を見据えるべきであると警告する（p. 153）。また丹下（2016）も直接投資をする中小企業のうち，約65％は成果を得られず撤退しているという事実を挙げ，海外直接投資において成果をあげるためには，しっかりとしたFS（Feasibility Study）を行うこと，販売先を確保すること，現地パートナー，管理人材についてしっかりと考えておくことが重要であるとし，現地市場開拓においては，撤退シナリオもしっかりと作っておくことが大事であると指摘する。また，戦略的撤退は必ずしも失敗ではなく，撤退経験をうまく活用することで次の発展につなげることも可能であると論じる（pp. 230–238）。

　このように先行研究においては，中小企業が国際化することによって得られるチャンスが論じられるとともに，その厳しい現実に対する認識も主張されてきた。さらには，こうした厳しい国際市場にあって，中小企業が国際化に向か

う上で注意すべき点，その要諦を論じた研究も多々ある。

　バルト海沿岸諸国の鍛造，冶金などの金属加工業を中心とした中小下請企業の国際化について分析した Jansson & Hilmersson（2009）は，中小下請企業が低価格生産と高依存の罠から脱するための二つのマーケティング戦略について述べている。彼らによれば第一に，さらに低コスト生産を実現することで，親企業の生産プロセスにより深く食い入ること，すなわち，Value Chain の川上によじ登り深く食い込むことにより，当該親企業との密接不可分の関係を築き上げることが重要とする。また，第二に，自社製品とマーケティング能力を開拓することで単なる下請企業の領域を超えて，Value Chain を上り，より顧客依存度を低くするとことが重要と論じる（pp. 225-247）。同様にイタリアの中小企業に焦点をおいた Giovannetti et al.（2015）も中小企業が大企業のサプライチェーンに参加することは，輸出拡大にとって，ポジティブな影響を及ぼすとした（pp. 845—865）。また日本においては，海上（2014）はアジア各国への生産拠点展開は単なる低賃金労働によるコスト削減という次元で考えるのではなく，積極的に部材調達の現地化，研究開発投資の増加と人材育成等を行うことによって，アジア現地市場向け製品開発と市場開拓が重要であるとした（pp. 1-28）。

　より具体的な議論としては，足立・楠本（2017）が輸出は海外需要取り組みによる中小企業の成長にとって重要であるとして，中間財分野では経営者のリスク認識，製品の独自性，新規性，企画開発提案力，アフターサービスの充実が重要であるとし，最終財に関してはこれに加えて輸出先の知識と信頼できるパートナーの確保が重要であるとした（pp. 29-49）。アジア地域に展開する多くの日系企業を調査した櫻井（2017）は中小企業の海外直接投資における要注意点として，自治体等の他の組織の力を借りて海外進出はしないこと，日本品質を前面に出し，特徴ある技術力を持つこと，下請を脱皮すること，資金力や現地情報を確保すること，さらには命がけのチャレンジを覚悟することなどの要諦を挙げている（pp. 1-18）。また，ものづくりという観点から小林（2014）も，海外展開の増加とともに，日本国内での技術開発や「すり合わせ」が求められる試作機能の強化が求められるとする（pp. 67-68）。

　以上，本節においては中小企業の国際化に関する様々な先行研究を振り返っ

た。その内容は多岐にわたっており，中小企業国際化の全体像と定義に関する
全般的な先行研究を眺め，従来までの研究を整理し，概念化しようとするいく
つかの試みをみた。その上で，中小企業国際化の動因（契機・原因）に関する
先行研究として，尖った技術を有するニッチ市場狙いの中小企業にとって国内
市場が寡少に過ぎることなどが要因として大きく作用していることが論じられ
てきたことを確認した。また，中小企業国際化の様態に関する先行研究として
Uppsala モデルをベースとすることが有力であるものの，日本の中小企業の国
際化を検討するに際しては，よりノッチの細かい段階を想定するべきであると
論じた。さらに日本の中小企業の国際化を研究する視点から，欧州における下
請型中小企業の国際化に関する先行研究が参考になるという点もみた。また，
その他にも国際的起業家志向をダイナミズムとして秘める新興ベンチャー企業
による国際化に関する BGC 論や，中小企業国際化をめぐる各種のノウハウや
是非をめぐる所論を確認した。次節においては，視点を変え，中小企業の自立
化という側面に関する先行研究を確認する。

第2節　中小企業自立化に関する先行研究

　前節において確認した中小企業の国際化に関する国内外の先行研究において
は，国際化の条件としての自立性確保や自立性の概念規定，必要条件などにつ
いて言及しているものは少ない。特に欧米諸国を中心とする研究においては自
立性が所与の前提とされているかのように言及されない。前節でみた北欧，イ
タリア，バルト諸国にみる下請型中小企業の国際化に関する研究においても，
「下請」という立場から脱することは射程に入っていないか，少なくとも必要
条件ではない。それは日本のように疑似階層秩序的な産業集積構造の中で育っ
てきた中小企業が，中核企業の海外移転や事業再編を受けて，発注元がなくな
る恐れがあり，自立化が迫られる中で国際化が問われるという状況にあるのと
は全く異なるからである。したがって，本研究の問題意識に立ち返るならば，
本節においては，地域中小企業の国際化はいかになされるかを論ずるにあた
り，自立化という問題意識を切り口として先行研究を確認しなければならな

い。なぜならば，日本の企業城下町型中小企業の国際化を自立化と並行して論じるための分析枠組みは，先行研究においてほとんど存在しないからであり，そのため改めて分析枠組みを組み立てる必要があるからである。

　まず，中小企業の自立化については，北沢（1971a，1971b），廣江（1987），高橋（2003），関（2011）の諸研究がある。これらの論考では，独自の高付加価値技術が中核企業に対する価格交渉力を引き出し，自立化を導出するという論理が明確化されているが，以下においては，池田（2012）による議論を確認し，本稿にとって重要となる枠組み要素を整理する。池田（2012）は中核企業が従来の下請関係を見直し，選別化を進め，下請企業側は自立化の動きを強め，親企業を複数化するところも現れたとする（pp. 39-40）。

　中小企業は独立型と受注生産型に分かれ，受注生産型は，「狭義の下請」，「自立型」，「自律型」に分かれる。すなわち，親企業からの作用（価格，品質，納期等に関する諸要求や各種技術指導等）に対して，かつては技術面・経営面での前近代性ゆえに下請企業は反作用するだけの力を持たなかったのが，長年にわたる継続的取引を経た技術的蓄積により，親企業に対する発言力の高まりをみせ，反作用がみられるようになった。反作用のない企業は引き続き「狭義の下請」としてとどまり，反作用のある下請企業は「自立型」，反作用があり，かつ対等な取引をしている企業は「自律型」として区別される（p. 42）。なお，池田（2012）は「自律」は「自立」よりも高次元であるとする一方（p. 43），現実の受注生産型中小企業は自立型と自律型を使い分け，同一企業内で二つの取引形態を混在させていると指摘している（p. 50）。本稿では「自立」と「自律」の相違は峻別せず，自立化概念に「自立」と「自律」を包含し親企業に対して反作用のある企業をすべて「自立化」企業とする。

　さらに池田（2012）はこれら三つの受注生産型企業が親企業との取引関係において取りうる行動の選択肢を，Hirschman（1970）の捉えた Exit と Voice をもとに再解釈する。中小企業論においては，Exit は市場における現在の取引をやめ，価格，品質などで自ら望む条件を提示する他の主体と取引する市場取引であり，Voice は取引主体間で取引の内容や条件について話し合い，不満点について協力して問題の解決を図ろうとする長期継続的取引である。親企業からの Voice の一方的受け手であった下請企業の立場が大きく変化して技術などを

背景に自立化すると，ある種の拒否権が発生し，親企業との間に新たな関係を
構築しようとする。この関係性の高低と，中小企業自身の技術力の高低によっ
て，親企業のVoiceを一方的に受け入れていた下請企業は，1）親企業への関係
性度が低く親企業のVoiceに対して高い技術力を用いてExitで対抗しうる自立
型下請企業，2）親企業への関係性度が高く，親企業のVoiceに対しては前向き
に対応し自社の技術力を高め，デザインインなどの技術提案や親企業の品質改
善，コストダウンに貢献する自律型下請企業，3）親企業への関係性度が低く，
技術力が高くないにもかかわらず，親企業のVoiceに対してExitで対抗してし
まう思慮の浅い下請企業のいずれかに発展しうる。なお，自律型，自立型，下
請型ともにみな独立型に移行することも可能だが，実際には受注生産部分を残
しながら独自型に踏み込む企業も多い（pp. 43-49）。

第3節　媒介変数としての「国際化と自立化」に関する先行研究

　次に中小企業の国際化過程を論じる上で自立化と国際化との関係をいかに位
置付けるか，国内外の先行研究を確認する。国際化と自立化の関係について論
じた研究は少ない。先述の通り，自立化とはそもそも固有技術や革新的技術の
獲得による中核企業に対する価格交渉力の拡大を意味するのであり，これは
「イノベーション」によって支えられた概念と考えて差し支えないであろう。
高橋（2003）は自立化の基本戦略としてイノベーション創出能力を高めること
を挙げている（p. 9）。また，池田（2012）も，一般にイノベーションは企業の
成長と発展にとって重要な役割を果たしてきたが，これは自立や自律を志向す
る中小企業においても同じであるとしている（p. 135）。従って，本節ではイノ
ベーションが自立化の前提であり，両者は密接な因果関係にあるものとして，
国際化とイノベーションの関係を論じた先行研究の確認を通して，国際化と自
立化の関係を確認する。なお，以下では国際化の概念は投資のみならず輸出も
含むものとする。

　Golovko & Valentini（2011）は，イノベーションと輸出は中小企業の成長に
とって相互補完関係の戦略であり，両方を同時に推進することで好循環が起こ

るとした。1990〜99年におけるスペインの製造業者に関するパネルデータを活用した統計分析の結果，中小企業による輸出市場への参入は当該企業の学習を促し，イノベーションを促進し，同時に輸出と輸出先に適用する改善施策を国内向け製品にも適用することで国内売上も拡大する，という循環があることを実証したのである。すなわち，輸出活動とイノベーションの双方を行っている中小企業の方が，イノベーションのみ（輸出なし）の企業よりも売上成長率に与えるイノベーション活動の好影響が大きく，逆もまた然りで，両活動を行っている企業の方が，輸出活動のみ（イノベーションなし）の企業よりも売上成長率に与える輸出の好影響が大きいのである（p. 375）。

　また，Baum, Schwens and Kabst（2015）は，ドイツにおけるナノテクノロジー，バイオテクノロジー，マイクロシステム，再生エネルギーの四つの産業分野における中小企業335社のデータを使った統計分析により，製品差別化度合が高いほど，中小企業による地域化された国際化が引き起こされやすいということを実証した。彼らは経営資源の制約がある中小企業が国際化と技術革新を同時に進めることは困難であるとする見方に対して，遠隔地を含めた世界全体を対象としたものではなく，欧州のように同一地域で国境をまたぐような地域内での国際化は，国際化にかかる費用を最小化し，イノベーション投資の償却に必要な収益ももたらすため，むしろ同時並行の実施が経営的に有効であるとして，高度に差別化された製品を有する企業は，早期の国際化が可能となるとする（pp. 762-764）。

　一方，先述の通り，Jansson and Hilmersson（2009）は，低コスト生産と特定顧客への高依存の「罠」から脱するためには自社製品の付加価値を高め，マーケティング能力を開拓することにより，単なる下請企業の領域を超えて，Value Chain を上ることで，より依存度を低くする必要があると論じる（pp. 243-244）。

　日本においては山本（2016）が，日本の中小企業にとって，外部環境の変化は国内市場の縮小をもたらし海外市場参入や海外生産展開といった国際化が事業継続上の要諦の一つとなりつつあることを踏まえ，中小企業の国際化志向の有無や実現の可否を分かつものは何かを問い，複数の事例分析を通じて，国内専門化顧客向けに開発，供給した差別化された製品が，やがて海外の専門家顧

客に知れるところとなり，これが海外からの引き合いをもたらすとのモデルを提示している（p. 76）。

　このように，海外においても，日本においても，中小企業が差別化技術をもたらすイノベーションや固有技術，独自技術の蓄積を進めることは，国際化（輸出）を促進すること，また，国際化の推進がさらなるイノベーションの促進をもたらし，経営全体として売上の拡大や企業成長をもたらす好循環を惹起することが論じられてきたのである。

第 4 節　日立地域中小企業の国際化と自立化に関する先行研究

　1990年代以降，中核企業である日製のグローバル展開が加速することで環境変化を受けた日立地域における中小企業の変化について論じた先行研究として，同地域中小企業の自立化に向けた胎動を考察した小山・橋本（2000），遠山（2002），中村他（2012）が挙げられる。これら先行研究では企業城下町における中核企業からの自立性確保ということが優先的なテーマとなっているが，その先を見据えた国際化の展望や，日製に追随した海外直接投資についての言及はない。国際化と自立化の両側面に言及して日立地域の中小企業を論じた先行研究としては，山本（2013）と平沢（2017）がある。両論文とも，日立地域は中核企業の量産工場と中小企業の間に垂直的・排他的な取引関係が成立していた国内有数の企業城下町として歴史的に発展してきたが，1990年代以降，グローバル競争の時代へと移行する中で，日製のグローバル化が進展し，従来の閉鎖的垂直的取引関係を基軸とする企業城下町的発展は行き詰まりをみせつつあるという問題意識で共通している。山本（2013）は，六つの事例企業を取り上げ，国際化において地域公的機関の活用・介在が共通していると論じ，また，各企業ともに固有技術を有していると指摘する（pp. 112–113）。なお，本稿では山本（2013）とは異なり，地域公的機関の役割は深堀せず，各企業の中核企業との関係史も紐解きつつ，分析枠組みを通じて企業毎の国際化を自立化と絡めながら論ずる。一方，平沢（2017）は，早くも1970年代から海外展開を開始したスターエンジニアリング社を事例として取り上げ，同社の海外展開を通じ

た自立化の確保について論じる。そして，地域の中小企業は，中核企業に依存した事業展開から自立的なそれへと転換しつつ生き残りをはかることが重要課題となっていると指摘する（p. 64）。

　以上の先行研究から次のことが言える。すなわち，グローバル化という事業環境の変化の中にあって地域の中小企業は従属的下請企業から脱し，自立型下請企業，自律型下請企業ないしは独自製品を有する独立型企業に発展していく経路があり，その際現出してくる企業間取引のオプションは，企業の技術蓄積とイノベーションに基づいた技術力の高低により Voice と Exit に分かれる。さらにイノベーションとそれを前提とした自立化は，中小企業の国際化に好影響を及ぼすとともに，ひいては国際化がイノベーションと自立化を促進する道筋を開くのである。

小括

　以上，本章においては，本研究の問題意識に照らして確認しておくべき研究領域の先行研究を検討してきた。まず中小企業の国際化については，国内外において実に多種多様なものがあるが，まずはその全体像を整理し，定義について論じたものを確認した。

　その上で特に重要性の高いアプローチとしては，まず「なぜ中小企業は国際化するのか」，その動因に関する研究と，「どのように中小企業は国際化するのか」その様態に関する研究を確認した。

　その結果，動因としては，先端的な技術を追求し，これを実現する中小企業にとっての国内市場の寡少性と成長機会の追求が国際化への動因の重要な要素であることが論じられてきたことを確認できた。しかし，中小企業の国際化に際して，厳密な意味で市場の寡少性のみがその動因になっているといえるのか，特に本研究において取り上げる地域の企業城下町的産業集積地の中小企業について考えた場合，より突っ込んだ分析が必要となるであろう。なぜならば，市場が寡少となるほどの超最先端技術とまではいかないにせよ，十分に国際競争に打ち勝っていけるような高度な技術（精密加工技術等）が存在すると

考えられるからである。

　また，中小企業国際化の様態については，知識の獲得とコミットメントの深化を繰り返すことで国際化が漸進的に進むUppsalaモデルについての議論を確認した。この理論モデルの漸進的国際化をもたらすダイナミズムは説得的である。しかし，同理論において想定されている国際化の発展段階は，輸出→販売拠点投資→生産拠点投資という，あまりに大股の国際化を想定しており，本研究で扱う中小企業の国際化を説明するためにはノッチが大きすぎるきらいがある。そこで，よりノッチが細かい説明理論の方が現実的であり，評価できる。ただし，このモデルにおいては，下請型中小企業の輸出に特化した発展モデルは論じられていない。

　日本のみならず，欧州においてもみられる下請型中小企業の国際化に関する先行研究は，下請型中小企業の国際化というテーマに取り組んでいる点で参考となる。ただし，これらの先行研究においても，日本の地域の企業城下町における中小企業が模索する自立化との関連が十分に考察されていない点が問題である。

　下請ではなく，独立した新興ベンチャーが，技術的独自性と大胆なグローバル・マーケティングといった国際起業家志向に基づいた早期の国際化を実現するBorn Global企業に関する先行研究は国際起業家志向の重要性を説いている点で，地域中小企業の国際化を研究する上で参考となる。ただし，BGC理論は新興ハイテクベンチャー企業を想定しており，日本でいえば差し詰め首都圏等に展開するIT企業等がこれに該当しうるであろう。また，BGC理論より派生したBAGC理論は先行研究においてローテク企業を想定しているとはいえ，事例研究として挙がっているのはスイスの老舗企業である。いずれの場合も日本の地域における，元々下請工場と呼ばれてきたような中小ものづくり企業の国際化を研究するには適しているとは言い難い。具体的な現実への目線が重要である。その意味で，中小企業の国際化に関する要諦，注意事項について先行研究は示唆に富んでいるものの，これらの研究については，地域の企業城下町の中小企業にとっての注意事項の追求が求められるのである。

　このように中小企業の国際化については，国内外の先行研究においては示唆に富み，参照すべき理論や研究が多数あるが，繰り返し述べる通り，日本の地

域における企業城下町的取引構造からの自立化の視点を交えた国際化研究は稀有であると言わざるを得ない。問われるのは，中小企業の自立化という視点であり，また国際化と自立化を媒介する先行研究である。さらには，日立地域における国際化と自立化に関する中小企業研究もわずかながら存在する。ただし，日立地域における国際化と自立を議論するにあたっては特定の，あるいは少数の中小企業のみならず，複数の中小企業について網羅することで，その現実像を照射することが必要であろう。また同地域の複数の中小企業について，先行研究を参照しつつ国際化と自立化の分析枠組みを策定し，これを用いた定量分析を行うことが実証研究として求められよう。その前段階として，次章においては本研究において取り上げる日立地域の中小製造企業と中核企業たる日製との取引関係の史的展開過程を跡付け，今日の立ち位置を確認する一助としたい。

[注]

1　なお，渡辺の議論は日本国内でこれまで存在してきた社会的分業構造，すなわちいわゆる下請構造にみる中核企業と中小企業の組み合わせがそのまま海外展開していくことを前提しているが，こうした中核企業に追従する形で海外直接投資を行う中小企業は，本研究の第4章以降で明確化した通り，本研究において調査分析した日立地域の中小企業に関する限り皆無である。かつて，追従型投資により中国や東南アジアに進出した中小企業は存在したが，各社とも撤退して日本に戻るか，あるいは現地にて中核企業以外に顧客を開拓することで渡辺の論ずる「社会分業」体制から脱して自立型国際化企業に変貌するか，という変化を遂げている。

2　IMP（International Marketing and Purchasing）プロジェクトとは1976年に欧州各国の研究者によって結成された研究プロジェクトである。同研究プロジェクトは，フランス，ドイツ，イタリア，スウェーデン，英国における多数の事例研究を行い，後に「相互主義アプローチ」と称される国際産業財マーケティングの理論枠組みを構築する。詳細は Håkansson (1986), Ford ed. (2002) を参照されたい。

3　輸出前段階（Pre-Export Stage）に関する議論については本研究の第3章で詳述する。

4　Born Global Company については統一された呼称は存在しない。通常は "Born Global Company (BGC)", "Born Global Firm (BGF)" 等と記されている。同様に Born Again Global Company も語尾は Company, Firm いずれも存在する。本稿では特段の必要がない限りは Born Global Company (BGC) 及び Born Again Global Company (BAGC) の呼称を活用するものとする。なお，我が国における BGC 研究は2000年代後半より，中村久人を中心として様々な側面から深められてきた。具体的な先行研究論文としては，右記が挙げられる。中村久人（2013）『ボーングローバル企業の経営理論：新しい国際的ベンチャー・中小企業の出現』八千代出版。また，本稿でも取り上げる BAGC 理論に特化した邦語の先行研究としては，高井透・神田良（2012）「ボーン・アゲイン・グローバル企業の持続的競争優位性に関する研究」『情報科学研究』21, pp. 5–32 が挙げられる。

第 2 章

日立製作所の外注政策展開過程

はじめに

　地域における中小企業は創業から今日に至るまで，品質，設計，製造に関する技術的蓄積を進め，経営管理能力を発展させ，まさに生存をかけて必死の企業努力を続けてきた。その際，地域の中小企業のパートナーたる大手顧客企業，中核企業はいかなる役割を果たしてきたのであろうか。

　高度経済成長期が終わりを迎えるまで，長年にわたり，日本の地域における企業城下町的産業集積地における中小企業は，中核企業を頂点とするピラミッド型もしくは山脈型の疑似階層構造的秩序の中に位置付けられてきた（渡辺，1997，p. 159）。その中で，中小企業は中核企業による「護送船団方式」により保護育成されてきたというのである（日本政策投資銀行，2001，p. 3）。すなわち，戦後復興から高度経済成長期末期に至るまで，大手中核企業は，増大する需要に対応するにあたり，コストを抑制しつつ生産能力の拡大を実現するために，中小企業に対する外注を展開した。その際，既に機械加工業が発達し，広範囲にわたる産業集積が形成されていた都会（首都圏や大阪等）と，日立地域にみられるような農村地帯には大きな差異があった。長尾（1995）によれば，都会においては既に中小の機械加工業を中心とする産業集積が形成されており，中核企業も複数存在したため，受発注は比較的開放的に展開できたが，日立地域のような首都圏から隔絶された農村地帯においては機械加工業らしい産業がなく，日製自ら，かなり意図的，積極的に中小下請外注企業を保護育成する必要があった。そのため，閉鎖的な産業集積の中で企業城下町が形成されたというのである（pp. 130-132）。

　しかし，21世紀の今日，経済のグローバル化が進み，中核企業が海外展開や
事業再編を余儀なくされる中，日立地域においても中小企業は日製への依存か
ら脱却し，自立化，国際化する必要に迫られている（菅田，2018，pp. 51-61）。
特に自立化において鍵となるのは，中小企業の技術力・経営力であると考えら
れる。技術力・経営力は中小企業の起業家精神に基づいた努力により蓄積され
る一方，中核企業が果たした役割も大きいであろう。

　以上のような問題意識に基づき，本章では日立地域に展開する中核企業たる
日製傘下のいくつかの主要工場[1]による中小企業に対する「外注政策」を取り
上げ，その史的展開過程を追う。そのことにより，2010年代後半の昨今，中小
企業が自立性を確保するために必要とする技術力や経営力の諸要素を蓄積する
にあたり，日製工場がいかなる役割を果たしてきたのかを考察する。その際，
一定の分析枠組みを活用して分析を進める。その上で日製工場の社史を紐解
き，そこに記録された外注政策の歴史をたどる一方，当時を知る中小企業の関
係者や工業協同組合関係者の証言も交えつつ，日製工場外注政策展開史及び中
小企業自立化要素蓄積史を浮き彫りにすることを狙いたい。次節において確認
する通り，このテーマについては，いくつかの先行研究があるとはいえ，社史
のみならず一部関係者の証言等も交えながらこれを再構成した研究は未だ稀有
である。その点で本章は本研究の礎として位置付くのみならず，本章自体に一
定の学術的意義があると考える。

第1節　先行研究の検討

　まず，日立市やその周辺地域と中核企業たる日製及び中小下請企業の一体的
な関係に関する史的文化的背景に着目した人文地理学的な論述が散見される
（岩間，2009；雨宮，1993；松本，1993；遠山，2002；藤本，1991）。こうした
研究においては日製の発祥元である日立鉱山における鉱山地域特有の閉鎖的で
自己完結的な経済社会文化あるいは生活文化が基調として存在することが指摘
される。一方，日製と中小企業の関係史については，多くの先行研究が1）戦
前・戦中期，2）戦後・高度成長期（戦後～1970年代中盤），3）経済成長停滞

期（オイルショック以降～1980 年代前半頃），4）バブル崩壊・経済グローバル
化期のように 3～4 つの時代区分で整理しており，概略以下の通りに整理する
ことができる。

　戦前・戦中期については，岩間（2009），雨宮（1993），斎藤・美谷・大島
（2000）が 1939 年の日中戦争の勃発を背景とした軍需生産拡大のための水戸工
場設立や系列会社である日立兵器の創業開始等も含めて論じている。日製の生
産拡大の下で起きた同社の下請に関する経営方針の大きな転換を藤本（1991）
は次のように指摘している。すなわち日立工場は設立当初は下請企業を使おう
とはしなかったが，これは日製の製品が高度の精密さを必要とする重電関係で
あり，わずかの外注部品のために全体の品質を害するようなことを極度に警戒
していたからである。しかし，軍需急増に内製だけでは間に合わなくなる一
方，技術のしっかりした京浜地区への下請けは京浜地区の需要が旺盛のため無
理だったため，仕方なく日立近辺の農機具工場などの，従来下請工場ではな
かった工場を活用した他，日立工場の退職者や従業員を独立させて下請工場と
して使うようになったのであり，これが集積の遠因となったとするのである[2]。

　戦後・高度経済成長期（戦後～1970 年代中盤）については森嶋（2018）が的
確に一括している通り，高度成長期日製が生産量を増大させ，事業分野を多角
化させていくにつれ，日立地域内には多くの中小企業が協力工場として設立さ
れ，工業協同組合を結成し，親企業である日製グループの工場との間に長期固
定的な下請取引関係を結び，日製の各工場を頂点とする複数のピラミッド型の
取引構造の中で，製品の企画，設計，施策は親企業が行い，協力会社は親企業
から材料支給を受け，部品の賃加工，製品組み立てのみを行うという典型的な
分業がなされた（pp. 149–171）。経済成長が旺盛なこの時代はまさに中核企業
も中小下請企業も生産が飛躍的に伸長し中小下請企業は中核企業との一社専属
関係を強化しつつ共同歩調をとるとともに協力会を通してまとまりつつ切磋琢
磨して経営能力，技術力を強化したと論じられている（松本,1993；遠山,2002）。

　次に経済成長停滞期（オイルショック以降～1980 年代前半頃）においては，
日製は従来のように中小下請企業の面倒を全面的にみるということではなく，
たとえ下請企業であっても先端技術が求められ，選別がなされる時代となった
（松本,1993）。また別の研究では同時期，日立工場では中小下請工場の不況打

開策として県内の外注比率をさらに高いのものとして，良質の下請工場の重点的な育成を行うようになり，日立工場を核とした下請工場の工業システムの孤立性と閉鎖性は強化されたと論じられており（藤本,1991），中核企業が中小下請企業を突き放す方向に動いたのか（選別），囲い込む方向に動いたのか（育成），論者によって微妙な差異がみられる。

　バブル崩壊・経済グローバル化期については多くの先行研究があり，その議論も共通点が多い。すなわち，バブル崩壊と経済活動のグローバル競争激化を受けて，日製は海外展開や事業再編成を進め，その結果，高度成長期に生成・発展し，低成長期にもかろうじて延命した護送船団方式的なやり方は瓦解しつつあり，かつての工業組合も構成率が低下し，「下請」だった中小企業は各々，技術的努力，営業的努力をもって自立化することが求められている。ただし，日製への依存度は未だ高く，日製が特別な存在であることに変わりはなく，足下自立化への道は多難であり不透明であるという議論である（松本，1993；小山・橋本，2000；日本政策投資銀行，2001；遠山，2002）。

　以上の先行研究においては日立地域における中核企業・日製と地元の中小企業の関係は戦前に芽吹き，戦後・高度成長期に一体となって成長・深化し，経済グローバル化の昨今に至るまでその名残を残しつつも変容を余儀なくされる時代を迎えるにいたったことが論じられてきた。

　しかし，一口に日製とは言っても，周知の通り，その事業分野は多岐にわたる。工場毎の特色や外注政策の相違を視野に入れた日製と中小企業の関係についての論じたものとして，以下のような先行研究がある。

　まず藤本（1991）は日製においては工場毎に下請管理が独立しており，日製各工場が外注企業毎に折衝し，外注単価を決め，技術指導や経営指導を行うという個別交渉に基づく管理方式が強化されてきたため，日製各工場から外注企業へのラインが強化される一方で，外注企業間の横のラインの結びつきは弱まったとする。

　また中村・神谷・大谷・鈴木・福井・山下（2012）は，日製工場毎に，中小企業群を3種類に類型化する。類型1は，多賀工場，佐和工場と取引する弱電系の独立志向型企業で，自社内に営業機能や自社の独自技術を有する。類型2は上記同様の弱電系ではあるが関係維持型であり，自らも海外進出する。類型

3の企業は重電型の中小企業で，自立化の取り組みを積極的に推進していない（pp. 145-147）。

　日製工場毎の中小企業との取引や工業協同組合への取り組みについて詳細に論じたものとして，中央大学経済研究所（1976）がある。タービン等の重電分野の日立工場は，昭和40年代より下請再編を実行し，特注品は社内で生産し，標準品を外注化する方針を採用するようになった。変圧器や遮断機分野の国分工場は，国分工場と下請企業で共同出資会社を設立し，下請企業数社で共同工場建設するなどの効率的な工場を目指した再編を進めた。また家電分野の多賀工場は，下請の格付けを進め，選定された重点工場に対して完成品発注を推進，強化するなどした。こうした施策を通じて低成長期における仕事量の減少に対応したことが述べられている（pp. 22-84）。

　以上，中核企業たる日製と中小企業の関係の展開過程に関する概略史及び工場毎に異なる中小企業に対する管理政策の相違についての先行研究を確認した。この他にも小山・橋本（2000），古山（2000），常陽銀行（2010, 2015a, 2015b）といった2000～2015年時点の現状を分析した研究を含め，研究蓄積は進んでいるといえよう。しかし，日製傘下の工場毎の外注管理政策の展開過程を日製の社史，中小企業経営者の証言，日製OBの証言も交えながら再構成した研究は未だ稀有である。以下においては，日製工場毎の社史を紐解きつつ，またわずかではあるが当時の関係者の貴重な証言も交えながら，その展開過程を立体的に再構成していきたい。

第2節　分析枠組みの設定

　本章においては，中小企業の自立性確保につながっていくような技術力や経営力の蓄積に資する日製工場毎の外注政策展開史を整理するにあたって，図2-1に示すような分析枠組みを活用する。この分析枠組みは，「コミュニケーションチャネル」，「外注政策コンテンツ」「相互作用のスタイル」の三つの観点を切り口として，日製工場の外注政策を分析するものである。

　第一に，「コミュニケーションチャネル」である。例えば先述した森嶋

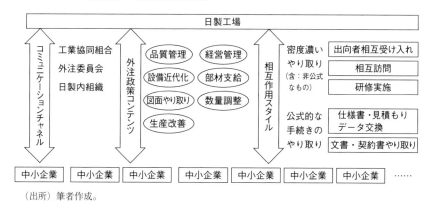

（出所）筆者作成。

図2-1　分析の視角

（2018）にある通り，中小企業は各種「工業協同組合」を結成し，日製工場との長期的な取引関係を結んだ。日製工場が社内で決定した外注政策を実施に移すためには，これを中小企業に伝える必要がある。また，中小企業は，これを受け取り，現場の声をフィードバックするというように，やり取りをする場が必要である。本章ではこのようなやり取りの情報流が行き交う場を分析するにあたり，コミュニケーションのチャネルがいかなるものであったかという観点としてとらえる。これは外注政策の組織的対応を問う視点である。

　第二に日製工場が展開する外注政策の内容である。本章ではこれを「外注政策コンテンツ」とする。日製工場が中小企業に対して外注政策を展開するのは，社外に低コストで高品質の生産能力を構築し，納期通りの生産・出荷を期してのことである。そのために中小企業の技術力，経営力向上に資する外注政策コンテンツが展開され，これは結果として中小企業が下請の立場から脱し，自立性を確保することにつながる。池田（2012）は中小企業の自立性を測定する上で，特定の製造技術や加工技術のレベルを問う（pp. 250-255）。本章では「品質管理」，「設備近代化」，「図面やり取り（貸与図面，承認図面）」，「生産改善（CDVAや生産性向上）」，「経営管理（予実管理[3]のノウハウ等）」，「部材支給（無償支給・有償支給等や共同配送等）」，「数量調整」といった中小企業の技術力や経営力の蓄積と保護育成強化に関わる外注政策のコンテンツとなる諸テーマを取り上げ，各時代に，各日製工場はどのようなコンテンツを展開した

のか，これを確認する。

　第三に日製工場が展開する外注政策にみられる中核企業たる日製工場と中小企業の間にみられる「相互作用スタイル」である。藤本・クラーク（2009）は自動車メーカーと下請部品メーカーの関係を論じる中で，セットメーカーと部品メーカーの関係においては Face to Face の対話が重要となっていることを指摘する（pp. 182-183）。また企業間の相互作業に関する研究で有名な IMP group[4] とも関連する Håkansson ed.（1982）はサプライヤーと顧客の間の近しい，そして長期にわたるビジネス関係が極めて重要であることを確認し，知識の蓄積，信頼の構築が最終的にはより大きなコミットメントにつながる点が重要であるとする（pp. 14-18）。同様に Wilson & Möller（1995）は顧客と納入業者（本章に引き当てて言えば日製と中小企業）の長期継続的な関係の構築においてコミットメント，信頼，協力等など様々な要素が複雑に入り組みあって成り立つとする（pp. 53-69）。本章においては日製と中小企業の間の「相互作用スタイル」について，両者が非公式な接触を含めた「密度の濃い付き合い」を続けてきたのか，あるいは，淡々とした「公式的な手続きのやり取り」に終始したのか，という点である。前者は例えば「出向者相互受け入れ」，「相互訪問」，「研修」等，密接なやり取りを通じたノウハウの伝授や共有である。後者は例えば「仕様書や見積もりのデータの交換」や各種「文書・契約書のやり取り」に終始するような業務手続きである。これらの点を確認する。

　以上のような分析枠組みを活用することにより，日製工場による外注政策の展開がどのように行われ，またそれを受け取る中小企業において，自立化要素がどのように蓄積されたのか，という点を整理することが可能となるであろう。

第3節　戦前・戦中における日製と外注の関係

　日製は自社の歩みに関して詳細な記録を残している。戦前・戦中における日製工場と中小企業との関係についての記録としては，以下，日立製作所（1960）『日立製作所史』2巻，日立製作所日立工場（1961）『日立工場五十年史』がある。また編者が日製ではないが『日立戦災史』（1982）も参考になる。

本節は，これら三つの史料・資料を参照する。

　先述の通り，元来，日製は外注活用に積極的ではなかったが，1917～1918年頃より，地元の野鍛冶工場に若干のボルト類，製缶の付属品等を依頼したのが下請外注活用の始まりであった（日製日立工場，1961，p. 85）。やがて満州事変（1931），日中戦争勃発（1937）から太平洋戦争へと続く戦時体制は，日製の産業活動を激変させ，軍需生産が拡大の一途をとげた（相沢,1982）。具体的には日立工場は1939年以降軍需工場に転換し，多賀工場（1939年設立），水戸工場（1940年設立）などの新設工場も軍需生産を飛躍的に拡大した（相沢，1982，pp. 136-137；日製，1960，pp. 23-28）[5]。1937年以降，作業量の激増を受け，相次ぐ自工場の設備拡充によっても間に合わず，外注工場の拡大に迫られ，日立工場は地元の外注工場設置の奨励，近辺の農機具工場，漁船修理工場の転換等により1939年には茨城県に39社の外注工場を利用するに至り，鋳物を中心に機械加工，製缶品，ネジ，ボルト類を外注に出すようになった（日製日立工場，1961）。

　1940年12月21日の政府通牒による「機械鉄鋼製品工業整備要綱」[6]に基づく中小機械工場の整理統合が推進された。これを受けて日製は下請工場の組織化を図った。例えば日立地域ではなく東京の例であるが，日製は亀有工場の協力会を発足し，会員工場間の情報共有，亀有工場による物資や機械の融通支給，工具確保，技術指導，最低仕事量の保証や支払い保証などによる保護育成と指導支援を組織的に行った[7]。また日立工場では1943年春には下請協力会が組織された。1945年6月段階における日立工場，多賀工場の主要な下請業者のリストは，表2-1の通りである（笹倉，1982，p. 249，p. 276）。

　創業当初こそ外注を抑制していた日製ではあるが，政府統制に沿い，生産能力確保のための外注拡大と中小企業の組織化を進めた。しかし，一大軍需生産拠点であった日製工場は，米軍の具体的な攻撃目標となり，1945年6月10日，B29による集中的な大空襲を受け，日製工場，中小企業群とも廃墟と化したのである。本章の分析枠組みの観点からすると，戦前・戦中において，日立工場，多賀工場は協力会という形で中小企業との「コミュニケーションチャネル」を構築した。また亀有工場の外注政策が日立工場や多賀工場でも実施されたと推定すれば，部材支給（不足部材の確保努力），数量調整（最低仕事量の保証），

表2-1　日立工場・多賀工場の下請業者の名称, 所在地, 機能
（1945年6月段階。茨城県内所在の工場のみ抜粋）

主管工場	名称	所在地	機能
日立工場	鶴田鉄工場	東茨城郡	機械
	佐原製作所	香取郡	機械
	内山鉄工場	多賀郡	機械
	赤津第一鉄工場	日立市	機械
	赤津第二鉄工場	日立市	機械
	皆川鉄工場	日立市	機械
	前橋鉄工場	日立市	機械
	須田鉄工場	日立市	機械
	関鉄工場	日立市	機械
	サトマツ鉄工場	日立市	組立
	小峰鉄工場	日立市	機械
	根本鉄工場	日立市	鍛造
	北見鉄工場	日立市	鍛造
	高島ラジオ製作所	日立市	巻き, 仕上
	片岡鉄工場	日立市	巻き, 仕上
	宮崎鉄工場	日立市	機械, 組立
	清四郎鉄工場	日立市	組立
多賀工場	下山	日立市	機械作業
	佐々木	日立市	コイル巻き
	加倉井	日立市	コイル巻き
	菊池	日立市	コイル巻き
	助川	日立市	機械作業
	魚塚	日立市	機械作業
	大島	日立市	機械作業
	田村	下館町	圧延作業
	栗原	水戸市	ボルト, ネジ
	フジ	水戸市	機械作業
	横倉	水戸市	機械作業
	竹内	太田町	機械作業
	石渡	多賀町	機械作業
	海野	多賀町	機械作業
	小池	石岡町	機械作業
	鈴木	石岡町	機械作業

（出所）笹倉（1982）, p. 249, 276.

設備近代化（機械の融通支給）といった「外注政策コンテンツ」が展開されたと推察される。ただし, 日製工場と中小企業のやり取りの具体的な「相互作用スタイル」については不明である。協力会は日立地域に限らず, 戦争により破壊され, ここに断絶する。しかし, こうした日製工場による中小企業に対する

組織化政策は，戦後復興と高度成長期に向かうにあたり一つの原型として機能したとみることもできよう。

第4節　戦後～高度成長期における日製各工場と外注企業の関係

　本節においては戦後復興の時代から高度成長期末期に至るまでの日製各工場と外注企業の関係につき検討する。戦後復興から高度経済成長期にかけて，日製工場の外注政策は，共通部分と差異が表れてくるため，工場毎に外注政策を考察する。

(1)　日立工場

　日立工場は山手工場と海岸工場よりなる。主として山手工場は各種モーターを生産し，海岸工場は発電機，タービン等を生産してきた。以下，日立製作所日立工場（1961）『日立工場五十年史』及び日立製作所日立工場（1985）『日立工場七十五年史』を中心に，中小企業の経営者の証言等も交えつつ，日立工場と中小下請企業の関係を確認する。

　大空襲による戦災により，壊滅的打撃を受けた日立工場であったが1946年頃からは鋳物を主体とする炭坑用機器の生産再開等を徐々に進め，また2，3社のみ稼働していた地元の外注工場も徐々に復活してきた。1947年にはモーター修理，トランス修理などの地元への外注が増え，1948年は平均従業員数12名程度の外注工場が急増し，1949年には後述する工業協同組合も創立された。やがて朝鮮戦争による特需が起きたほか，1952～53年の電源開発ブームにより，日立工場の生産回復は本格化し，中小企業に対する外注としては製缶，機械加工，鋳物，完成部品などの発注が増大した。1950年代初頭の外注工場数及びその規模は表2－2の通りであり，表2－1との比較においても分かる通り，工場数は大幅に増えている。また，表2－3に示す通り，1955年より中小機械加工の能力確保のため，日立市内やその付近を中心に外注企業の開拓を行い，1956年には神武景気の影響で外注利用はピークに達したのである（日立製作所日立

表2-2　日立工場の外注工場数（所在地別・規模別）
（1950年代初頭）

所在地	工場数
旧日立市	62
旧多賀市	12
久慈町	4
その他周辺	7
水戸，勝田	3
福島	3
東京・川口	4
合計	95

規模	工場数
9人	28
19人	36
49人	23
99人	6
100人以上	2
合計	95

（出所）日立製作所日立工場（1960），p. 85.

表2-3　日立工場の外注工場数（所在地別）及び外注依存度推移（1950年代初頭）

所在地	工場数
市内	108
付近地	36
遠隔地	41
下請組合所属	63
その他	122
合計	370

年度	総作業高指標	外注高指標	外注依存度
1954	100	100	13.2%
1955	103	120	15.3%
1956	152	319	27.8%
1957	211	566	35.5%
1958	217	524	31.9%
1959	288	844	38.7%

※指標は，1954年を100とした場合。

（出所）日立製作所日立工場（1960），p. 85.

工場，1961）。

　1960年頃までは上記のような資本関係のない中小企業に対する一般外注が中心であったが，高度成長が本格化するに及びタービン，圧延機，水車の受注伸長が著しく需要を消化しきれなくなるに及び，外注企業の買収や資本参加等による系列化が進められた。また一般外注については，1961年10月に日立工場の資材部長及び製造部長より構成される「外注管理委員会」が設置され，各種の外注政策が積極的に取り組み始められたのである（日立製作所日立工場，

1985)。

　このように日立工場は戦後の廃墟からスタートして徐々に生産を回復したが，朝鮮特需を経て，高度経済成長への足がかりをつかんだ日本経済の成長の波に乗るようにして重電需要に対応するべく生産を大幅に拡大し，生産キャパ確保のため外注も拡大した。外注政策は，1）生産能力確保と製造ノウハウの外部流出防止，2）外注管理委員会による指導と折衝，この二つが特徴的であった。この時代の日立工場の外注政策の特徴について，中小外注企業の証言を以下紹介したい。

　日立工場の外注政策は具体的には例えば品質検査のノウハウ伝授に表れた。G1 社は 1941 年に日製と取引を開始し，日立工場の発電機の部品を生産し，戦後から高度経済成長にかけて溶接作業，製缶作業を受注しガスタービン事業も展開するに至った。G1 社によれば，この当時，完成品の品質検査は，日立工場の品質検査担当者が出荷前に G1 社を訪問し，立ち合い検査を行っていた。やがて，こうした検査業務は，工業協同組合において日立工場退職者を含む工業協同組合の担当職員により共同で行われるようになり，1965 年頃以降は各社自社で検査するようになったという。実際，中小外注企業は，日立工場と同程度までレベルを引き上げることが期待されていたため，技術，品質，経営の諸側面で指導してもらい，日立工場の不良対策会議なども各中小企業から出席させてもらった。G1 社の現社長は 1970 年代に数年間，日立工場に出向し，設計，製造，生産技術等を経験し，日製や日立工場の会社組織としての仕組みや技術を学び，人的なつながりも構築したという。当時は日立工場の資材部を訪ねると，中小外注企業毎に設置されたボックスに次の仕事の図面が入っていたという。オイルショック前まではこのボックスに次々と図面が入り，仕事量が多かったそうである[8]。

　G2 社もオイルショック前までは日立工場の組長クラスの人材が中小外注企業の製造部長として出向した（給与は半々持ち）と証言する。当時，日立工場は外注企業への発注量が安定的に推移するよう調整してくれた上に，中期計画上の数量計画はかなり精度が高かったそうである。日立工場の外注工場はいわば日立工場の内輪的な存在として扱われ，日立工場の一員として切磋琢磨した。そのため，JIS などの規格よりも日立の規格に合うようにすることが肝要

だったというのである[9]。

　また，各種の産業用モーターの完成品外注を請け負ってきた A2 社の場合も日立工場との関係が密接であった。図面は日立工場からの貸与図面であり，部材については高級な鉄板は支給されるが，他の部材は日製の「常備品」が有償支給されたという。A2 社によればモーター製作においてコイル巻きはモーターの品質を決定づけるものであり，特に絶縁処理のためのワニス塗工程はノウハウのかたまりであり，ワニス液の粘土，含有物，含有量等にコツがあり，これは秘伝中の秘伝であるという。A2 社はこうしたノウハウを確立するにあたり，日立工場から多くの支援，指導を受け，人的にも日立工場からの出向者は多く，過去には累計 400 人程度受け入れてきたそうである[10]。

　このように戦後から高度経済成長末期にかけて，日立工場による外注政策は総合的に行われた。すなわち，図2−1に沿ってみていくならば，「コミュニケーションチャネル」としては，工業協同組合，外注委員会の設置による組織的対応の確立，製造や資材と中小企業の直接的やり取りが展開された。また「外注政策のコンテンツ」としては，品質管理のノウハウの伝授や貸与図面のやり取り，高価部材の有償支給，生産数量調整等様々な要素があった。また「相互作用スタイル」に着目すると，各種の支援，指導は，一方的な指導や通達といった官僚的手続きによって行われたのではない。むしろ企業間の境界線が緩やかで曖昧なもとでなされた。すなわち，出向者の受け入れ合いや，担当者や経営者の日常的な往来を許し，人的交流やつながりが多層的に構築され，双方向に公式・非公式な知識情報が行き交う関係の中で仕事量の柔軟調整や技術指導が可能となったとみられるのである。

(2)　多賀工場

　多賀工場は 1939 年に設立され，汎用モーター，洗濯機，掃除機などを生産してきた。なお，高度経済成長期の多賀工場の歴史については日立製作所多賀工場（1973）『多賀工場史』3 巻等を参照する。1952〜1957 年にかけては外注工場の開拓時代，1957〜1958 年の鍋底不況を経て，1959 年以降は岩戸景気を迎え，1960 年の所得倍増計画もあいまって，家電製品ブームを迎え，多賀工場の生産

表2-4　多賀工場　外注工場からの購入高推移（1959〜1968年）

年	半期	外注工場数	月平均購入高 （千円）	多賀工場関係 従業員数合計
1959	上期	101	136,565	4,320
	下期	101	180,739	4,910
1960	上期	101	222,223	6,090
	下期	101	267,000	6,490
1961	上期	100	256,585	6,520
	下期	100	354,965	6,640
1962	上期	100	286,865	6,530
	下期	100	316,996	6,380
1963	上期	100	367,470	6,420
	下期	100	489,485	6,590
1964	上期	98	522,311	6,710
	下期	98	485,094	6,130
1965	上期	87	502,071	6,030
	下期	89	500,980	5,410
1966	上期	87	638,465	5,850
	下期	90	699,429	6,370
1967	上期	95	858,546	6,840
	下期	94	999,057	5,450
1968	上期	94	894,734	5,419
	下期	94	906,364	5,375

（出所）日立製作所多賀工場（1973），p. 149.

　は大幅に拡大し，中小外注企業の設備拡張時代を迎える（日立製作所多賀工場，1973）。実際，多賀工場の外注工場購入高は表2-4に示す通り，1959〜1968年に大幅に増加したのである。

　1955年頃の中小下請外注企業は機械設備が十分ではなく，一個の部品加工を，旋盤はA社，ボール盤はB社というように2〜3社の企業を転々と持ち回るため，管理が煩雑であった。しかし，多賀工場が量産工場化する中，1959年からは部品外注方式が増え始め，10年の間にこれが主流となる。さらに1963〜1965年にかけて，多賀工場内の各製造部門では，間接作業縮減を図るため，工

程集約発注方式が進められ，従来の単品部品発注から発展して，部組品（半製品のユニット）で発注するようになった。このような施策により付加価値のついた外注はさらに発展し，1967年には重点外注工場育成方針のもと，1968年以降，日東電工㈱（茨城町），亀屋工業所（日立市），逢鹿産業㈱（日立市），鈴木製作所（勝田市），飯村電工社（北茨城市），やまか電機製作所（日立市）への完成品発注がスタートした（日立製作所多賀工場，1973）。

　下請指導体制については，多賀工場の場合，大規模組織体制が組まれた。すなわち，それは1952年9月に下請管理委員会の設置をもって開始され，1959年には指導組織を強化して分科会制度による業種別専門指導を1963年まで続け，外注工場の生産能力，生産技術などの基盤が作られ，多賀工場の大きな戦力へと成長した。1963年4月，多賀工場は外注指導方針を転換し，重点外注工場育成指導を委員会方針とし，重点外注工場30社を選定し，技術，経営に関する総合指導を行うようになった（日立製作所多賀工場，1973）。1959年に開始した下請指導委員会組織及び1963年に改組されて成立した外注工場指導委員会組織は図2-2，図2-3の通りである。

　外注企業として多賀工場の指導・支援を受けた例としてD1社が挙げられる。戦後創業したD1社は，1956年に多賀工場より，ダイキャスト部品のバリ取りの仕事をしないかとのアドバイスを受け，グラインダー，ボール盤などを準備し，多賀工場より様々な支援を得て，この新規事業を開始した。スタート時の顧客は多賀工場の鋳造課であった。多賀工場で生産した鋳造品はD1社に搬送され，同社のバリ取り工程を経て多賀工場に戻されるという工程の一部を担ったのが最初である。開始1年後に多賀工場はD1社の取引口座を開いた。やがて，D1社は信頼を得て，あらゆる種類のダイキャスト品のバリ取りを一気に引き受けるようになる。また1980年にはバリ取りのみならず，ダイキャスト品の生産を開始するのである[11]。このように多賀工場は社内の「鋳造課」による直接のやり取りや，「下請管理委員会」，後述する工業協同組合の活用を通して「コミュニケーションチャネル」を確立した。また，「外注政策コンテンツ」は外注する作業内容の高付加価値化（一部工程外注→部品外注→部組外注→完成品外注）を進めた点が特徴的である。さらに「相互作用スタイル」について着目すると，D1社によれば高度経済成長の前後から同社は多賀工場とは公式的

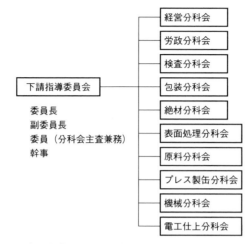

（出所）多賀工場（1973），p.151.

図2-2 多賀工場「下請指導委員会組織」（1959年）

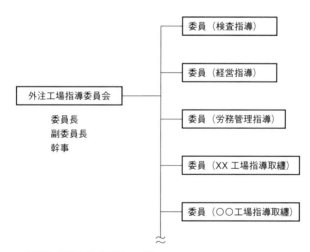

（出所）多賀工場（1973），p.151.

図2-3 多賀工場「外注工場指導委員会組織」（1963年）

なビジネス取引に終始したのではなく，数々の非公式な接触や都度都度の個人的な親切心から発したアドバイス等を受けて，多大な支援を得てきたそうである。その点で，D1社と多賀工場の「相互作用スタイル」は密度の濃い密接なも

のであった。また，それは外注作業の高付加価値化（バリ取り作業→ダイキャスト品の生産）に向けた誘導に必要なスタイルであったのではないかと推察されよう。

(3)　水戸工場

　水戸工場は1940年に設立され，電気機関車やエレベータ，エスカレータを生産してきた。この時代の水戸工場の中小外注下請企業との関係については，日立製作所水戸工場（1982）『水戸工場史　第1巻』を参照する。

　水戸工場の場合，高度経済成長中盤以降，1961年から外注体制が整備され出した。1961年当初，協力工場（中小下請企業）の管理は，車両・制御器関係を中心とした方式とエレベータ関係を中心とした方式の二つがあり作業の依頼方法，使用する帳票なども異なっていたため，これを統合することからスタートした（日立製作所水戸工場，1982，pp. 167-169）。

　多賀工場同様に，1961年当時，中小下請企業への外注は加工外注が主であり，当時の中小下請企業は機械設備が十分に整備されておらず一個の部品加工を，製缶作業はA社，旋盤・ボール盤などの機械作業はB社という具合に2～3社の協力工場を転々と持ち回るものであった。しかし，こうした不効率を改善する目的もあり，1962年から各製造部毎に生産技術指導，品質管理指導を主目的として組織的な活動がスタートしていた。1963年には外注方式の改善・合理化が進み，加工外注から部品外注方式への切り替えが行われ，さらには従来の単品部品発注から部組品（ユニット品）としての発注へと質的転換（高付加価値化）が図られた。1967年からは資本関係のある系列外注先への製作移管が計画され，完成品外注も行われるようになったのである（表2-5）（日立製作所水戸工場，1982，前掲）。

　外注管理方針の策定と活動については，上記の通り，1962年当時から各製造部単位に行われていたものの，1969年には指導組織を強化するための外注委員会が設置された。外注委員会においては，下部組織として車両・エレベータ各分科会及び技術認定，経営労務等の各専門委員会をおいた。専門委員会においては，長期外注方針の立案，主要協力工場の育成及び系列化などを策定した。

協力工場については外注水準，品質水準の向上を図り，外注企業の技術水準を
高めたのである（日立製作所水戸工場，1982，前掲）。

　このように高度経済成長期における水戸工場の外注政策は，日立工場や多賀
工場との比較において，次のような特徴を有するといえよう。まず「コミュニ
ケーションチャネル」という意味では，戦前より存在する水戸工場はかつて協
力会を擁する工場であったが，外注管理委員会が設置されたのは高度経済成長
期も末期に近い1969年になってからである。すなわち，1962年から7年間も
の間，下請外注管理委員会のような横断的な組織を構築せず，製造部毎に外注
指導を行っていたのである。この点は日立工場，多賀工場の双方と大幅に異な
る。そもそも1961年時点において，外注管理という業務は車両関係を中心とし
た方式と，エレベータ関係を中心とした方式の二つが存在し，その二つを統合
するところからスタートする必要があったことがわざわざ記録されている（日
立製作所水戸工場，1982，前掲）。この点からも，おそらく，車両と昇降機の生
産工程が大幅に異なり，おのずと外注管理の方式にも差異があったため，組織
横断的な委員会方式の外注管理はそぐわないものだったと考えられる。

　一方，「外注政策コンテンツ」という点では，水戸工場は加工外注→部品外
注→部組（ユニット）外注→完成品外注へと外注活用におけるステージの高度
化を推進した点が多賀工場と共通している。また，外注の高度化による完成品
外注の実施に際しては，水戸工場が買収，資本参加した表2－5に列記した企業
が活用された。この点は日立工場と共通している。このように比較していく
と，電気機関車・昇降機（エレベータ，エスカレータ）を生産する水戸工場の
外注政策は，重電（タービン，発電機，モーター）の日立工場と，弱電（掃除
機，洗濯機等の家電）の多賀工場のまさに中間に位置するような性質を帯びて
いるといえよう。このように先述の図2－1に示したような分析視角を活用し
て他工場との間の特色を比較する必要があるのは，過度の一般化を防ぐためで
ある。すなわち，同じ日製工場とは言え，各工場で生産している製品カテゴ
リーは異なる。製品カテゴリーが異なると，技術（開発や設計），品質管理，量
産のやり方，はては組織文化や人材育成に至るまで相違が生じる。これは日製
工場毎の個性ともいえる。こうした日製工場毎の個性は，外注管理のあり方に
も反映し，共通点と相違点が見出される。こうした相違点を比較分析すること

表2-5　水戸工場による完成品外注（製作移管）（1967〜1978年）

年	企業名	製品
1967	サイタエレベータ製造㈱	病院用エレベータ，荷物用エレベータ
1974	日立水戸工業㈱	標準型エレベータ
1976	福日エレベータ㈱	九州地区規格形エレベータ，病院用エレベータ
1978	㈱内原電機製作所	標準油圧エレベータ

（出所）日立製作所水戸工場（1982），p169の記述より筆者作成。

は中小企業の成長の同異を浮かび上がらせる上でも重要となる。

⑷　工業協同組合の位置づけと役割

　前項までは戦前，戦後から高度成長期末に至るまでの日製工場の外注政策展開を論じたが，本項では，高度経済成長期において工業協同組合の果たした役割に着目する。日製工場毎に設立された工業協同組合は，中小企業の利益代表として団体折衝の窓口として機能するのみならず，技術力や品質管理能力の向上，人材育成にとって重要な媒介になったと推察され，本章の分析枠組み上の「コミュニケーションチャネル」として重要な役割を負っていたとみられる。本項においては，二つの工業協同組合にける「コミュニケーションチャネル」としての役割について考察する。

【日立製作所工業協同組合】

　同組合は，日立工場における外注工場の中核であり，その源流は1937年に12社でスタートした日立機械器具組合にある（日製日立工場，1961)[12]。『日立工場五十年史』によると，同組合について日立工場は，増大する需要への対応や体質改善に大きな成果を上げてきたとして高く評価し，今後も技術革新，設備近代化，業種の専門化，品質管理の徹底等において強力にこれを推進する必要があるとして，期待を表明している。以下，日立製作所工業協同組合の組合史である『三十年の歩み』（1980)，及び『五十年の歩み』（1999）を紐解き，また同組合へのヒヤリング内容も踏まえながらその役割について検討したい。

　日立工場と中小下請企業を媒介する存在として，日立製作所工業協同組合の

活動の中で特に重要なのは1）共同受注方式や資金支援事業，2）工具・副資材の共同購入事業，3）教育訓練事業等であろう。

　まず1）共同受注方式であるが，組合設立当初，資金繰りが厳しいため，日立工場の支援を受けて，従来の個別企業毎の受注ではなく，工業組合全体としての共同受注方式が導入された。同方式の導入に伴い，特別賦課金制度が設けられ，1973年5月まで続けられた。特別賦課金制度は，日立工場からの受注時間にリンクして助成され，組合企業の資金ショートを防止するために機能したのである。また，設立当初は特に資金の転貸融資，日立工場の一括代理受領並びに約束手形一括割引等の金融事業も存在した（日立製作所工業協同組合，1980，p. 75）。受注に関する組織的対応としては，「受注単価改定委員会」があり，外注単価の改定並びに作業量確保，受注条件の改善と要望を目的に組織された。同組織は1980年度まで存続した（日立製作所工業協同組合，1999，p. 95）[13]。

　2）工具・副資材の共同購入事業は，「資材協同購入専門委員会」によって，1981年度まで継続した。これは資材の量並びに質の安定確保，大量購入によるVolume Discount，取り扱い手数料による組合収入を実現しようとするものであった。当初は工具類，溶接棒等の共同購入等が行われてきたが，1956年に「日立サービスルーム」が設立され，本業務は移管された（日立製作所工業協同組合，1999，前掲，及び日立製作所工業協同組合，1980，p. 95）。

　最大の重要性は3）教育訓練事業等にあるであろう。中小企業にとって，人材育成を通じた技術力の向上は様々な活動を通じてなされた。例えば，J.I.S.アーク溶接技術検定の促進である。日立工場の発電機，ボイラー製作等の重電機製品には電工，組立の技術と合わせてアーク溶接が重要とされ，日立商工会議所，日製及び日立製作所工業協同組合がサポートする形でアーク溶接技能競技会が長年にわたり開催されたのである。また，1959年以降，東部日本第一溶接協会のアーク溶接技術検定の受験を進め，学科試験に対する講習会，実技試験の会場として，日立工場より設備貸与や係員の指導等を受け，年々受験件数と合格件数が増え，多大な成果を上げたのである（表2-6）（日立製作所工業協同組合，1980，pp. 77-78）。

　また同協同組合では日立工場からの受注品が次第に高度化するに従い，ます

表2-6　日立製作所工業協同組合　J.I.S. アーク溶接技術検定受験成績

年度	受験件数	合格件数
1959	38	29
1962	45	31
1965	31	23
1968	38	20
1971	75	57
1974	141	101
1977	141	104
1980	196	158

（出所）日立製作所工業協同組合（1980），P78.

ます技能者の養成を組織的，系統的に行う必要を認識し，1956年4月に技能者養成所を開設した。定常的には各種の部会があり，日立工場とのやり取りの連絡窓口，情報収集窓口として機能していた（日立製作所工業協同組合，pp. 87-94）。

　以上の通り，主として高度経済成長期において日製工場が外注管理委員会等を設置して本格的な外注管理対応を実施する一方で，中小企業と日立工場を仲立ちする存在として，日立製作所工業協同組合が多岐にわたり積極的な役割を果たし，まさに「コミュニケーションチャネル」の主柱を担ったのである[14]。以下においては家電分野中心の多賀工場と久慈鉄工協同組合の関係を検討したい。

【久慈鉄工協同組合】

　『多賀工場史　第3巻』には工業協同組合について，設立以来，いくたびかの景気変動に耐えながら中小企業の経営健全化に努め，生産協力体制の企業集団機能を発揮してきたとして，これを高く評価する記述がある（日立製作所多賀工場，1973，p. 151）。多賀工場に対応する工業協同組合の一つである久慈鉄工協同組合は1957年4月に設立され，設立当初15社を擁した[15]。同組合は1966年5月に日立市石名坂町に工業団地を造成しそこに所在している。活動内容としては，日立製作所工業協同組合同様，運転資金の貸付，各種部会活動等と

いったものがある他（日立製作所多賀工場，1973，前掲），共同受注，共同購入，共同検査，共同輸送といった各種共同事業が展開された（久慈鉄工協同組合，1966，p. 3）。

　さらに久慈鉄工協同組合が所在する工業団地（1995 年以降「サンヒルズ久慈」と命名）は，その内部に様々な共有インフラを備えていた。それはすなわち組合総合事務所（現在も所在）の他，食堂，マーケット，保育所，守衛所，世帯者向住宅（11 棟）といった施設や共同輸送車，共同フォークリフト，通勤バス（8 台）等々を擁していたのである（久慈鉄工協同組合，1966，前掲）。

　これらの諸点を含め，多賀工場とサンヒルズ久慈（工業団地）に所在する久慈工業協同組合とそれを構成する中小下請企業の関係を俯瞰してみた場合，「コミュニケーションチャネル」としての久慈鉄工協同組合に内在する三つのレイヤーが浮かび上がる。

　すなわち，第一に多賀工場においては，家電製品の外注活用と中小外注企業の育成強化を積極的に進めるべく，先述の通り多賀工場側において「下請指導委員会組織」（1959），「外注工場指導委員会組織」（1963）を設置するなど詳細にわたり具体的な指導と積極的な管理育成を実施していた。実際，久慈鉄工協同組合に対して行ったヒヤリングでは「かつて，1987 年頃までは多賀工場から設計図面が提供され，製造技術面ではずいぶんと面倒をみてもらった。鋼材は下請が自前調達したが，部材のほとんどは無償支給だった。ゲストエンジニアが来たり，こちらから出向くこともあった。多賀工場が当組合事務所内のスペースを借りて換気扇用モーターを生産することもあった」と述べている[16]。これを中核企業側からくる第一レイヤーとする。第二に，上述の通りの久慈鉄工協同組合による各種の活動が中小下請企業側からの第二のレイヤーである。そして，第三には工業団地という物理的なレイヤーにおける中小企業間のインフラの共有が挙げられる。このように中核企業多賀工場からの指導と対応（第一レイヤー），中小下請企業側からの活動（第二レイヤー）が，物理的インフラ（第三レイヤー）において結実したというのが，久慈鉄工協同組合の特色であると論じることができよう。

　以上の通り，日立製作所工業協同組合と久慈鉄工協同組合を例として，主として経済成長期における中核企業である日製の日立工場，多賀工場と中小企業

の関係をみてきた。その結果，工業協同組合の存在は単なる受注単価交渉や一括受注の受け皿というような側面だけをもっていたのではないことが分かった。すなわち，工業協同組合は中核企業工場側からの金融支援，設計図面をめぐるすり合わせを媒介する，まさに「コミュニケーションチャネル」として重要な存在であった。また，中小企業側における技能育成や人材育成を行う舞台ともなった。このように中核企業と中小下請企業が互いに歩みより，中核企業の保護育成と支援，中小企業の努力によって特色づけられていたといえよう。こうした工業協同組合は，後年，ほぼ形骸化するに至るものの，総じて戦後から高度経済成長初期に設立され，日製工場と中小下請企業を仲介するのみならず，中小企業におけるノウハウの蓄積や，効率化，技術レベル，品質レベルの向上にも大きな役割を果たしたのである[17]。

　このように戦後から高度経済成長期にかけて生成発展した中核企業と中小下請企業の関係は，やがて1970年代の円ドル相場制移行，二度にわたるオイルショックを経て成長の時代は終わりを告げる。その後円高，バブル崩壊に続く低成長期と，経済グローバル化やリーマンショック等を経て大きく変貌する。次章においては，こうした状況変化を受け，日製各工場の外注政策と中小企業との関係がどのように変化したのか考察を進めたい。

第5節　低成長期バブル崩壊からグローバル化に至るまで

　本節においては1970年代の低成長期，1985年の円高とバブル崩壊から，2000年代以降のグローバル化へと至る時代の変化の中で，日製各工場の中小外注企業に対する政策がいかなる変容を経たのか，引き続き，「コミュニケーションチャネル」，「外注政策コンテンツ」，「相互作用スタイル」の三つの観点から分析を進める。

⑴　日立工場

　日立工場については，以下，日立製作所日立工場（1985）『日立工場七十五年

史』を中心に，中小企業の経営者の証言も交えつつ，日立工場と中小下請企業
の関係を確認する。

　高度経済成長から一転，1971年のニクソンショック以降，景気後退の影響は
大きく，日立工場の外注管理においては，「重点外注先予算制度」が導入され，
「賃率工場割」適正化の指導強化等が行われた。また1972年には企業相談室が
設けられ，不況に対応できる外注体質に向けた改善策が実施されるようにする
等，外注管理体制の整備を図った。さらに1975年以降は外注管理徹底のため，
長期外注先個別計画策定，軽量化指導，コミュニケーション強化に取り組むと
ともに，装置類を発注している一般取引先から，付近地外注先への作業量斡旋
などの側面からの援助を実施するようになった（日立製作所日立工場，1985,
pp. 112-113）。しかし，外注企業の倒産件数は増加した。例えば1975年にはエ
レメントの外注先である㈱青木染工場への外注縮小を余儀なくされ，1976年に
は圧延機や歯車関係，タービンのACCギアなどの基盤品の外注先であった㈱
長谷川歯車が40億円もの負債を抱えて倒産した他，系列会社関連会社の再編
統廃合も余儀なくされたのである（日立製作所日立工場，1985）。このため，外
注先の数は表2-7の通りとなり，1959年当時（表2-3）との比較で大幅に減
少した。

　以上の通り，1971年頃を境として，日立工場では従来型の生産能力確保のた
めの新規外注開拓と保護育成というような発想に変化が生じたといえよう。や
がて1985年以降の円高不況，90年代のバブル崩壊と2000年代に入ってからの
経済のグローバル競争時代を迎え，日立工場の中小下請外注政策は中核企業に
よる中小下請企業の保護育成，指導という形ではなく選択と集中もしくは外注
企業の選別，そして仕様書通りにQCDを満たせるか否かのみを問うドライな
ビジネス関係へと変貌していった。

　前節で論じた日立製作所工業協同組合によれば，2010年代後半の今日，もは
やかつてのような日製工場と中小企業の間でのすり合わせの繰り返しや品質の
作り込みを伴うようなモノづくりはすでに消滅しているという。現代において
はQCD（Quality, Cost, Delivery。特にそのうちCost）についての仕様書上の
基準が満たされているか否かだけが問題となる時代となったという。例えば
アーク溶接については日製工場が提示する図面通りのQCDが満たされるか否

表2-7　日立工場の外注工場数（所在地別）（1985年当時）

所在地	工場数		
	合計	系列	一般
日立市内	39	7	32
県内	8	2	6
その他	23	2	21
合計	70	11	59

（出所）日立製作所日立工場（1985），p. 113.

表2-8　日立工場の外注政策（1971年以降）

	コミュニケーションチャネル	外注政策コンテンツ	相互作用スタイル
1971年～	重点外注先予算制度	「賃率工場割」適正化の指導強化等	
1972年	企業相談室設置	外注体質改善	
1975年		護送船団終わり　長期外注先個別計画策定　軽量化指導	コミュニケーション強化
1985年～		選別強化	QCD基準を満たすか否かのドライな選択
2010年代	―	―	相互作用大幅減少

（出所）筆者作成。

かだけが重要となっており，それが達成できない場合には海外を含め他企業に発注されてしまうのである[18]。また前章で論じたG1社もオイルショックを境に日立工場による護送船団方式は終わりを告げ，日製の方針として中小企業各社とも自立化するよう促されたという[19]。G2社も護送船団方式は停止し重点外注工場として生き残ることが重要となったと証言する[20]。以上につき，図2-1に示した分析視角の切り口を活用して1971年以降の日立工場における外注政策に関する「コミュニケーションチャネル」，「外注政策コンテンツ」，「相互作用スタイル」を年代別に整理しなおしたものが（表2-8）である。

　日立工場は，1970年代初頭に中小企業の新規開拓，指導，護送船団方式による保護育成は転換を余儀なくされた。それは「重点外注先予算制度」（1971）の確立や「企業相談室」（1971）の設置等，「コミュニケーションチャネル」の変

貌として表出した。これに伴い「外注政策コンテンツ」は，保護育成的なもの
ではなく，体質改善や軽量化指導，中小企業個社別の予算制度や個別計画の策
定等，よりコストダウンや管理の強化を目指したものがメインとなってきた。
また，「相互作用スタイル」は，ドライなQCDクライテリアによるその都度の
取引実施という形に変化した。しかし，上記の後半に記した証言からも分かる
通り，時代の流れの中で，中小企業側も長年蓄積した技術力を駆使して何らか
の打開策を狙っている。また場合によっては中核企業をむしろ上回るような技
術知識を有するに至る企業も出てきており，自立性を確立するだけの潜在的な
実力を有するに至っているとみられるのである。

⑵　多賀工場

　日立工場の外注政策が第一次オイルショックを契機として一気に180度転換
し，従来の新規外注拡大と保護育成政策から選択と集中という形での選別を行
うようになったのに対して，多賀工場はこれとはまた異なった転換の仕方を示
した。後述する通り，多賀工場の場合も1974年のオイルショック以降，中小外
注企業の選別の時期に入るのである。しかし，それは急激で一方的な通告を伴
う選別ではなく，中長期的なタイムスパンで中小企業を引き続き育成しつつ改
善し強化するというようなものであった。以下，その展開過程を検討する。な
お，多賀工場については，『多賀工場史』の4巻，5巻，6巻を参照する他，中
小企業経営者や工業団地事務局の証言を参照する。

　家電製品の生産が中心であった多賀工場の場合，1969〜1974年上期までは未
だ生産能力の拡大と外注企業における作業量消化が主要課題であった。多賀工
場は需要急増に対する生産能力の対応が設備面，労務面で困難となっていたた
め，外注企業の株式取得などによる資本参加を進めた（日立製作所多賀工場，
1982，pp. 87-88）。また外注企業の完成品生産能力の強化を行い，電工作業の
機械化が進んだ。1976年には金額ベースで，完成品外注，部組外注は外注全体
の87％に達したのである（日立製作所多賀工場，1982，p. 89）。

　しかし，急激な能力拡大に外注工場側では内部管理の確立が伴わず，一方，
多賀工場側でも先行きを見越した指導が追い付かなかったため，1970年上期に

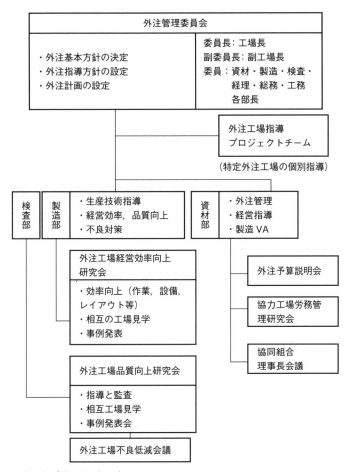

（出所）多賀工場（1982），p.89.

図 2-4　多賀工場の「外注管理委員会」と外注管理体制（1970 年）

発足したのが外注管理委員会（図 2-4）である。同委員会は工場長を委員長と
して月一回開催され，外注管理の基本方針の策定，個別外注先の利用計画の承
認，指導方針の設定などが行われた（日立製作所多賀工場，1982，p. 89）。図
2-4 にある通り，外注管理委員会には，多賀工場側のみならず，協同組合も参
加し，生産技術，品質向上，不良対策，製造 VA（Value Analysis：価値分析），
効率工場，ベンチマーク等々様々な課題が網羅されたのである。

　上記より，オイルショックを前後するこの重要な時期に，多賀工場は1）中小外注企業に対する資本参加を含む経営参画と強化，2）外注部組品・外注完成品生産能力の強化，3）外注管理委員会による組織的な経営，技術，品質面での指導強化を進め，全般的に外注企業の体質改善にまい進していた時期であることが分かる。

　しかし，1974年下期より状況は厳しくなり，多賀工場の生産は前年同期比66％のレベルとなり，外注工場の仕事量も大幅減となった。人員削減，帰休，工場閉鎖などの縮小策を余儀なくされた。同年から1978年頃までの間，以下のような総合的な施策がとられた（日立製作所多賀工場，1982，pp. 90-92）。

1）専任プロジェクトチームによる経営改善指導。
2）問題外注先に対する各種指導。
　①主力外注先の月次予実算管理。
　②本社派遣チームによる企業診断：1977年上期より日製本社資材部の主導により多賀工場を含む各工場の課長らがチームを組んで問題外注先の診断を行った[21]。
3）共同配送の導入，外注先でのトラック売却，輸送用人員の生産現場への編入等による経費削減。
4）外注再編成推進＝主力外注先への発注の集約と外注製造VAの推進。表2-9に示すように業種別外注先の再編計画を策定，実施するに至った。

　さらに，多賀工場では，外注管理部門を充実させるため，1970年上期に資材部の第一購買課と第二購買課を，外注課と購買課に再編，製造部門と直結した縦割り（家電，商品の各部門別）に改変し発注，指導の一元化を図った（日立製作所多賀工場，1982，p. 89）。

　1979～1987年までは，多賀工場にとって，磐城金属工業及び日立多賀モートルの直轄系列会社の設立や，京都分工場の閉鎖などの大きな変化が起きた。そうした中で，1980年には大幅な仕事量減（第二次オイルショックを背景とした需要減が背景）に対応するべく，外注工場に対して自立経営化の方向付けを打ち出し，企業診断，合理化アドバイス，他社受注の促進等の支援を行い，多賀工場の依存率の引き下げを図ったのである（日立製作所多賀工場，1990，p. 104）。

表 2-9 多賀工場 業種別再編の考え方

業種	考え方
完成外注	既に整理統合されており，現体制を拡大せず
製罐・プレス	発注量に対して能力が著しく過剰となっており，かつプレス作業量が今後とも減少する見込であるため格付け評価に基づいて部品別，製品別に検討して思い切った集約整理を行う。
部組外注	部組外注先は設計が進んで組立工数は低減され，能力が過剰となる業種であり，製品系列を鮮明にして集約を進める。
電工外注（注）	1973 年上期策定の整理統合計画がメリット面及び運営面から未達となった経緯あり，体質改善を急務とする。
切削外注	発注金額も月 2000 万円以下となっており，専門部品と設備を考慮して集約する。
鋳物・鋳仕上	技術革新による鋼板化，プラスチック化の進展に伴い，作業量が急減して，内部の人員消化に大きな問題を残しており，内作化が急務となっている。従って外注先の思い切った削減を行う。

(注)「電工外注」については，原文の文意がやや不明確のため，筆者が若干文言を修正した。
(出所) 日立製作所多賀工場 (1982)，p. 92.

特に 1985 年の円高インパクトは大きく，外注作業量は大幅減少となった。わけても大物プラスチック成形品においては内作稼働率の低下が目立ち，この対策として外注先再編計画が実行され，伸和化成からの撤退，オリオン化成茨城からも 87 年をもって完全撤退となった。また電工作業においても，佐々木電工原町工場の閉鎖，大串電機からの撤退があった。一方，各協同組合については，活動内容は従来のものに加え，講演会，研修会等の実施等が中心となり，親会社依存型からの脱却が進められた（日立製作所多賀工場，1990，p. 105）。

さらに，外注管理の在り方については，外注 MST[22] 活動が展開されるようになった。外注 MST 活動は親工場依存型の経営から脱却し，外注工場自らが経営合理化に取り組むことを目的として 1980 年にスタートした。また，1981 年には多賀工場内ベテラン組長を集め外注指導グループが組織された。このグループは外注先における原価低減に直結した改善を少ない費用で行うという MST 思想に基づき生産方式の改善やマテハン（Material Handling：工場内の材料，仕掛品，完成品の移動に関する取り扱いのこと）の改善，新製品の立ち上げ，新工場のレイアウト構築に至るまであらゆる活動の外注指導を行ったのである。こうした取り組みと合わせて，多賀工場は，1982 年以降，労務・財務

面，コスト，品質面での取引先の格付け評価を行うようになったのである（日立製作所多賀工場，1990，pp. 106-107）。

　以上の通り，1980年代を通して，多賀工場は大枠としてはオイルショック以降の路線を引き継ぎ，中小外注企業に対して，1）外注先再編（含：撤退）の大ナタを振るうと同時に，2）多賀工場への依存度低下とそのための各社自立性確保，受注先多角化を推進し，さらには3）外注MST活動，外注指導グループの組織化とその活動を通じて，中小外注企業の体質改善を継続したのである。

　1990年代，不況の影響と製品の海外生産化の影響により日立地域内での外注生産は，一定水準の維持すら危ない状態となった。まず，海外への生産移管に関しては，1994〜1995年にかけて冷熱向けファンモーターの海外生産移転があり，電工関係の西野電機工業社の売り上げは半減した。㈱亀屋工業所，㈱泉製作所，㈱那珂製作所などが中国・上海地区へ生産拠点を投資するなど，協力会社自身の経営施策にもこれまでと異なった動きがでてきた。発注内容も単品ベースから，材料込みあるいはユニット外注品へと多岐にわたっている。そのため，価格及び品質に加えて，全体を取りまとめ力のある会社へと集約せざるを得ない状況となった。中小外注企業の強化については，1994年における多賀工場のISO9001取得に続く各社ISO9001取得の推進，支援，海外視察研修の実施，生産性向上の取り組み，各種コストダウン活動の推進等を展開した（日立製作所多賀工場，1999，pp. 98-100）。

　今日における多賀工場と中小外注企業の関係について，先述の久慈鉄工協同組合は，次のように証言する[23]。すなわち，1987年頃までは，多賀工場からは設計図面が提供され，製造技術面ではずいぶんと面倒をみてもらった。鋼材は下請が自前調達したが，部材のほとんどは無償支給だった[24]。またかつては多賀工場との間で，エンジニアが相互に出向することもあった。また，多賀工場が工業協同組合事務所内のスペースを借りて換気扇用モーターを生産することもあったという。ただし，1987年頃からはコスト削減のため，多賀工場の海外展開が急速に進み，さらに1995年からは，中小外注企業に対しても現地への投資が促された。これを受けて，プレス加工業，プラスチック成形業の中小外注企業は早い段階で多賀工場の海外展開に追従する形で海外投資を展開した。しかし，切削，研削といった大幅な設備投資を伴う業種においては，1000万円／

台の旋盤マシーン（CNC）を海外に 6〜7 台投資するのは資金的に無理であった。機械加工業も多品種少量生産や超精密加工品等のニッチ市場を狙った輸出はありうるであろうが，通常は海外生産には向いていないというのが同組合の見方である。

　2017 年現在，この協同組合では日製からのアドバイスや出向などの人の行き来はない。また，多賀工場（日立アプライアンス）にのみ納入している企業も皆無である。全般的に今日の日製依存度は 50％程度であり，残り 50％は各社が独自に商社ルートで商談を確保しているのが現実である。なお，商談獲得方法はまちまちであり，人的なつながりによるところが大きい。

　同工業協同組合によれば，昨今，大手企業はみな製造から手を引き，エンジニアリングに走っており，現場の力，ものづくりの力は海外に出てしまっている。中核企業は中小外注企業を選別するというが，実は中小外注企業も顧客を選別することがある。必要なのは，とにかく人のやらない，やれない難加工材を安く実行することであるという[25]。

　以上，表 2-10 に示す通り，1969 年から今日に至るまでの多賀工場の外注政策の展開を確認した。その結果，高度経済成長期以降，今日に至るまで以下のような特長が判明した。まず，1974 年上期，すなわち第一次オイルショック前の段階までは，多賀工場にとっては良質な生産能力の確保が重要課題であった。「外注政策チャネル」としては系列化の推進の他，一般外注に対しては外注管理委員会を立ち上げ，対応した。「外注政策コンテンツ」としては，完成品生産能力の向上，機械化の推進，部材の自主調達推進や品質向上の他，この時代から VA 活動や中小企業同士のベンチマークスタディーを取り入れ始めている。一方，1974 年下期以降，すなわちオイルショック後は共同配送や VA の推進といった改善策の推進と同時に，予実管理の導入，企業診断の実施等の管理志向の強化が特徴となる。改善策の推進と管理志向の強化は 1985 年の円高以降強まる。すなわち，MST が実施される一方で，「相互作用スタイル」は外注企業からの撤退や格付け評価など厳しいものとなる。また，この時代から中小企業の自立化と多賀工場への依存度抑制が要請される。バブル崩壊と円高を受けて，1990 年代には多賀工場の海外展開が加速し，中小企業もそれとなく海外展開が促される。一方，国内にて継続して外注を引き受ける中小企業にはかな

表2-10　多賀工場の外注政策（1969年以降）

	コミュニケーションチャネル	外注政策コンテンツ	相互作用スタイル
1969年～	外注管理委員会	完成品生産能力向上 機械化の推進 部材の自主調達 経営分析 生産技術改善 品質改善 不良対策 VA活動 ベンチマークスタディ	系列化推進
1974年 下期～	日製専門チームによるコンサルテーション 外注窓口を製造部門と直結し縦割化	企業診断 共同配送 VA活動 自立化推進 予実管理 撤退	
1985年～	一部外注から撤退	MST	格付け評価
1994年～		海外展開促進 海外視察実施 コストダウン	全体取りまとめ力ある企業に集約
2010年代	―	―	相互作用大幅減少

（出所）筆者作成。

りの能力が求められるようになるのである。1990年代半ば以降の海外展開と追従投資によるさらなる再編を経たものの，いわば長年にわたる厳しい試練を経て現在生存している中小外注企業はもはや従属的な下請などではなく，自立している。むしろ，久慈鉄工協同組合が言う通り，生き残った中小企業は，顧客を選別するほどの逞しさも備えるに至ったといえよう。

(3) 水戸工場

　オイルショックを受けて180度外注管理方針が変わり，外注先拡大から選別，あるいは選択と集中へと動いた日立工場や，外注企業の体質強化のために中小下請企業毎に様々なてこ入れ施策を展開した後，海外展開と選択・集中，中小企業の自立化促進に動いた多賀工場とはまた異なり，水戸工場の場合に

は，バブル崩壊（1991）まではエレベータの生産拡大に伴う作業量の消化とそのための外注先中小企業における設備近代化が主要テーマであった（日立製作所水戸工場，1992，pp. 108-109)[26]。以下，主として『水戸工場史』の第 2 巻，第 3 巻，第 4 巻を参照しながら，この時代の外注政策を確認する。

　水戸工場の中小外注先工場においては，工場の増設や設備の近代化が推進された。設備の近代化については，機械加工関係では 80 年代前半に NC 旋盤や NC ボール盤などの単機能 NC 機の導入が始まっていたが，その後，NC 機械化がさらに進み，ロボット付き NC 旋盤，マシイングセンター無人運転など複合化，無人化が進んだ。製缶関係でも NC ターレットパンチ，プレスブレーキなどの導入が始まっていたが，その後材料自動供給装置と連動して機械の効率化が図られた。さらには，NC プラズマプレス，NC レーザー切断機等，NC 機械化された高級機の導入も進んだ。また，表面処理では，各社で設備の更新がなされ，全自動塗装ライン，半自動メッキ装置，エッチング作業へのシルクスクリーン設備などの導入が進み，作業の大幅な合理化が進んだ。こうした設備の近代化と並行して，1980 年代においては，増大する作業量の消化のため，関連会社の増強も進んだ（日立製作所水戸工場，1992，pp. 108-109)。

　1980 年代においては，旺盛なエレベータ需要に対応するために，中小企業の活用拡大，設備近代化促進が主眼であったが，バブル崩壊後，特に 1992 年以降は，様相が一変し，外注管理政策は逆方向に向かう。まず 1992 年から 1993 年にかけて，エレベータ需要減を受け，外注企業の選別と軽量化支援が進められた。また，納入価格も公開入札による新規取引先の参入がなされるようになった他，入札価格の国際比較が実施されるなど，水戸工場も中小外注先企業も一層の競争力が求められるようになった（日立製作所水戸工場，2002，pp. 158-159)。

　生産面においては，外注合理化 VEC 活動が挙げられる。VEC とは Value Engineering for Customers の略であり，従来の VA（Value Analysis）より一層強い顧客志向を目指して 1986 年以降日製において展開された価値向上と原価低減を主軸とする活動である（日立製作所，2010，pp. 239-240)。水戸工場は外注合理化 VEC を組織化し，JIT（Just In Time）手法の導入，支給材料工程の見直し，見積もり作業簡略化等も進めた（日立製作所水戸工場，2002，pp.

158–159)。

　また水戸工場は主要外注先からの決算書の入手・分析，独自の危機指標管理，部内主任以上による早朝ミーティングでの各外注先企業の方向付け決定等の対応と，取引先各社幹部に対する経営強化策策定義務付けやコミュニケーションの強化を図った（日立製作所水戸工場，2002，同上）。

　こうした動きは2000年代に入るとますます加速する。すなわち，水戸工場では景気低迷に伴い，危機管理対応の充実をはかるべく，日製が推奨する経営分析システムを2003年に外注先に導入した。同システムでは，3年分の決算書を入力することで自動的に経営状況が分析され，問題点が項目ごとに抽出されるもので，従来の外注管理を補完し，分析時間の短縮と管理強化に使われるようになった。また，外注企業の意識改革のため，水戸工場は主要外注先十数社と，2007年に中国広州にある日製工場及び近隣の外注先と，上海地区取引先工場見学を実施し，中国の外注先において，直近10年の間に大幅に設備が充実し，現地外注先が大規模になっていること等についても認識を共有するようにした（日立製作所水戸工場，2012，p. 94）。

　このような近代化促進方針，危機感の醸成と経営管理の強化を受けて，技術力と経営力を強化して今日に至っている中小企業の事例としてG8社が挙げられる。従来G8社は典型的な水戸工場の外注企業であったが，現在，同社は毎月1件，年間10件近く新規顧客の案件をこなすよう心掛けており，適正価格で受注できるような顧客を開拓するため，展示会出展，営業活動，Webの活用など工夫を重ねている。

　G8社は1951年からエレベータ部品を生産し，水戸工場に納入してきた。現在，水戸工場で生産するエレベータのうち，建物側のエレベータ開閉装置のポケットは95％がG8社製である。図面は貸与図面であり，G8社側は図面を見て，VEC（Value Engineering for Customers）提案をすることもあったが，長年の活動を通じて，原価低減や高付加価値化はほぼやりつくしたと認識している。実際，同社は60年間にわたり水戸工場のエレベータ用ポケットを作り続け，コストダウン活動はほぼ「やりっぱなし」だそうである。G8社の設備はすべて自前であり，部材も自前調達である。なお，いわゆる集約購買はコストダウンのメリットがあるが，柔軟な調達が難しいというデメリットもあるとG8

表 2 - 11　水戸工場の外注政策（1980 年以降）

	コミュニケーションチャネル	外注政策コンテンツ	相互作用スタイル
1980 年～	外注管理委員会	設備近代化 ・NC 機械化 ・表面処理設備近代化	
1992 年～	外注管理委員会	軽量化・合理化・ VEC 推進 JIT 推進 公開入札 価格国際比較 決算書入手分析 →経営管理強化 海外視察→危機感 醸成	コミュニケーション強化 共同での海外視察

（出所）筆者作成。

社は認識している。G8 社によれば，2000 年代，中国企業からの調達が増えそうになったことがあるが，最初は試作品で良いものを送ってきて，品質検査を合格するものの，量産に段階に入った途端，品質が落ちるという問題があったという。G8 社いわく，日本製品は過剰品質の批判があるかもしれないが，とにかく，傷や交差が厳しく検査される上，最近では中国製・台湾製ともコストが高くなってきたため，日本にものづくりが戻りつつある。また G8 社は量産段階における品質の維持について中国企業に対して様々な指導をする旨を申し出たが，相手がこれを忌避したため，中止となった。つまるところ，品質については，寸法の交差，傷，角度，メッキのムラ，材料も重要であるが，これら諸項目において中国製は信頼感が低く，また改善努力も希薄と言わざるを得ないそうである[27]。

　以上の諸点をまとめたのが表 2 - 11 である。水戸工場における「外注政策チャネル」は引き続き外注管理委員会によって担われた。一方，「外注政策コンテンツ」としては，1980 年代から 1992 年頃までの間に特徴的なのは，中小企業の設備近代化（NC 機械化，表面処理設備の近代化等）である。しかし，1992 年以降，バブル崩壊後のエレベータ需要の減少を受け，水戸工場の外注政策コンテンツは大幅に方向転換し，中小企業の軽量化，合理化，VEC の推進，管理会計的な管理強化，公開入札や価格の国際比較など，合理化とコストダウ

ンの徹底が優先されるようになったのである。なお，水戸工場がその対中政策
を展開するに際してみられる中小企業との相互作用スタイルの詳細については
目立った言及が見当たらないものの，G8 社の証言等から，お互いに膝を詰め，
コスト削減のために知恵を絞り，その他様々な工夫をしてきた様子がうかが
え，コミュニケーションの強化が意識されていたことが分かる。

　以上論じてきたことからも分かる通り，高度経済成長の終焉から，低成長時
代への転換がニクソンショック，第一次オイルショックであるとするならば，
日製各工場の外注政策の転換は経済環境の変化と全く同一時期になされたわけ
ではない。製品の技術や市場の状況によって，外注開拓・拡大の基調から経営
軽量化，選別，そして自立化促進への基調の変化，潮目の変わり時が異なるの
である。この時代，組合は背後に引き，共存共栄よりも競争が優先されるよう
になったと言えるであろう。

小括

　本章においては，戦前・戦中から戦後復興期・高度経済成長期を経て，低成
長期と今日のグローバル時代に至るまでの日製各工場による外注政策を概観
し，中小企業経営者の証言なども交えながら，中核企業たる日製工場と中小企
業の関係史を分析した。その結果，次のような特徴がみえてきた。

　まず，高度経済期までの時代，第一に，外注方式の段階的高度化が推進され
たことが中小下請企業側の製造技術，品質管理能力の蓄積に寄与したことが特
徴的である。日製各工場は，生産能力と効率性，品質の向上を目的として部品
外注→部組外注→完成品外注へと高度化を推進し，中小下請企業側の製造技
術，品質管理能力の蓄積に寄与した。特に多賀工場における加工方式の高度化
は，ある意味において現代でいうところの OEM（Original Equipment
Manufacturing）や ODM（Original Design Manufacturing）を含む EMS
（Electronics Manufacturing Service）の先駆けとみることも可能であろう。第
二に，日立工場のごとき重電向け工場で顕著だったのは資本参加や買収といっ
た手段による系列化である。これは生産能力の拡大と製造ノウハウの流出防止

という二つの側面があった。第三に外注管理委員会のような横断的な組織を設置し，組織だった形で，重点的に特定の中小外注企業に集中的な指導を行ったことである。そして，第四に中小企業に対する支援，指導は，単に図面，仕様書を提示して見積もりを取り，基準を満たすか否かのみで発注を決めるようなドライな取引ではなく，外注管理委員会等を通じた指導育成を伴う製品の擦り合わせ型の協同的作り込みだった点も重要である。さらに第五に工業協同組合の活用である。工業協同組合は受注単価交渉の場としてのみならず，中小下請企業の技術力向上の舞台を提供し，人材育成の場ともなった。

　本章の分析視角に沿って説明するならば，高度経済期までの時代において，中小企業は次のような特徴を帯びた日製外注政策により能力蓄積を進めたと言える。まず「コミュニケーションチャネル」は組織的系列化や日製工場内組織における外注委員会等の設置を通じてなされ，なおかつ工業協同組合を介して展開された。このチャネルを行き来する「外注政策コンテンツ」は生産能力（キャパシティ）向上，製造技術力の向上，品質管理能力といったものが中心であった。そして日製工場と中小企業の間の「相互作用スタイル」は出向の受け入れ合い，相互訪問，各種の研修といった多種多様な有機的やり取りによってなされたのであった。

　しかし，やがて時代が変わり，低成長時代を経て，円高，バブル崩壊と経済競争のグローバル化時代を迎える中で，日製の各工場の外注政策は大幅に転換した。その特徴としては，第一に，重電向け製品を生産する日立工場が1970年代初頭に早々と外注政策を転換し，選択と集中の時代に入る一方で，エレベータ市場の伸びが1980年代まで続いた水戸工場においては，こうした転換は，バブル崩壊以後になってから起きるというように，工場により外注政策の転換タイミングは各々異なるものであった。第二に，多賀工場のように個別外注企業の強化に力点をおいた日製工場もあり外注政策はより多様なものとなった。

　本章の分析枠組みに沿って説明するならば，低成長期から今日に至るまでの特徴は次のように整理できよう。まず「コミュニケーションチャネル」については，一番特徴的な点は，高度経済成長期に大きな役割を果たした工業協同組合の役割が大きく後退し，実質的に形骸化した点である。また，「外注コンテンツ」は従来の能力増強や技術力向上よりも原価低減，経営数値の予実管理，

生産改善といった諸点に力点が置かれるようになった点が特徴的であった。また，かつては Face To Face でのやり取りや擦り合わせが中心だった「相互作用スタイル」は，具体的な人の行き来，やり取りは忌避されるようになり，QCD に関する仕様書の要請を満たすか否かだけが問われるドライなものへと変貌していった。

　このように記すと，あたかも中小企業が日製工場の冷たい突き放しにあっているような印象を惹起しかねない。しかし，実際には，古くは戦前から，新しくとも戦後及び高度経済成長期からの護送船団方式や保護育成と支援を柱とする外注政策により，現存する多くの中小企業は営々と蓄えてきた技術力をテコに，脱下請と自立化の後押しを受けながら，それを推進し，新規顧客開拓に動き，あるいは日製工場との新たなパートナーシップを構築しつつある。

　以上の通り，本章では日製工場の社史や各種証言をベースとして外注政策展開史を描き，日製工場に育てられた中小企業が力を蓄え，今や自立歩行を始めるに至りつつあることを考察した。本研究において，地域における企業城下町の中小企業の国際化を自立化を絡ませながら論究するに際して，このような中小企業と中核企業たる日製の関係性が，単なる無機的なビジネス取引関係に終始してみるのではなく，史的・有機的厚みと深みを秘めたものであることを押さえておくことは，次章以降の議論の大前提として極めて重要である[28]。

[注]
1　日製創業の地は，日立市であるが，現在㈱日立製作所の本社所在地は東京である。また日製は全国及び海外も含め数多くの工場を有するが，本章において取り上げるのは創業の地である日立地域に立地する複数の主要工場の一部を構成する日立工場（山手工場，海岸工場），多賀工場，水戸工場及び国分工場の四つに絞る。なお，日製内の 2000 年代に行われた複数回の組織変更により，2019 年現在，複数の事業本部や合弁企業等がこれら工場を管轄しているため，各工場の正式名称は上述の工場名とは異なるが，生産されている製品カテゴリーが大幅に変化しているわけではないため，本章においては便宜上，旧工場名をそのまま踏襲して使用する。
2　なお，藤本（1991）は，戦後，コスト引き下げを狙って下請に外注を回す仕事が増え，日立工場近辺にはスピンアウトした技術が根付いたため，県内の外注比率が高まったとして，これが中小下請工業集積の要因であると論じている。
3　必要な経営改善活動の洗い出しのために予算と実績もしくは見込み（予測）と実績の数値の差異を分析するという経営管理業務を意味する。
4　IMP（International Marketing and Purchasing）プロジェクトの詳細については本研究第1章の注2を参照されたい。
5　なお多賀工場（1939 年設立）及び水戸工場（1940 年設立）の主要生産物は以下の通り。（多賀工場）航空機用，艦船用の機械器具類，燃料計器その他の兵器など軍需品生産。

（水戸工場）製鋼部門，電気機関車部門，兵器精密機器部門（爆弾搭載機，カタパルト，高射砲用電気照準器，高射砲，ロケット，爆弾を生産）例えば高射砲生産では，水戸工場は全国シェア 6%（1944 年），17%（1945 年）をとるなど，全国有数の規模を誇った。

6　「機械鉄鋼製品工業整備要綱」については，植田（2004），pp. 133-137 に詳述されている通り，1940 年 12 月 21 日に商工次官通牒として地方長官宛に通達されたものであり，機械鉄鋼製品工業の生産性高揚のために大工場の生産能率を発揮させるとともに，優秀な中小工業の能力を活用するべく，生産分野の画定，下請整備，企業形態合理化，非能率工場整理を行うことを目的としたものである。

7　日製亀有工場の協力会（1944 年発足）は，東京都東部地区でも代表的なもので，会員工場 211 社によって組織され，4 部会を擁した。戦前・戦中の日製亀有工場の協力会については，日立製作所（1960），p. 34 に詳述されている。

8　G1 社へのヒヤリングメモより。ヒヤリングは 2017 年 6 月 12 日㈪ 10：00-12：00，G1 社会議室にて行われた。

9　G2 社へのヒヤリングメモより。ヒヤリングは 2017 年 6 月 13 日㈫ 15：00-16：30，B 社社長室にて行われた。

10　A2 社へのヒヤリングメモより。ヒヤリングは 2017 年 6 月 6 日㈫ 14：00〜15：00，A2 応接室にて行われた。

11　D1 社へのヒヤリングメモより。ヒヤリングは 2017 年 6 月 26 日㈪ 10：00-11：30，D1 社会議室にて行われた。

12　なお，その後同組合は，1941 年に「多賀鉄工組合」（40 社）となったが終戦により解消された。その後，1946 年に「日立地区機械器具統制組合」（23 社）が新たに設立され，1949 年に「日立地区工業協同組合」（37 社）へと改変された。同組合は 1953 年に「日製下請工業協同組合」に改称され 78 社を擁するに至った。なお，同組合の名称は 1961 年 7 月に現在の「日製工業協同組合」へと変更されている。

13　ただし，日立工場の場合少なくとも 1962 年までは，当該組合との団体折衝にて外注単価の決定等では工程別単価をめぐる団体折衝が中心であったものの，それ以降は企業単価別となっていたとの記述が『日立工場五十年史』にある点は本文にある通りである。これを事実とした場合，1980 年まで存続した日製工業協同組合の「受注単価改定委員会」の役割は何だったのか。考えられるのは，1）引き続き一部案件についての工程別外注単価改定に関する団体折衝を行ったのか（すべての外注単価が一気に団体折衝を要する工程別単価から個別企業毎の企業別単価に変化したわけではないため），あるいは 2）1962 年以降，外注単価交渉はあくまでも工程別ではなく企業別にて行われていたものの，当該「受注単価改定委員会」が当該企業に成り代わって，交渉窓口となったのか，もしくは 3）実は工程別単価，企業別単価は一概に切り分けられるものではなく，ケースバイケースで決まるものであったため，工業協同組合側に「受注単価改定委員会」を存続する必要があったからか，そのいずれかであろうと推察されるが確認することはできなかった。

14　日製工業協同組合へのヒヤリングメモより。ヒヤリングは 2017 年 5 月 2 日 10：00-11：00，日製工業協同組合事務所にて行われた。

15　2019 年現在は 9 社が加盟している。

16　久慈鉄工協同組合へのヒヤリングメモより。ヒヤリングは 2017 年 6 月 5 日，10：00-12：00 に，久慈鉄工協同組合事務所にて行われた。

17　なお紙面の都合上言及できなかったが，ほかにも「日製水戸工業協同組合」，「日立南工業団地協同組合」，「国分共同組合」等々，様々な工業協同組合が存在する。

18　前掲，日製工業協同組合へのヒヤリングメモより。

19　前掲，G1 社へのヒヤリングメモより。

20　前掲，G2 社へのヒヤリングメモより。

21　なお，同上によれば，こうした診断の結果，判明した問題点とは，1）予実管理の不徹底，2）標準時間（ST），賃率などのデータメンテナンスの不備，3）出向者の人件費負担，4）外注事業主の経営内容の掘り下げ，経営実態に対する認識不足，5）外注先管理者と多賀工場関係者のコミュニケーション不足等々，基本的なものが多く，改善が不徹底であったと多賀工場自ら反省している。

22　MST とは"Minimum Stock, Minimum Standard Time"の略であり，生産活動における在庫をいかに最小限にするか，作業における標準時間をいかに短くするかを模索する改善活動である（株式会社日製本社社員談。2019 年 2 月 25 日確認）。

23　前掲，久慈鉄工協同組合へのヒヤリングメモより。

24　中小外注企業の加工内容の高付加価値化に伴う部材の無償支給から有償支給への切り替えについてのこの証言は，まさに日立多賀工場（1982）の記載内容を裏付けるものとなっている。

25　前掲，久慈鉄工協同組合へのヒヤリングメモより。

26　なお，水戸工場は機関車とエレベータ・エスカレータを生産しているが，外注作業が比較的多いのはエレベータである。

27　G8 社へのヒヤリングメモより。ヒヤリングは 2018 年 8 月 10 日㈮14：00-16：00，G8 社会議室にて行われた。

28　なお，本章においては，日製の佐和工場（自動車部品）や那珂工場（分析装置，電子顕微鏡等）の下請政策については議論を展開できていない。そもそもは多賀工場から分離したこれら二つの工場にも特有の外注政策があったはずであるが，この点についてはまた機会を改めて研究を進めたい。

第3章

分析枠組みの設定

はじめに

　前章においては日製による外注政策の史的展開過程を紐解き，その結果，日製主要工場が様々なチャネルを通じて，外注管理政策を展開し，中小下請企業がその能力を向上させてきたことが判明した。こうした史的背景を確認した上で本章は中小企業の国際化と自立化を測定するための定量的な尺度の策定を試みる。国際化については，主として欧米の先行研究を中心に参照しながら国際化度合（DOI：Degree of Internationalization：以下 DOI と略記）測定指標の設定を行う。自立化については，第1章で取り上げた先行研究にも依拠しつつ同様に測定指標を策定する。本章においては，定量分析のための分析枠組みを策定し，次章においてこの分析枠組みをベースに実施したアンケート調査の結果を展開し分析する。

　DOI 測定の対象は日本の企業城下町の中小企業であり，輸出や投資等を通じた国際展開を開始するかしないかの瀬戸際にあるような企業ということになる。したがって，先行研究を検討した上で日本の地域における中小企業の実際に見合った修正を行う必要がある。その上で，後述する「理想プロフィール指標」を活用し，DOI 測定及び自立化測定が可能となるよう測定項目をアンケート形式に落とし込むこととする。

　なお，本章における「国際化」とは，対外直接投資や輸出のみならず，輸出前段階での準備活動（Pre-Export Activity）も国際化として含むものとする（Olson, 1978; Cavusgil, 1980）。また，「自立化」とは，長年にわたる従属的下請企業であった中小企業が中核企業との長期的取引関係を経て社内に独自の高付

加価値技術を蓄積した結果，価格決定力を得るようになり，その結果として国内外への顧客多角化を実現しつつある状況として定義付ける。

第1節　中小企業の DOI 指標に関する先行研究とその修正

(1)　先行研究の検討

　従来，中小企業の国際化（Internationalization of SMEs）をめぐる諸議論の中で DOI については，主として欧米の文献を中心に理論的な研究が展開され，主として次の三つの切り口で議論が展開されてきた。すなわち，1) DOI の研究方法や DOI の内容及び DOI の高度化をもたらす要因を含む全般的な議論（Dunning and Lundan, 2008; Sommer et al. 2009; Yuha, 2015; 関，2015），2) DOI の記述的説明（国際化の段階的発展モデルや国際化の業績がどのように高まるのかということについての記述に関連した議論：Rilap & Rilap, 2001; Johanson &Valhne, 1977; Cavugil, 1980, 1984, Jansson & Sandberg, 2008; Johanson & Vahlne, 2015; Majocchi & Zucchella, 2003; Sullivan, 1994; Pangarkar, 2008; Ruzzier et al. 2007; Stewart, 1997; Gubik & Bartha, 2014; Balboni et.al. , 2014; Riahi-Belkaoui, 1998）Cassiman and Govolko（2011）），3) DOI の動因追究的説明（国際化にとって必要となる企業としての能力や経営者の知識・認識・経験等：Fisher & Reuber, 2008; Shearmur & Laperrière, 2015; Reuber & Fischer, 1997; Eriksson et al. 2006; Acedo & Florin, 2006; Hsu & Cheng, 2013; Gubik & Bartha, 2014; Tan & Liesch, 2014）である。欧米の文献では独立したベンチャー企業が前提となっているとみられるものが多い。本章が模索する DOI 指標は，あくまでも日本の地域における中小企業を対象として想定する。したがって，DOI に関する欧米の諸議論をそのまま援用するのではなく修正が必要となる。以下，DOI 測定項目策定に際して参照する DOI の記述的説明，動因追究的説明につき検討し，修正について論じる。

　まず DOI の記述的説明に関して，Rilap & Rilap（2001）は企業の漸進的な国際展開を論じる Uppsala モデル（Johanson & Vahlne, 1977），別名ステージモ

デルにみられる Establishment Chain が中小企業国際化を説明する上で有効とする。Johanson & Vahlne（1977）は企業は現状から出発して長期的な利益拡大を目指し，成長しようとするが，その際，Psychic Distance（心理的距離）の比較的小さな近隣諸国から始め，少しずつ Liability of Foreignness（外国企業であるが故の不案内，制約）を克服し，徐々に市場に関与（Commitment）する地理的範囲を拡大していくとした。こうして企業の国際化は漸進的な近隣諸国への拡大からより遠方の外国への拡大へとつながる。また，その内容も不定期的な輸出→販売代理店を介した定期的な輸出→販売拠点の設立→製造拠点の設立へと深まっていくとした（pp. 23-32）。

　しかし，日本の中小企業の国際化を考察するに際して，Uppsala モデルにもいくつか限界がある。第一に日本の中小企業の国際化に引き当てた場合，中小企業は必ずしもステージモデルの段階をすべて上り詰めていく必要があるわけではないとみることもできる（遠原，2012；細谷，2014）。第二に，ステージモデルにおける Establishment Chain を是とするとしても，日本の中小企業のうち，海外投資を行う企業は全体の1%未満に過ぎない[1]。したがって，DOI測定指標設定においては，輸出→投資というような発展段階を前提とするようでは，物差しとしての目が粗すぎるのであり，より細かいノッチが必要であろう。すなわち，輸出やその成果以前の，輸出準備段階をさえも国際化の段階として含むべきと考えられる。第三に指摘すべきはステージモデルの背景にある Psychic Distance という概念の問題性である。心理的距離が大きいがゆえに国際化に躊躇し，国際化に時間がかかることは理解しやすいが，それゆえに近隣諸国向けビジネスからスタートし，やがてはより遠い国へと拡大するという理屈は日本の中小企業にとって現実的とはいえない[2]。

　次に DOI の動因追究的説明に関して多用な DOI の高低の動因が論じられてきた。DOI を高める要因は，総じて当該企業としてのイノベーション志向性，人的ビジネスネットワークの構築能力，学習能力の高さが挙げられ，また輸出性向が高い企業ほど，イノベーティブであるとされた（Fisher & Reuber, 2008; Shearmur & Laperrière, 2015; Cassiman & Govolko; 2011）。また経営者の個人的資質や属性に注目し，積極性，直観的認知スタイル，曖昧さへの耐性，年齢の若さ，教育レベルの高さ，国際経験の多さ等が挙げられてきた（Acedo &

Florin, 2006; Hsu & Cheng, 2013)。また，輸出や国際化を忌避する経営者の認識について Luostarinen（1979）論ずる "Lateral Rigidity"（国際化に向けた硬直性）の強さを計測することで国際化する中小企業経営者の認識を逆証明した Tan & Liesch（2014）も挙げられる。

　しかし，この理論の日本の地域中小企業への適合性については慎重に検討する必要がある。例えばここに Hsu & Cheng（2013）が想定するような類の，欧米の一流大学での MBA 留学を終えて帰国したばかりの国際経験豊かな若手経営者がいたとする。果たしてこの人物は，自社のプレス加工生産ラインで発生する音や振動から金型の不具合をいち早く見抜き，深刻な品質問題に発展する前に打ち手を決めて実行し，輸出先顧客に必要な対応を実施することができるだろうか。むしろこの場合，大学卒ではないが現場経験豊かなベテランの職人の方が「情報を処理する能力の高さ」に秀でているケースが多いことが容易に想像でき，これは DOI の高さにも直結する。無論，Hsu & Cheng（2013）がいう「教育レベルの高さ」という言葉の意味が日本の「工業高等専門学校」のような現場に密着した高度な技術教育を指すのであれば，たしかに「教育レベルの高さ」は重要である。そうでない場合，この「教育レベルの高さ」は必ずしも DOI に資するとは限らないのではないかと考えられる。

　以上，本項においては，日本における地域の中小企業の国際化に関する DOI 測定指標の策定の途を探るべく，まずは先行研究の確認を行い，いくつかの問題点も指摘した。次項においては，DOI をめぐる先行研究であまり大きく取り上げられることのなかった要素も踏まえつつ，DOI 測定指標の策定に必要な議論を展開する。

(2) DOI 指標の修正：日本の地域中小下請型企業の DOI 測定指標のために

　日本の地域における企業城下町的産業集積地における中小企業については，過去，DOI 測定指標の設定を試みた形跡はない。そのため，前章までは主として欧米の先行研究を中心に中小企業の DOI 測定指標の設定に資する諸議論を確認してきた。

　しかし，中村（1982）はアメリカ，ドイツ，イギリス，フランス，東アジア

とも下請制度の発達は日本に劣るとして，支配従属を伴う下請制度は，集団所属性などの文化的特性が大きく日本特有であるとする（pp. 83-84）。その一方，柴原（2017 年），中道（2018）は日本の中小企業の国際化を論ずるにあたり，こうした「日本的」とされる下請制には言及することなく，欧米流の IEO 論，BGC 論を展開する。しかし，本研究において DOI 測定指標を使った測定の対象として想定するのは，日本の地域における中小企業であり，多くの企業は企業城下町的産業集積地に展開し，長年にわたり中核企業たる顧客大企業の下請製造業を営んできたものづくり中小企業である。これら日本の中小企業の国際化に関する DOI 測定指標設定を論ずるにあたっては，新興ベンチャー企業や独立性の高い中小企業の国際化を説明する欧米流の BGC 論に依拠することは，いわば「木に竹を接ぐ」ものであり，無理がある。またこれまで確認した先行研究において登場した理論枠組みや DOI 測定指標をそのまま援用することにも無理があることはすでに論じた通りである。

　その一方で，本章の問題意識に照らして参考となるような研究が欧米において，一切存在しないかというと，そうではない。実は下請制度は日本特有とも一概には言えない側面があり，後述する通り，イタリアの中小下請企業の国際化に関する DOI も論じられており，これは参照に値する。また，先述の通り，DOI 測定指標の設定に関してステージモデルをそのまま援用することには難があるにせよ，ステージモデルで想定されている初期段階をよりきめ細かく段階分けした議論として，中小企業の輸出や輸出前段階（Pre-Export Stage）について論じた研究が，1970 年代後半から 80 年代初頭にかけて欧米で散見される。これらの研究は DOI 測定のための指標の「ノッチ」を細かくしたよりきめの細かい物差しであり，やはり参照に値する。

　本章においては，日本の中小企業の DOI 測定指標設定を試みるにあたり，上記のごとき諸議論のうち参考として取り入れるべき部分を検討し，これまでに論じた DOI 測定指標やそれを支える理論枠組みの修正するべき要素を論じる。また，こうした追加修正を踏まえ，DOI 測定指標を構築するにあたり，「理想プロフィール」という測定手法につき確認し，日本の中小企業の DOI 測定指標設定を試みる。

1）中小下請型企業の DOI に関する議論

まず中小企業の DOI 測定指標について検討する上での前提となる視座として，「中小下請企業の国際化を論ずる上で従来型のステージモデルは不十分である」と論じた Andersen（1997）の見解を取り上げたい。

Andersen（1997）は近年，外注製品の市場はますます国際化し，部材の国際調達が急増しているにも関わらず，従来の国際経営論においては中小企業に関する分析努力が不足しているとし，従来の企業国際化モデルとは異なる中小企業の国際化プロセス分析を論じている。Andersen（1997）は国際的なサプライマネジメントは第三世界からの低コスト供給の問題ではなく，顧客（元請企業：筆者）にとっての効率性や特殊な要求をサポートする供給の問題となっており，Business to Business 市場で外注企業として操業している多くの中小企業は，顧客仕向け（カスタマイズ）と専門的な操業の組み合わせを強みとして発揮しているとする。このように中小企業は顧客企業にとって戦略的重要性が高い。顧客企業のオペレーション（生産・販売・物流）が国際化するのに伴い，中小企業の国際化というものは，顧客企業の国際化とととともに全体的に進められ，いわばバーチャルな垂直統合型サプライチェーンの全体的国際化に参画するプロセスであるとみることができるのである（pp. 231-238）。

このように単なるコスト削減手法としての外注化や部品調達という視点とは全く異なり，Andersen（1997）は顧客企業の世界展開にとって戦略的重要性を帯びる存在として中小下請企業を位置付けた上で，これら中小企業が国際化していく方向性として，1）国際市場に出ていく国内顧客への追従，2）多国籍企業のサプライチェーンへの統合を通じた国際化，3）国内もしくは海外のシステムサプライヤーとの協力を通じた国際化，4）独立した国際化の四つを挙げ，デンマーク企業を事例として分析を加えるのである（pp. 240-247）。これら四つの方向性の中では，特に「3）国内もしくは海外のシステムサプライヤーとの協力を通じた国際化」につき Andersen（1997）は，完全なサブシステムの納入は，複数の分野の能力に依存するため，その業界特有の内輪における粘着質でお互いを支えるような知識（容易に移転できないような知識）に基づいていると指摘する。そして，こうしたシステムの供給を通じて，特定地域における専門的な中小企業間での相互作用がなされる土壌で，切磋琢磨を通じて発展

してきた粘着質の知識は，グローバル顧客の粘着質の知識との相互作用へと引き揚げられるとするのである（pp. 244-245）。こうした見方は日本の地域における中小企業の国際化を捉える上でも参考となる。

　以上，中小企業の国際化が顧客にとっても戦略的重要性を帯びており，かつまたそれが中小企業間，及び中小企業と顧客企業との間の相互作用によって培われ，また関係を支える粘着質の知識を結節点としている点から中小企業が持つ重要性が欧米文献においても指摘されている点を確認した。次にこうした視座を踏まえた上で，日本の地域における中小企業の DOI 測定指標の設定に資する議論として，イタリアにおける中小企業の DOI が当該企業の持つ特定の能力と結び付いている点を論じた研究を取り上げたい。それを検討することにより，前述の DOI の動因追究的説明を補足修正することとする。

　Balboni et al.（2013）は，中小企業の国際化プロセスに関する議論は常に現実から一歩遅れているとして，学術的に展開されている議論以上に，国際化に関する現実の産業財ビジネスはより発展していると論じる（pp. 116-119）。Balboni et al.（2013）は，イタリアにおける中小企業の国際化を事例として，中小企業の DOI が当該企業が有する特定の能力と強く結び付いており，国際化にあたっての選択肢の広さは，付与された能力に依存するとする。Balboni et al.（2013）は，中小企業の技術力，設計力といった機能的能力は産業財製造企業の輸出業績にとってポジティブに影響するとし，高度特殊能力を有する中小企業は独立してニッチマーケットを見つける機会が多いとする。また中小企業が設計能力を保持することは顧客との関係を強化し，その関係を戦略的なレベルに引き上げるため，これは粘着質で長持ちする関係を維持し，外国市場を開拓するチャンスの拡大にもつながること等を論ずる。さらに国際化した中小企業は国内的な中小企業よりも顧客管理能力とサプライマネジメント能力が大きいとも指摘するのである（pp. 120-121）。

　また，Balboni et al.（2014）は，顧客管理能力や同業他社との関係構築能力というような対外的な能力として，中小企業の関係性構築能力と DOI の因果関係について分析し，中小企業の関係性構築能力と，中小企業が国際的なネットワークの地域拠点と関係することには強いつながりがあるとして中小企業は関係能力に投資することが国際化にとって有効であると論じる（pp. 24-28）。

すなわち Balboni et al.（2014）は，中小産業財製造企業のうち，顧客の特定の
要請に応える能力が高い企業は顧客との間に長期間にわたる関係を築き，ひい
ては顧客の事業国際化や海外市場開拓とともに自らも国際的に成長すると論じ
るのである（pp. 22-23）。また中小企業は企業間の関係をコーディネートする
能力が求められており，Grossman & Helpman（2005）が論ずるところの「関
係特殊的投資」を実現することができ，二つの企業間関係を構築できること，
及び顧客とのビジネス関係を取り仕切り，ネットワーク関係を進めること，こ
れらが国際化につながるとするのである。さらにこうした対外関係構築・維持
の能力は新市場への足がかりとなりうるのであり，中小企業をして全面的な
国際化の機会に自らを導くことにつながるとする（pp. 24-28, pp. 34-35）。

　以上の通り，従来は日本特有とされてきた下請型の中小企業の在り方が実は
一概に日本特有のものとも言えないものであり，欧州（デンマークやイタリ
ア）においてもそうした中小企業の国際化や DOI が議論されているのである。
そこでは，欧州において産業財製造の中小下請企業が国際化する上で求められ
る対外関係構築能力について論じられていることを確認した。このことによ
り，中小下請企業の DOI 測定指標のうち，動因追究的測定に関する議論におけ
る「能力」的側面において，こうした同業他社及び顧客との関係構築能力を考
慮するべきことが判明した。

　次に，ステージモデルの限界において論じられた測定項目の目の粗さについ
て，国際化のより原初的な段階からよりきめ細かいノッチを設定することを論
じた研究を確認し，本章における DOI 測定指標の設定に資するようにしたい。

2）Pre-Export 段階における DOI 論

　前項(1)において地域の中小企業の国際化において，そもそも暫定的輸出→
定常的接輸出→販売拠点の設立（直接投資）というような段階を踏まえていく
ことを想定することは疑問であるとした。ステージモデルそれ自体の有効性は
是とするものの，DOI 測定の目盛をより細かいものとするべきではないか，と
いうことである。そうした意味では，輸出活動の開始に注意を向けつつあるよ
うな段階である輸出前段階（Pre-Export Stage）から，全面的な輸出活動への
関与に至るまでの諸段階を論じた先行研究について，以下において確認したい。

Simmonds & Smith (1968) は，輸出活動は偶然舞い込んだ Fortuitous Order（思いがけない発注）により開始されることが多いとする (pp. 93-100)[3]。また Simpson & Kujawa (1974) は，米国テネシー州の中小製造業 120 社を調査した結果，体系的な調査に基づいて輸出開始した企業は皆無であり，通常は不意の外国からの受注が契機となり開始されるとし，不意の受注が輸出に乗り出す条件であるとする (pp. 107-114)。

国内事業のみを行っていた中小企業が輸出を開始し，やがて輸出業務を拡大するにいたるまでの六つステージを中小企業の輸出発展モデルとして分析した研究として，Bilkey & Tesar (1977) が挙げられる。ステージモデル同様に学習プロセスは輸出開発プロセスにとって有効であり，また，輸出は漸進的に発展するとする Bilkey & Tesar (1977) が想定する六つのステージとは以下の通りである (pp. 93-98)。

Stage1.　マネジメントは輸出に興味なし。不意の発注も受け付けない。

Stage2.　不意の受注を受けるが輸出開始のための Feasibility Study はやらない。

Stage3.　Feasibility Study を開始するが採算性よりも外国や輸出一般に関するものである。

Stage4.　輸出を開始。圧倒的に重要な要素は，不意の受注の有無。

Stage5.　輸出経験を積む。為替変動や関税に対応して輸出を最適化する。

Stage6.　より遠方にある国への輸出を模索する。

また，Wiedersheim-Paul et al. (1978) は，上記のようなステージの最も初期の段階たる Pre-Export 段階に注意を払い，より顧客とのやり取りが少なくて済む商品を有するほうが輸出機会に恵まれると論じる (p. 50)。

Olson & Wiedersheim-Paul (1978) は，偶然の受注が輸出デビューにとって最も重要であると主張する研究の存在を確認した上で，そうした偶然の受注は，当該企業の輸出前行動に起因すると論じ，さらに当該企業の経営者の直観的な認知スタイルも重要な役割を果たすとする (p.292)。同様に Cavusgil (1980) は，輸出開始前段階を準備，評価の段階と位置付けつつ中小企業の国際化を以下五つに段階分けしている (p. 275)。

第 1 段階：国内市場ステージ。国内に集中し，輸出に対する興味も認識をも

　　　　　もたない段階。

第2段階：輸出を検討する Pre-Export 段階。予期せぬ発注を受けることが
　　　　　外部からの誘因である。こうした外部からの誘因は社内的な誘因を
　　　　　上回る強さを持つ。なお，社内的な誘因とは，差別化優位性，経営
　　　　　者の起業家精神と海外志向であり，特に経営陣に何らかの海外経験
　　　　　がある場合，強い。

第3段階：輸出への試験的な関与。試験的な輸出の開始段階。米国の場合，
　　　　　最初に州を越えた販売であり，欧州等の場合，心理的距離が近いと
　　　　　ころから徐々に開始する。

第4段階：輸出への積極的関与。輸出本格化のための手続き遂行と社内的な
　　　　　資源の配分。経営陣も本気となり現地の現場を訪問することが重要
　　　　　となる。

第5段階：輸出への関与の深まりと海外市場への依存。この段階ではマーケ
　　　　　ティングミックスの維持と実行も重要となる。また，お客に実際に
　　　　　会って需要を開拓することも重要となる。

　さらに，Cavusgil（1984）は企業の国際ビジネスへの巻き込まれ方について
は，段階的な進展を示すことはだいたいにおいて合意されているとして，これ
らの段階の確からしさを確認している（pp. 195-208）。

　なお，企業の輸出に至るまでの段階であるPre-Export段階につき，Cavusgil
（1980）と同様の段階分けを採用しつつも，Reid（1981）は，これらの段階は自
動的に上昇（Escalate）するものではなく，また，経済的な利益によってのみ
段階の上昇誘因を説明できるわけでもないとして，あくまでもイノベーション
プロセスの一環として輸出戦略は策定され，実行されるものであり，むしろ当
該企業や経営者個人のキャラクターが鍵となると論ずる（pp. 104-107）。

　因みにCaughey & Chetty（1994）は，Olson（1978）の Pre-Export 行動に
関する分析枠組みを検討し，ニュージーランドにおける6企業を事例分析した
結果，輸出企業は社内的な輸出刺激に影響されやすく，輸出未実施の企業は社
外的な輸出刺激に影響されやすいことを確認している（pp. 64-66）。

　ここまで日本の中小企業の DOI 測定を検討するに際して，従来のステージ
モデルでは測定の「目が粗すぎる」という欠点を補正するべく，ステージモデ

ルで想定されている国際化の初期段階につき，Pre-Export 段階や「予期せぬ
発注」（あるいは Fortuitous Order：幸運な受注）等の概念を導入し，輸出前段
階から本格的な輸出に至るまでの段階分けの在り様を確認した。これらの概念
の多くは 1970 年代から 1980 年代初頭にかけて論じられたものが多いが，現代
日本の地域の中小企業の国際化の実際を考えた場合，まさにその当時盛んに議
論された企業の国際化論の枠組みが適合的であると考えられよう。

　3）においては，前 1），2）において論じた下請企業の国際化という視点及び
Pre-Export 段階を含むよりきめ細やかなノッチをステージモデルに導入する
という視点を踏まえ，本章における問題意識に沿った DOI 測定指標設定の方
向性について論じることとする。

3) 日本の企業城下町的産業集積地の中小下請企業 DOI 測定指標のための修正

　以上の議論から，本章において中小企業の DOI 測定指標の設定を試みるに
あたり，測定対象が日本の企業城下町的産業集積地における中小企業であるこ
とを踏まえた場合，DOI 測定指標を支える企業国際化及び中小企業国際化に関
する諸理論や諸概念については，次のような修正を施す必要があるであろう。

　第一にステージモデルはその基本的な漸進主義や国際産業財マーケティング
理論との組み合わせによる中長期的な対顧客関係の漸進的構築という視点は有
用性が高い。しかし，国際化のステージというものは，一定の段階（例えば輸
出段階）での停止はありうるし，逆にボーングローバル的な「蛙跳び」的飛躍
もありうる。また，昨今の大手多国籍企業が国を超えた水平分業型サプライ
チェーンを展開していることなどからも，ステージモデルで想定されているよ
うな垂直統合型の発展経路を経るとは限らないのである。こうした点に留意し
つつ，さらに注意するべきはステージモデルが想定する企業の国際展開のス
テップがあまりにも大きいということである。そのため，よりきめ細かいス
テージを想定するべきである。また，心理的距離の近いところに向けて輸出や
投資が開始されるという前提も日本の実情にはそぐわないであろう。したがっ
て，Pre-Export 段階を考慮したステージモデルの輸出にいたるまでのステッ
プの細分化が重要となるのである。

　第二に DOI 測定において国際化のパフォーマンスに注目した場合，複眼的

な指標を整えるべきであろう。また，当該中小企業の輸出比率などを測定項目として取り上げることは妥当であろう。その際，国際化に踏み込むまでにかかった年数や海外事業に割く工数を測定する方がより有用性が高いといえよう。さらには輸出先・投資先の地域や国際化のモードを測定することに有用性があるといえよう。

　第三にDOI測定において，国際化に資する当該中小企業の能力の有無に着目した場合，イノベーション能力が有用となるであろう。しかし，その場合のイノベーションとは，大規模な研究開発活動や，巨大な設備投資といったようなものではないであろう。むしろ，同業他社と協力する能力や対顧客関係管理能力ということになるであろう。すなわち，Balboni et al.（2013）が論じた通り，それは中小企業の技術，設計といった機能的能力であり，かつ顧客との間に持つ粘着質で長持ちする関係につながる知識や顧客管理能力とサプライマネジメント能力ということになる。

　第四に中小企業のDOI測定においては，当該中小企業の持つ企業文化や経営者の認識といった側面も測定項目として有用である。それは国際化に対する心理的負担感の大小，リスク認識の高低，輸出や投資に向けた外部からの刺激の有無等であり，また経営者の「国際化に向けた硬直性」の計測によって測定できるものであろう。

　本節においては本章で対象とする中小企業のDOI測定指標を設定する際に，先行研究にみる従来の中小企業国際化や企業国際化論及びDOI測定指標において修正補足するべき要素についてまとめた。次節においては，本研究において必要となる自立化測定指標の策定のために，簡単に先行研究を確認しておきたい。

第2節　自立化指標に関する先行研究とその修正

　中小企業の自立化については，第1章において述べた通り，1970年代以降，複数の重要な先行研究が存在する（北沢，1971a, 1971b；廣江，1987；高橋，1997；高橋，2003；上野，2003；池田，2007；越村，2010；池田，2012；中村

他，2012; Balboni et al., 2013; Balboni et al., 2014）。その中で，特に自立化測定指標として活用するべき諸項目を含む研究を後述にて確認する。

　自立化測定指標に関する先行研究においては，まず何をもって当該中小企業は自立していると言えるのか，すなわち中小企業の自立化の定義として，池田（2007）は，自立型（下請）企業は価格交渉力を有する受注生産型中小企業であるとする（p. 20）。池田（2007）と軸を同じくする形で太田・辻（2008）は，この価格交渉力の有無と企業業績に正の相関関係があるとする。彼らは価格交渉力の優劣は品質や新製品開発力を高めることによって実現しており，両者（＝品質・新製品開発力）は製造・情報・価格・組織等経営に関わる諸要素の標準化への取り組みによって高められると論じる。また，そのためには標準化への取り組みと近代経営に対する経営者の意識と取り組み姿勢が重要であるとした（pp. 1–23）。さらに越村（2010）は，池田（2007），太田・辻（2008）も踏まえ，中小企業が自立化するための要因について論じている。越村（2010）は，価格決定権の有無を自立化の基準として，中小企業が自立化するための要因について，価格決定権を有する企業に共通する自立の要因を，1）経営者の役割・機能，2）市場・取引先との関連，3）経営資源との関連の三つの領域から考察する。その結果，1）経営者の役割・機能については，自社が価格決定権を有する（＝自立化している）企業では経営者が自社の信念・信条を企業の内外に知らしめることに注力しており，その成果が現れていると認識する傾向が強いとした。また，2）市場・取引先との関係については，「他社に代替できない」オンリーワン技術を有する企業では価格決定権を有している傾向が強いことが分かったとする。さらに3）経営資源との関係では自社が価格決定権を有している企業では経営に貢献している経営資源として，「独自・高度技術」「ブランド力」「外注協力先・研究開発連携先」を挙げている企業が多いとした（pp. 1–11）。

　中小企業の自立化測定指標を模索するにあたり，以上の先行研究をみた場合，中小企業の自立性を測定する要素としては価格決定権，価格交渉力の有無が決定的であると論じられていること分かる。たしかに，価格決定権を有していれば，当該中小企業の自立性は高いといえよう。しかし，日本の中小企業に占める下請中小企業比率は低下傾向にあるとはいえ，引き続き50％近くあると

推定される（鈴木，2019，p. 27，p. 37）。また日本の地域における企業城下町的産業集積地の中小企業の実情に鑑みた場合，完全に価格決定権を有するような企業はむしろ少数派ではないかと推察される。先述の通り，地域の企業城下町的産業集積地においては，都会型産業集積地と異なり，特定の中核企業を頂点とする比較的閉鎖的な取引空間の中に中小企業が存在するからである。複数の中核企業が存在し，相対的に出入りの自由がきく都会型とは異なるのである。本研究における分析対象たる日立地域の中小企業も，今後論じていく通り，下請型の取引を行いつつも自立性を高めている企業が多い。これらの中小企業は必ずしも自社製品を保有するとは限らないのであり，多数の取引相手とビジネスをするような完全な独立型中小企業として 100％の価格決定権を持たなくても一定の自立性を確保することは可能であろう。

　こうした背景に鑑みた場合，いくら中核企業が相対化されつつあり，企業城下町的産業集積地が変容しつつあるとはいえ，価格決定権の有無のみをもって自立化を測定する物差しとすることは，いささか過度な単純化のきらいがあり，無理があると考えられよう。むしろ，本研究において測定することになる地域の企業城下町における中小企業のうち，自立性の高まっている企業の多くについては，価格交渉力が徐々に強化され，価格決定権が構築されつつあるような段階にあると考えられる。とはいえ，価格決定権が未だ完全に確立していない，もしくは価格交渉力が強靭ではないからといって，即座に当該中小企業に自立性が欠如しているとするのも極論であり，実際的ではない。実際的には自立化が進む中小企業は，価格交渉力向上，価格決定権構築の途上にあるというのがより現実的な姿ではないかと推察される。したがって，価格決定権という要素，及び価格交渉力の強さは，自立化測定指標の一つとして策定しつつも，価格交渉力を裏打ちする要素たる諸要因にも目を向け，これを自立化測定指標として設定するべきであろう。

　価格決定権や価格交渉力を裏付ける諸要素については，先述の越村（2010）以外にも，池田（2012），Balboni（2013）において論じられている。池田（2012）は自立性の高い（中小：括弧内筆者付記）下請企業の特徴を調べるために尼崎市と東大阪市の中小企業に対するアンケート調査を行っている。このアンケートでは当該中小企業の業態の現状，過去 10 年間における業態の変化，研

究開発への取り組み状況，製造技術への取り組み状況（最新設備導入の有無，
加工技術向上への取り組み，高精度品製作の有無等々），ひいては価格決定権
の有無について問うている（pp. 54-97，pp. 250-255）。先述の通り本研究にお
いては，「中小企業の自立化」もしくは「中小企業の自立性」と称する場合，こ
れを細かく概念部類はしない。しかし，池田（2012）の場合，中小企業は，独
立型中小企業と受注生産型中小企業に分けた上で，受注生産型中小企業を「下
請企業」，「自立型下請企業」，「自律型下請企業」に分類し，その特徴を論じる。
そのため，池田（2012）は直截に価格決定権の有無をゼロイチで問うて終わる
のではなく，価格決定権のいわば「強弱」を問う。また，これら分類した下請
企業の特徴を分析するためにも価格決定権の強弱のみならず，上述の通り，研
究開発，製造技術についても問うのである（同上）。

　一方，Balboni（2013）は，イタリアの中小下請企業における企業規模，能力
と国際化の関係を分析する論述において，より規模が大きく国際化した中小企
業はより多くの設計能力，製造技術，顧客対応能力を有することなどを実証し
た。特に Balboni（2013）は，中小企業における設計能力，製造等に関する技
術能力，顧客対応能力の重要性を説く。すなわち，設計能力の保持は，顧客と
の関係強化を進め，これをより戦略的なレベルへと引き上げること，また，設
計能力が対顧客関係においてシステマティックに関係している方が，より粘着
性が高く，長持ちする関係の維持に貢献し，外国市場にいくチャンス拡大につ
ながるとする。さらに技術革新能力は，産業財企業の輸出業績にとってポジ
ティブに影響し，ひいては高度特殊能力を有する企業は独立してニッチマー
ケットを見つける機会が多いとする。このように下請企業は特定の能力を保持
することで成長し，国際化するというのである（pp. 114-132）。

　以上，中小企業の自立化指標に関するいくつかの先行研究について確認し
た。その結果，地域中小企業の自立化を測定する指標として，一義的に価格交
渉力や価格決定権の有無を取り上げるのみならず，その価格決定権を裏打ちす
る要素ともなる様々な自立化要素である技術，設計，対顧客関係の重要性につ
いて述べられてきたことを確認した。こうした緒論にさらに加えて，本研究で
取り扱う日立地域の特殊性，すなわち日製との取引依存度等も含め，次節以
降，具体的な自立化指標測定指標の策定を行いたい。

第3節 「理想プロフィール」手法による DOI 測定指標・自立化 測定指標の設定

(1) 理想プロフィール

　本節においては，日本の地域における企業城下町的産業集積地の中小企業の DOI 測定指標及び自立化測定指標を設定する。測定はアンケート方式をとることとする。したがって，DOI 測定指標・自立化測定指標は，アンケート質問項目に具現化されることになる。本研究における DOI 測定・自立化測定に際しては，「理想プロフィール指標」（Ideal Profile Index）という手法を活用する。

　「理想プロフィール」とは，Van de Ven & Drazin（1984）が提案したものであり，組織的な成果は二つか三つの要素の適応（Fit）の結果であり，例えば当該組織における組織環境，戦略，構造，システム，スタイル，文化等々に関するものであるとする。まず高度な成果を出している組織から，理論的あるいは経験的に構造もしくはプロセスの理想的なタイプのパターンを作り，これと測定対象となる組織を比較して計測するという考え方である（pp. 333–365）。この手法は，Clark&Fujimoto（1991）における「重量級プロダクトマネジャー」という概念を表すのに使われている。すなわち同研究においては「『重量級プロダクトマネジャー』の行動パターンを30近く挙げて，このパターンが当てはまるケースを『理想プロフィール』と想定し（中略），次に，それぞれのサンプル・プロジェクトに関して，データを取り『理想プロフィール』からの距離を計算し，『重量級プロダクトマネジャー度』を，『理想プロフィール』からの距離の近さとしてしめした」のである（藤本，2003，p.187）。言うなれば「理想プロフィール指標」とは，ある理想状態を満点とした場合の測定対象の点数を図る物差しと換言することができよう。本研究においては，理想プロフィール手法を用いて，中小企業に対するアンケート調査を行う。

　本研究における理想プロフィール企業とは，本稿においては，独自技術の高度化により超高精度・高密度の技術を実現した結果，高付加価値ニッチ需要に対応するため，国内市場が寡少となり，国際展開を行うような自立型国際化企

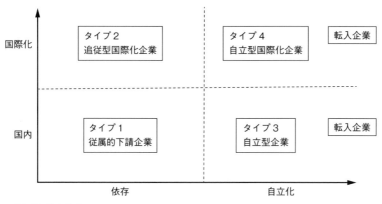

（出所）筆者作成。

図 3-1　地域中小企業の DOI・自立化度合分析枠組み

業である。次項の図 3-1 の第一象限において DOI 指標，自立性指標ともに100％（図表右上頂点に位置付く）となる企業がそれにあたる。DOI 測定においては，国際化段階やパフォーマンス（成果）が高いほど，また対外能力や国際化志向性の認識が高いほど，理想プロフィールに近い形で Fit する。また自立化測定においては，業態が自立型に近いほど，基礎的な R&D 力があり，製造力があり，営業力があるほど理想プロフィールに近い形で Fit する。

(2)　DOI 測定指標及び自立化測定指標

　本研究における DOI 測定指標を示したのが表 3-1 であり，自立化測定指標を支援したのが表 3-2 である。アンケート調査表はこれらを基に作成された。両指標ともに100％が満点であり，理想プロフィールである。

　DOI 測定指標・自立化測定指標の各質問項目はそのままアンケート調査に反映される（本研究の巻末）。これらは，当該中小企業の DOI 及び自立性を問う質問により構成されている。各質問に対する回答は 5 件法，Yes-No 選択，もしくは回答した％を活用して点数化される。以下両指標の詳細について説明する。

表 3 - 1

分野	ウエイト付け	大項目	質問番号	質問項目
国際化段階	30%	Stage 1　Pre-export 段階（国内志向）	1	海外からの不意の発注や照会には応じるが，あくまでも臨時のものとして，輸出開拓はしない。
		Stage 2　Pre-export 段階（FS 開始）	2	海外からの不意の発注・問合せ・照会を受け，輸出業務の必要性を感じる。（もしくは輸出しないことを問題と考える。）
			3	現地調査（とにかく現地に行ってみる）
			4	輸出しようとする製品は，詳細な説明ややり取りが不要である。
		Stage 3　輸出に向けた計画策定段階	5	輸出開始の意思を持つ。
			6	輸出の計画を作る。（海外売上高，顧客毎の計画等が明確）
		Stage 4　試験的な輸出の段階	7	試作（サンプル）品の製造と販売を実施する。
			8	近隣諸国顧客に試験的に輸出する。
			9	限定的な輸出による経営者・企業としての経験蓄積があった。
		Stage 5　輸出の定常化・積極化	10	輸出業務を試験的・限定的なものではなく，定常的なものとするよう努力する。
			11	特定の顧客を得て，輸出業務が定常化する。
			12	現地の仲介業者や卸売業者に対する訓練，販促支援を行っている。
			13	本社の従業員に対する営業訓練を行っている。
		Stage 7　国際化深化（コミットメント深化）	14	国際的なマーケティングの成果を出す。（長期的な取引先顧客が複数つく）
			15	海外販売拠点を設立する。
パフォーマンス	30%	成果	16	海外事業に専任する従業員数
			17	輸出意思決定から海外売上が立つまでかかった年数
			18	海外売上高比率が 10% に達するまでにかかった年数
		輸出志向性	19	売上高輸出額比率（輸出額／売上高）
			20	製品数輸出比率（輸出製品数／売上製品数）
		国際化範囲輸出先もしくは投資先	21	中国・台湾・韓国
			22	東南アジア・南西アジア・オセアニア
			23	北米
			24	欧州
			25	その他
		国際化モード	26	部品輸入を行っている。
			27	製品を輸出している。
			28	下請企業から半製品を輸入している。
			29	戦略的提携を行っている。
			30	合弁事業を行っている。
			31	直接投資を行っている。（販売，生産等）

（出所）筆者作成。

地域中小企業 DOI 測定指標項目

選択肢・数値等	各項目の満点	引用及び微調整
a＝yes, b＝no, b＝2	2	Bilkey, W. J., & Tesar, G.（1977）, Olson, H. C., & Wiedersheim-Paul, F.（1978）, Cavusgil（1980）
a＝yes, b＝no, a＝2	2	Cavusgil（1980）, Reid, S. D.（1981）
a＝yes, b＝no, a＝2	2	
a＝yes, b＝no, a＝2	2	Wiedersheim-Paul, F., Olson, H. C., & Welch, L. S.（1978）
a＝yes, b＝no, a＝2	2	Bilkey, W. J., & Tesar, G.（1977）, Olson, H. C., & Wiedersheim-Paul,
a＝yes, b＝no, a＝2	2	F.（1978）, Gubik., Andrea S., Bartha., Zoltan（2014）, Bilkey, W. J., &
a＝yes, b＝no, a＝2	2	Tesar, G.（1977）, Reid, S. D.（1981）
a＝yes, b＝no, a＝2	2	
a＝yes, b＝no, a＝2	2	Olson, H. C., & Wiedersheim-Paul, F.（1978）
a＝yes, b＝no, a＝2	2	Reid, S. D.（1981）
a＝yes, b＝no, a＝2	2	Stewart, D. B.（1997）
a＝yes, b＝no, a＝2	2	Ruzzier, M., Antoncic, B., & Hisrich, R. D.（2007）
a＝yes, b＝no, a＝2	2	Cavusgil（1980）
a＝yes, b＝no, a＝2	2	
a. 0 人：0 点 b. 1 人～3 人：1 点 c. 4 人以上：2 点	2	Ruzzier, M., Antoncic, B., & Hisrich, R. D.（2007）
a. 1 年未満：3 点 b. 1 年以上：2 点 c. 2 年以上：1 点 d. 海外売上なし：0 点。	3	
a. 5 年未満：4 点 b. 5 年以上～10 年未満：3 点 c. 10 年以上：2 点 d. 未達だが売上は立っている：1 点 d. 海外売上なし：0 点。	4	
0～10 ポイント： 20％毎に 1 ポイント	5	Balboni, B., Bortoluzzi, G., & Vianelli, D.（2014）, Sullivan, D.（1994）, Ruzzier, M., Antoncic, B., & Hisrich, R. D.（2007）, Gubik., Andrea S.,
0～10 ポイント： 20％毎に 1 ポイント	5	Bartha., Zoltan（2014）
a＝あり，b＝なし，a＝1	1	
a＝あり，b＝なし，a＝1	1	
a＝あり，b＝なし，a＝1	1	
a＝あり，b＝なし，a＝1	1	
a＝あり，b＝なし，a＝1	1	
a＝あり，b＝なし，a＝1	1	Balboni, B., Bortoluzzi, G., & Vianelli, D.（2014）
a＝あり，b＝なし，a＝1	1	
a＝あり，b＝なし，a＝1	1	
a＝あり，b＝なし，a＝1	1	
a＝あり，b＝なし，a＝1	1	
a＝あり，b＝なし，a＝1	1	

表3-1　続き

分野	ウエイト付け	大項目	質問番号	質問項目
対外能力	20%	サプライネットワーク内の協力が顧客対応を助け，輸出成果に直結する。	32	サプライヤ選定（協力する同業他社選定）における当社の主要な認定基準は「品質」にある。
			33	当社の売上は，地元の多国籍企業との取引関係に依存する。
			34	当社は国際化を志向する地域ネットワークに積極的に参加する。
			35	当社は長期にわたる地元多国籍企業とのビジネス関係がある。
			36	当社は長期にわたる海外顧客とのビジネス関係構築を重視する。
認識	20%	心理的距離	37	海外への輸出は心理的負担が大きい。
			38	経営者は国際経験（旅行，留学，出張など）がある。
			39	経営者は，国際化する動機が強い。
			40	経営者は外国顧客に関する知識がある。
		国際化によるリスクの認識（低＝DOI 高）	41	経営者は国際化へのリスクは低いと認識している。
			42	経営者は国際化が必要であると認識している。
		国際化に向けた硬直性 1）国内志向性	43	当社の資源は全て既に国内向けに配分されており，輸出商機に対応することはできない。
			44	将来的に輸出はありうるが今はその段階ではない。
		国際化に向けた硬直性 2）刺激の制約	45	当社は現在多忙であり，輸出や海外進出については，いずれ検討する。
			46	輸出刺激策については，関心を払っていない。
		国際化に向けた硬直性 3）知識と経験の制約	47	我々は輸出に必要な知識がない。
			48	我々は輸出に携わったことがないため，輸出業務開始を準備するとコストがかかりすぎるのではないかと思う。
		国際化に向けた硬直性 4）内向き志向	49	我々は現状に満足している。
			50	我々は現状の業務のやり方を変更する必要はないとみている。
		輸出に向けた外部からの刺激	51	不意の発注・照会を受けたことがある。
			52	市場での商機がある。
			53	競争にかつために輸出したい。
		リスク，コスト認識	54	輸出に伴うリスクは小さい。
			55	輸出により大きな利益を得られそうだ。
			56	輸出業務に伴うコミュニケーションの壁がない。

（出所）筆者作成。

地域中小企業 DOI 測定指標項目

選択肢・数値等	各項目の満点	引用及び微調整
1. 強くそう思う：4 点 2. そう思う：3 点 3. 何とも言えない：2 点 4. あまりそう思わない：1 点 5. 全くそう思わない：0 点	4	Balboni, B., Bortoluzzi, G., & Grandinetti, R.（2013）, Balboni, B., Bortoluzzi, G., & Vianelli, D.（2014）, Jansson and Sandberg（2008）
1. 強くそう思う：4 点 2. そう思う：3 点 3. 何とも言えない：2 点 4. あまりそう思わない：1 点 5. 全くそう思わない：0 点	4	
1. 強くそう思う：4 点 2. そう思う：3 点 3. 何とも言えない：2 点 4. あまりそう思わない：1 点 5. 全くそう思わない：0 点	4	
1. 強くそう思う：4 点 2. そう思う：3 点 3. 何とも言えない：2 点 4. あまりそう思わない：1 点 5. 全くそう思わない：0 点	4	
1. 強くそう思う：4 点 2. そう思う：3 点 3. 何とも言えない：2 点 4. あまりそう思わない：1 点 5. 全くそう思わない：0 点	4	
a＝yes, b＝no, b＝1	1	Johanson and Vahlne（1977）
a＝yes, b＝no, a＝1	1	Sullivan, D.（1994）, Fischer, E., & Reuber, A. R.（2008）
a＝yes, b＝no, a＝1	1	Gubik., Andrea S., Bartha., Zoltan（2014）
a＝yes, b＝no, a＝1	1	
a＝yes, b＝no, a＝1	1	Acedo, F. J., & Florin, J.（2006）
a＝yes, b＝no, a＝1	1	Sullivan, D.（1994）, Fischer, E., & Reuber, A. R.（2008, Gubik., Andrea S., Bartha., Zoltan（2014）,
a＝yes, b＝no, b＝1	1	Tan, A., Brewer, P., & Liesch, P.（2014）
a＝yes, b＝no, b＝1	1	
a＝yes, b＝no, b＝1	1	
a＝yes, b＝no, b＝1	1	
a＝yes, b＝no, b＝1	1	
a＝yes, b＝no, b＝1	1	
a＝yes, b＝no, b＝1	1	
a＝yes, b＝no, a＝1	1	Olson, H. C., & Wiedersheim-Paul, F.（1978）
a＝yes, b＝no, a＝1	1	
a＝yes, b＝no, a＝1	1	
a＝yes, b＝no, a＝1	1	Simpson, C. L., & Kujawa, D.（1974）
a＝yes, b＝no, a＝1	1	
a＝yes, b＝no, a＝1	1	

① **DOI 測定指標**：DOI 測定指標の点数配分は分野毎の重み付けに依存する。表3-1にある通り，DOI 測定指標の分野は「国際化段階」「パフォーマンス」「対外能力」「認識」の四つよりなる。「国際化段階」「パフォーマンス」は DOI に関する記述的説明であり，「対外能力」「認識」は DOI に関する動因追究的説明に該当する。

　「国際化段階」は Stage Model をベースとしており，当該中小企業が国際化のいずれの段階にあるかを示す。本研究においては，従来の Uppsala モデルように投資に至るような大々的な海外展開を想定しておらず，「国際化段階」の「段階＝Stage」は，輸出開始前の "Pre-Export" 段階を一つの段階からスタートする。表3-1にある通り，Pre-Export 段階には二つあり，「国内志向」ベースでの輸出前段階（Stage1）と，実際に輸出を開始することの実現可能性調査（FS：Feasiblity Study）を実施する段階（Stage2）である。続いて Stage 3「輸出に向けた計画策定段階」，Stage 4「試験的な輸出の段階」，Stage 5「輸出の定常化・積極化」，Stage 6「国際化深化（コミットメント深化）」と国際化は深まる。このように「国際化段階」は DOI を直に表す重要性に鑑みて30％の重み付けをした。

　DOI 測定指標の二つ目は「パフォーマンス」である。これは当該中小企業の海外展開（輸出・投資）に関するパフォーマンス（成果）の測定である。「成果」は，海外にて売上が立つまでにかかった年数や売上高輸出比率，地域的広がり等の項目を含む。「輸出志向性」は売上高輸出比率を問う。「国際化範囲」とは，地理的な意味でどの国に輸出・投資をしているかを確認するものである。また「国際化モード」は，どのオペレーションにおいて海外展開がなされているかを確認するものであり，「部品輸入」に始まり，「製品輸出」，「下請企業からの半製品輸入」，「海外企業との戦略提携」，「合弁事業」，「直接投資」に至るまで各種のパターンをそろえている。「パフォーマンス」も「国際化段階」同様に，30％の重み付けをした。

　一方，表3-1の「対外能力」とは海外顧客との関係構築能力を示すものであり，品質重視の度合，地元多国籍企業との取引関係への依存状況，国際化を志向する地域ネットワークへの参加の積極性，地元多国籍企業との長年にわたるビジネス関係の有無，海外顧客との長期的なビジネス関係構築への重視姿勢を

問う。これらの測定項目は，DOI に関する動因追究的説明に該当し，先述の記述的説明を補足するものであることから，20%の重み付けとした。

　「認識」は経営者の国際化に向けた認識や動機の有無を示しているため，DOI に関する動因追究的説明に該当する。この分野は文字通り当該中小企業の経営者の事業国際化に対する認識の在り様を問うものである。なお「認識」に含まれる「国際化に向けた硬直性」とは "Lateral Rigidity"（Tan, A., Brewer, P., Liesch, P., 2014）の訳である。Tan et al.（2014）は "Lateral Rigidity" を経営意思決定における硬直性とする Luostarinen（1979）に依拠し，なぜ経営者は国際化に躊躇するかを説明する概念とした（Tan et al., 2014, pp. 12-15, Luostarinen, 1979, pp. 31-49）。「認識」も動因追究的説明に該当し，補足的役割りを持つことから，20%の重み付けとした。

　このように DOI 測定指標については，記述的説明である「国際化段階」,「パフォーマンス」に 30%ずつ，動因追究的説明である「対外能力」,「認識」に 20%ずつの重み付けを付し，合計 100%とした。各分野の合計得点も 100 点満点となっている。

　Sulivan（1994）は DOI 測定方法は未完成であるとした上で複数手法の単なる寄せ集めは不適切であるとしつつも，単一の測定項目だけで DOI 測定をするのは正しくないとする。同様に Pangakar（2008）も企業成果と DOI の関係を検討するにあたり，より幅広い複数項目をみる必要を論じる。したがって本章では複数指標を設定し点数を合計する。DOI 測定指標や自立化測定指標については，企業毎にアンケート調査項目への回答を点数化し，これを積み上げていく。DOI 測定項目全体の合計値のみならず，質問カテゴリー毎に測定を行い複数企業の平均値を算出して業種別の比較を行うことも可能である。こうした点で理想プロフィール手法には柔軟性がある。

② **自立化測定指標**：自立化測定指標が表3−2である。以下，詳細をみていく。

　表3−2の「業態」とは，当該中小企業の中核企業に対する位置付けを問うている。当該中小企業が中核企業に依存する下請的位置付けにあるのか，あるいは自立した位置付けにあるのかを示すための測定となる。自社技術を有する，

表3-2

分野	ウエイト付け	大項目	質問番号	質問項目
業態	10%	貴社の業態について	1	貴社の業態
		業態の変化	2	貴社の業態は，この15～20年の間に変化がありましたか。
中核企業との関係	10%	貴社の中核企業への依存	3	2017年現在の日製（もしくは特定顧客）との関係
			4	2017年現在の日製（もしくは特定顧客）との関係
			5	2017年現在の日製（もしくは特定顧客）との関係
			6	2017年現在の日製（もしくは特定顧客）との関係
			7	2017年現在の日製（もしくは特定顧客）との関係
R&D力	30%	研究開発	8	当社では日常的に研究開発に
			9	当社では技術者あるいは研究開発担当者が
			10	当社では特許や実用新案を
			11	この15年間に新製品，新手法開発のスピードを速める取り組みを
			12	当社では上記のような技術開発，研究開発を進めるため，会社としての方針が定まっている。
		設計能力	13	当社は設計活動につき，優位性のある設備やノウハウ（CADなど）を持つ。
			14	当社には一定数の設計者がいる。
			15	当社には高度な設計要員が在籍する。
			16	設計図面は貸与図である。（全面的に顧客が作成し当社は一切手を加えない）
			17	設計図面は顧客が作成するが，当社が修正を提案することもまれにある。
			18	設計図面は顧客が作成するが，当社が修正や作成し直しを提案することが多い。
			19	設計図面は承認図である。（設計図は当社が作成し，顧客が承認）
			20	設計図面は全面的に当社で作成する。
			21	設計に際しては，顧客の購買のみならず，製造，設計，開発，場合によっては営業と会話する。

（出所）筆者作成。

地域中小企業自立化測定指標項目

選択肢・数値等	各項目の満点	引用及び微調整
1. 自社製品を持つ製造販売メーカー：5 2. 製造販売兼下請メーカー：4 3. 1 次下請：3 4. 2 次・3 次下請：2 5. その他：1	5	池田（2012）
1. 自社製品を持つ製造販売メーカー：5 2. 製造販売兼下請メーカー：4 3. 1 次下請：3 4. 2 次・3 次下請：2 5. その他：1	5	池田（2012）
設備投資は自社の判断で行っている。a＝yes, b＝no, a＝2	2	
品質改善活動は自社の判断で行っている。a＝yes, b＝no, a＝2	2	
日製から出向者のやり取りはない。a＝yes, b＝no, a＝2	2	
日製から技術指導を受けることはない。a＝yes, b＝no, a＝2	2	
部材は自社調達である。a＝yes, b＝no, a＝2	2	
a. 取り組んでいる。：2 b. 必要だが取り組んでいない。：1 c. 当社では必要なし。：0	2	池田（2012），越村（2012）
a. いる。：2 b. 必要だがいない。：1 c. 当社では必要なし。：0	2	
a. 保有している。：2 b. 必要だが保有していない。：1 c. 当社では必要なし。：0	2	
a. 実施した。：2 b. 必要だが実施していない。：1 c. 当社では必要なし。：0	2	
a＝yes, b＝no, if a＝2	2	越村（2012）
1. 強くそう思う：4,　2. そう思う：3,　3. 何とも言えない：2, 4. あまりそう思わない：1,　5. 全くそう思わない：0	4	Balboni, B., Bortoluzzi, G., & Grandinetti, R. (2013), Balboni, B., Bortoluzzi, G., & Vianelli, D. (2014)
1. 強くそう思う：4,　2. そう思う：3,　3. 何とも言えない：2, 4. あまりそう思わない：1,　5. 全くそう思わない：0	4	
1. 強くそう思う：4,　2. そう思う：3,　3. 何とも言えない：2, 4. あまりそう思わない：1,　5. 全くそう思わない：0	4	
a＝yes, b＝no, if b＝1	1	
a＝yes, b＝no, if a＝1	1	
a＝yes, b＝no, if a＝1	1	
a＝yes, b＝no, if a＝1	1	
a＝yes, b＝no, if a＝2	2	
a＝yes, b＝no, if a＝2	2	

表3-2　続き

分野	ウエイト付け	大項目	質問番号	質問項目
製造	30%		22	当社の技術的知識（もしくはノウハウ）は深い。
			23	当社は最先端の技術的知識（ノウハウ）を蓄積している。
			24	当社は必要とあれば，取引先からその技術を迅速に自社内に横展開可能である。
			25	生産性や品質を高めるため，最新鋭の設備を導入している。
			26	当社では独自の製造技術や加工技術を
			27	当社では一括受注・ユニット加工を
			28	当社では熟練技能者が
			29	当社では高精度品・高難度品（ハイテク品）を
			30	国内外で安く作る仕組みを構築することを（コストダウンの努力を）
			31	当社では短納期対応の生産システムの構築を
			32	当社では自主的に品質改善を
			33	当社には独自の生産技術がある。
			34	当社には，独自製品がある。
営業	20%	顧客対応能力	35	物流上の問題を解決するために，当社は顧客と協力する力を持つ。
			36	商品開発上の問題を解決するために，当社は顧客と協力する力を持つ。
		マーケティング	37	主要な製品や加工の販売先に対する価格決定権は，
			38	当社の製品や加工に関して，現在，競争相手は少ない。
			39	日製グループ（あるいはその他特定顧客）以外の顧客への売上高比率。

（出所）筆者作成。

地域中小企業自立化測定指標項目

選択肢・数値等	各項目の満点	引用及び微調整
1. 強くそう思う：4,　2. そう思う：3,　3. 何とも言えない：2, 4. あまりそう思わない：1,　5. 全くそう思わない：0	4	Balboni, B., Bortoluzzi, G., & Grandinetti, R.（2013）, Balboni, B., Bortoluzzi, G., & Vianelli, D.（2014）
1. 強くそう思う：4,　2. そう思う：3,　3. 何とも言えない：2, 4. あまりそう思わない：1,　5. 全くそう思わない：0	4	
1. 強くそう思う：4,　2. そう思う：3,　3. 何とも言えない：2, 4. あまりそう思わない：1,　5. 全くそう思わない：0	4	
a. 導入した。：2 b. 必要だが導入できていない。：1 c. 当社では必要なし。：0	2	池田（2012）
a. 保有している。：2 b. 必要だが保有できていない。：1 c. 当社では必要なし。：0	2	
a. 実施している。：2 b. 必要だが実施していない。：1 c. 当社では関係なし。：0	2	
a. いる。：2 b. 必要だがいない。：1 c. 当社では必要なし。：0	2	
a. 作っている。：2 b. 必要だが作れていない。：1 c. 当社では関係なし。：0	2	
a. 実施している。：2 b. 必要だが構築できていない。：1 c. 当社では必要なし。：0	2	
a. 実施している。：2 b. 必要だが構築できていない。：1 c. 当社では関係なし。：0	2	
a. 実施している。：2 b. 必要だができていない。：1 c. 当社では必要なし。：0	2	
a＝yes, b＝no, if a＝1	1	越村（2012）
a＝yes, b＝no, if a＝1	1	
1. 強くそう思う：4,　2. そう思う：3,　3. 何とも言えない：2, 4. あまりそう思わない：1,　5. 全くそう思わない：0	4	越村（2012）
1. 強くそう思う：4,　2. そう思う：3,　3. 何とも言えない：2, 4. あまりそう思わない：1,　5. 全くそう思わない：0	4	
1. 当社の意向が反映される：4,　2. 当社の意向がある程度反映される：3, 3. ケースバイケースである：2,　4. ほとんど決定権はない：1, 5. 全く決定権はない：0	4	池田（2007）, 太田・辻（2008）, 越村（2012）
1. 強くそう思う：4,　2. そう思う：3,　3. 何とも言えない：2, 4. あまりそう思わない：1,　5. 全くそう思わない：0	4	池田（2012）
25% 毎＝1 ポイント	4	

もしくは中核企業との取引と並行して他社とも取引を行う企業であるほど自立
性が高いということを意味する。また，業態の現状のみならず，「業態の変化」
も重要な問いである。すなわち，グローバル化が進展した過去15〜20年の間に
業態の変化により自立性が向上したか否かを確認する。例えば，20年前は中核
企業の2次下請だった中小企業が，2017年現在は下請生産も行う一方で，自社
製品も有する場合，自立化が進んだことを意味し，自立化測定指標として得点
を得ることになる。

　「中核企業との関係」とは，下請か否かというような大きな括り分けでの組
織形態を問うのとは異なり，取引に伴うより詳細な相互作用を問うている。す
なわち，設備投資や品質改善，中核企業とのやり取りや技術指導受入れの有無
についての問いである。これらの諸点につき中核企業との関係において依存度
が低いほど，点数は高く，自立性の高さを示す。「業態」と「中核企業との関
係」には10％ずつの重み付けをした。

　「R&D力」は「研究開発能力」と「設計力」よりなる。こういう「R&D力」
は「技術」と換言しうる[4]。鈴木（2019）は中小製造業のコア技術開発への長期
にわたる日常的な取り組みが市場開拓につながると論じており，R&D力の強
化が自立化につながる道程を論証している。本研究における自立化測定指標に
おいてはR&D力は自立化促進の重要な要素として30％の重み付けとして，日
常的な研究開発への取り組みの有無，技術者あるいは研究開発担当者の有無，
特許や実用新案の有無等を問う。

　「製造」分野は，生産技術の高さ，設備，生産が一括受注・ユニット加工か
（単なる部分的加工作業ではない），熟練技能者の有無，高精度品・高難度品を
作っているか，QCD（Quality, Cost, Delivery）改善への取り組み，及び人材育
成について問う。点数配分における重み付けは30％である。

　「営業」分野は「顧客対応能力」と「マーケティング」の大項目より構成され
ている。「顧客対応能力」は，Balboni（2013）に沿い開発，設計，品質，物流
などの諸問題に関して顧客と協力する力の有無を問う。「マーケティング」に
おいては，価格決定権の有無，競合の有無，顧客の多様化の努力などを問う。
「営業」分野は20％の重み付けとする。

　以上，本研究において，日立地域の中小企業に対して行ったアンケート調査

のベースとなる DOI 測定指標と自立化測定指標について説明した。次項においては，DOI 測定指標を縦軸，自立化測定指標を横軸としたマトリックス図について論ずることとする。DOI 測定指標と自立化測定指標をベースとしたアンケート調査を行い，両軸よりなるマトリックス図はそのまま日立地域中小企業 41 社の DOI と自立化に関する定量的な散布図となる。二つの指標を縦軸と横軸として立ち現れる四つの象限よりなるマトリックスにつき考察する。

(3)　DOI 測定指標と自立化測定指標よりなるマトリックス上の各タイプ位置付け

　本項においては，DOI 測定指標の軸を縦軸とし，自立化測定指標を横軸として囲むことで成立する四つの象限をタイプ1〜タイプ4としてグループ分けの上，これを本研究における分析枠組みとし，各グループに位置づく中小企業の在り様について先行研究を参照しながら確認する。すなわち，上記に論じた DOI・自立化の測定指標をベースとして，以下においては日立地域における中小企業の国際化と自立化に関する分析枠組みを提示し，そこに想定される四つのグループについて検討するということである。

　図3−1は「地域中小企業の DOI・自立化度合分析枠組み」である。第1章において確認した様々な先行研究が描き出す中小企業像と第2章において跡付けた中核企業たる日製及び同社の各工場による外注管理政策展開史から，日立地域における中小企業が自立化に向けたモメンタムと，国際化に向けたモメンタムの二つを有するであろうことが想定できる。中小企業各社の国際化に向けたモメンタムの結果が，DOI 測定軸（縦軸）の何処かに現れ，また自立化に向けたモメンタムの結果も，やはり自立化軸（横軸）の何処かに現れる。その結果，当該中小企業は図3−1に示す分析枠組みたる散布図の一点に結実する。今般行ったアンケート調査では 41 社より回答を得ており，41 社分の点が plot された散布図ができあがるはずである。

　DOI 軸（縦軸）は当該中小企業の DOI がどの程度進展しているかを示す。上半分は「国際化」であり，輸出，海外直接投資のいずれも包含する。下半分の「国内」とは，企業城下町内の中核企業やその他国内顧客企業との取引のみを

行う中小企業ということである。半分のところで上下を分かつ点線が示されているが，これは便宜的な線引きに過ぎず，実態はあくまでもDOI指標の高低（「理想プロフィール」を100％として，そこからの距離）により決まる相対的なものである。いずれにせよ，縦軸の上方に進めば進むほどDOIが高いことを示し，下方に進めば進むほど国内志向が強いことを示す。

　横軸は当該中小企業の自立化度合を示す。左半分を「依存」，右半分を「自立」とした。当該中小企業の自立性の強弱は，中核的な顧客（例えば，日製やその傘下にある工場）からの指導や要求，中核企業向けの売上比率の高さや同社から受ける技術指導や設備投資の支援等の濃淡，あるいは中小企業の価格交渉力の強弱によって決まる。左半分の「依存」とは，これらの諸点について当該中小企業が中核企業に依存していて，自立性が低いことを指す。

　両軸に囲まれた四つの象限のうち，第3象限（左下）をタイプ1，第2象限（左上）をタイプ2，第4象限（右下）をタイプ3，第1象限（右上）をタイプ4とする。前章において論じたDOI指標，自立化指標を構成する諸要素をベースとしたアンケート調査によって，当該中小企業の縦軸（DOI）・横軸（自立化度合）の得点と理想プロフィールからの距離が得られ，当該中小企業はいずれかのグループ（象限）に位置付けられる。以下，各グループにおいて想定される中小企業の在り方について先行研究を確認していく。

① **タイプ1（第3象限。縦軸＝国内，横軸＝依存）＝従属的下請企業**：タイプ1（縦軸＝低DOI，横軸＝低自立）は高度経済成長期より存在してきた従属的下請企業である。周知の通り日本の機械工業の社会的分業構造は，完成品生産企業群を頂きとして多数の下請部品製造業，外注加工業を裾野に持つ山脈型社会的分業構造を有してきた（渡辺，1997，pp. 158-161；渡辺他，2013，pp. 152-155）。大都市圏加工型集積における中小企業は，総じて特定親企業に対する専属性が低いのに対し，企業城下町型産業集積地の場合，特定大企業による一元的な生産組織が形成され垂直的で長期継続的な取引関係が基本となり，特に日立地域の場合，中核企業たる日製は，意識的な努力と熱意をもって，地域ぐるみの集団的な対策により，組織的・計画的な集積を実現する必要があったし，その結果同地域は「純粋培養企業都市」といわれるまでに至り，1960〜75年頃

にかけて中核企業と中小下請企業が共同歩調をとる時代が続いたのである（藤田・竹内編，2003，pp. 229-230；長尾，1995，pp. 129-132；遠山，2002，p. 121；松本，1993，p. 84）。こうした中小企業は，中核企業のみが顧客であるため，立地する企業城下町的産業集積地（例えば日立地域）においてオペレーションが完結する。小山・橋本（2000）は，これらの中小企業は日製グループ以外から独自に受注活動を行う必要がなく，差別化技術を武器に積極的に営業活動をすることもなかったとしている（p. 4）。これらの中小企業は中核企業からの技術移転を受け，技術及び品質管理面での指導を通じて中核企業が育成役を担ってきたという肯定的な側面も論じられているものの（日本政策投資銀行，2001，pp. 14-15），小山・橋本（2000）は，潜在的な技術蓄積は進んだものの，それは設計技術に及ぶような多様性を欠いたものだったとした（pp. 3-4）。

　森嶋（2018）がまとめる通り，総じてこれらの中小企業は，工業協同組合を結成し，親企業である日製グループの工場との間に長期固定的な下請取引関係を結び，日製の各工場を頂点とする複数のピラミッド型の取引構造の中で，製品の企画・設計・施策は中核企業が行い，協力会社は中核企業から材料支給を受け，部品の賃加工，製品組立のみを行うというのが典型的な分業の様態ということになる（森嶋，2018，p. 156）。

　なお，このようにして，日製を頂点とする閉鎖的な工業集積において「退出能力」に欠ける下請企業群が大規模に形成され再生産されるとされてきたが（渡辺，1997，p. 209），護送船団方式の行き詰まりとともに，大きな転換が求められるに至ったのである（日本政策投資銀行，2001，pp. 17-29）。

② **タイプ2（第2象限，縦軸＝国際化，横軸＝依存）＝追従型国際化企業**：タイプ2（縦軸＝高 DOI，横軸＝低自立）に含まれる中小企業は，中核企業に依存する下請型企業であり，中核企業の海外生産子会社に対して輸出する，もしくは当該中核企業の海外工場への納入を目的として近隣に自らの生産拠点を直接投資するというような，追従型の国際化を進めた中小企業である。これらの中小企業は，本質的に中核企業に依存する下請企業であるという点ではタイプ1と同様の企業である。

　1974〜1985 年にかけて，中小企業の国際化にとっては，大企業の海外生産への追従型国際化の時代にあたる。すなわち，大企業機械工業の海外直接投資により現地生産が活発となり，部品等の中間財を含めた現地調達率が高まる一方で，大手機械メーカーは，海外においても高い品質と低いコストを実現するために，国内部品メーカーや国内下請加工メーカーを伴う生産体制を構築するため，下請中小企業に随伴的な海外投資を要請したのである（青山，2011，p. 107）。その背景としては，現地には日本の中小企業のような一定以上の技術水準を備えたサプライヤーを見出すことが困難である一方，日本では中小下請企業の側が，発注者の口頭説明を聞くだけで製品・部品の図面を書く能力がある上，様々な「提案」や「相談」を行うことが可能であり，試作から始まる多段階の「組織能力の結集」にとって日本の中小企業の存在が重要であり，また中小企業側にとっても日本国内での緊密な取引関係を維持するためにも要請に応じることが避けがたかったことが挙げられる（三井（1991）pp. 166-167；港（2006）p. 46，高（2013）p. 72）

　続く 1990 年代における中小企業の国際化は，親企業や取引先の海外展開への自主的な追随や親企業・取引先の依頼・要請による直接投資といった取引先との関係に基づいた海外進出が多かったことが特徴的である一方，十分な準備がなされないまま受動的で消極的な進出が行われ，失敗するケースも増加したとされ，続く 2000 年代には，取引先に追随した海外進出よりも，自ら海外市場開拓を行い，販売市場を求めて進出するケースが増えた（林，2016，pp. 104-110；日本政策金融公庫，2016，p. 76；中小企業基盤整備機構，2017，pp. 25-27，pp. 55-57）。

　しかし，顧客たる大手中核企業に追随する形での海外直接投資については肯定的側面のみならず，海外展開に伴うリスクや，厳しい現実も見据えた上での否定的な議論もある。例えば，加藤（2011b）はブームだからという理由で海外生産展開をすることは無謀であり，企業の存続にとってもマイナスであると警鐘を鳴らす（pp. 1-2）。また，櫻井（2017）も日本国内の下請関係を引きずった形での海外進出は得策ではなく，下請企業からの脱皮を行うための進出であるべきであると主張するのである（p. 13，p. 55）。

③　タイプ3（第4象限。縦軸＝国内，横軸＝自立）＝自立型企業：タイプ3
（低 DOI，横軸＝高自立）の中小企業は，元来タイプ1であった企業が，中核
企業への全面的依存に危機感を抱くなどして受注先の多様化や，将来的な自社
製品の開発も念頭に置きながら，独自の高付加価値技術の開発に成功するとと
もに，国内において顧客の多様化に成功している中小企業である。こうした企
業は独自技術を持ち，池田（2012）にある通り，技術の高付加価値化に伴って，
中小企業みずから価格交渉力を持ち，従属的立場からの脱却と自立化がもたら
される。

　これらの中小企業に関する先行研究は既に本研究の第1章で詳述しているの
で，そちらを参照されたいが，若干の繰り返しとなることを承知の上で言及す
るならば，既にこうした企業は独自技術を持つ。池田（2012）にある通り，技
術の高付加価値化に伴って，価格は顧客の指値で決まるのではなく，中小企業
自らが価格交渉力を持つようになり，従属的立場からの脱却と自立化がもたら
されるのである（pp. 39–51）。こうした中小企業は，自社内に設計や開発機能
を持つ，あるいは営業機能を持つようになる。図面は貸与図面，承認図面など
の複数パターンがありうるが，自社の提案を盛り込む力も有している。ただ
し，タイプ3に含まれる中小企業は海外展開（輸出・投資）を行ってはいない。
こうした企業に必要なマネジメントは，新規顧客の開拓と深堀といった営業活
動の活発化と，技術力の深化であり，これは経営者の強い起業家精神に導かれ
ている。櫻井（2015）は，日本においては，下請型中小製造業が現在でも多い
としながらも，受注形態は下請企業と同じだが，価格交渉力を有している「自
立型下請企業」や，自前で企画・開発を行うとともに親企業は存在せず，価格
を自由に設定できる「自主独立型中小企業」が増えてきているとする（p. 73,
p. 81）。

　なお，図3–1にあるタイプ3に含まれる「転入企業」とは，元々首都圏等の
他地域で操業し，後年，茨城県県北に移転してきたような企業である。渡辺
（1997）は，こうした企業は日立地域とのかかわり合いを持ちながらも自社内
完結型の生産体制を持つ企業として，あるいは工業集積のただ中にありつつ，
自立化した存在であるとしており（pp. 209–210），本研究においても重要なア
クターとして注目する。

④　**タイプ 4（第 1 象限。縦軸＝国際化，横軸＝自立）＝自立型国際化中小企業**：タイプ 4（縦軸＝高 DOI，横軸＝高自立）は独自技術を有し，それに基づく製品・部品，加工サービスを，海外顧客にも提供している。顧客は国内外に分散している。設計，開発能力を有し，高付加価値の独自技術により，価格交渉能力を持ち，自立化しており，世界的シェアを目標とする。

　タイプ 4 は，国際化した自立型企業である。これらは独自技術を有し，国外の顧客に部品や外注加工サービスを提供している。タイプ 4 の中小企業の中には，いわゆる「グローバル・ニッチ・トップ企業」（GNT）を最終目標とする企業もある。細谷（2014）は，GNT は下請企業ではなく，独立しており，技術力が高く，ニーズに合う製品を次々打ち出し BtoB 向け産業財ニッチ市場において，世界的シェアを誇る企業であるとする（pp. 14-19）。

　タイプ 4 の中小企業は設計，開発能力を有し，あるいは高い製造技術を有する。自社において付加価値の高い独自技術を有することで，価格交渉能力を持ち，自立化している。また，顧客との関係性を通じて，ニーズをくみ取る BtoB マーケティングの権能も有する。タイプ 4 の中小企業は，かつてはタイプ 1 やタイプ 2 からスタートした企業もあるが，企業城下町的産業集積地におけるピラミッド型（ないし山脈構造の）疑似階層型下請制とは無関係な地域から移転してきた転入企業もある。こうした企業は国際的ベンチャー企業同様に，国際起業家精神の強いリーダーシップの元，常に新規顧客の開拓に努めている。櫻井（2015）によると，自立型下請企業や自主独立型中小企業になるためには，大企業が持っていない製造ノウハウ，部品をまとめる新たな技術力，顧客への技術提案等を強化する創造的活動の時間が必要であるが，海外進出はその方法の一つであるとして，具体的に中国に独力で進出し，下請企業から脱皮しつつある自立型下請企業の事例を紹介している（p.81）。

　以上，縦軸を国際化，横軸を自立化とする分析枠組みにみられるタイプ 1 からタイプ 4 に位置づく中小企業の在り様について先行研究でいかように論じられてきたを確認した。それでは，2017 年・2018 年現在，日立地域の中小企業各社は，実際にこの四つのグループのどこに位置付くのか，本研究においては，定量的分析を進めるべく，アンケート調査を行い，実際にこの分析枠組み上に位置付けることとする。具体的には本研究においては，これまで論じた DOI 測

定指標・自立化測定指標をベースとしたアンケート調査表を準備し，中小企業各社を訪問し，ヒヤリングを行い，アンケート調査を行った。訪問企業は49社であり，うち，アンケートに回答した企業は41社である。

小括

　本章においては，地域における中小企業の国際化と自立化を定量的に分析するための枠組みとして，DOI測定指標及び自立化測定指標の策定を行った。その際，DOI測定指標に関しては我が国ではこれを論じた試みがなく，欧米等における先行研究を参照した。本研究において分析対象とするのは企業城下町である日立地域における中小産業財製造業であり，多くの企業が従来「下請中小企業」として中核企業を頂点として生存してきた。こうした産業構造は日本独自のものとされてきたが，実は欧州（北欧や南欧）においてもみられるものであり，その意味で先行研究として役立てる価値が十分にある。ただし，中小企業の国際化，もしくは企業国際化に関する欧米の研究は，ビジネス環境や産業構造が異なる日本の地域における中小企業の国際化度合を説明する上でそのまま活用することには無理がある。そのため，本章においては，欧米先行研究にみるDOI測定指標に修正を加えた。このようにしてDOI測定指標と自立化測定指標をそろえ，理想プロフォール手法を用いて日立地域の中小企業を定量的に分析する準備を整えた。また，DOI指標を縦軸とし，自立化指標を横軸とするマトリックスにおいて立ち現れる四つのタイプの中小企業についても，先行研究をベースとして論じた。

　次章においては，DOI測定指標・自立化測定指標に基づくアンケート調査の結果を分析し，具体的に日立地域における41社の国際化と自立化について詳述していく。

[注]

1　『中小企業白書』(2018) 26頁の「第1-1-23図」によると，2014年における中小製造業の対外直接投資企業数は，3,221社である。一方，同白書476頁（付属統計資料）1表によると同年の中小製造企業数は413,339社である。前者を後者で除すると0.8%となる。

2　そもそもステージモデル発祥の地，スウェーデンと日本とでは外国というものに対する距離感が

全く異なる。スウェーデンの場合，隣国デンマークやノルウェーへの距離は極めて近く，他の欧州域内への距離も近い。例えば南スウェーデンの町，マルメからデンマークの首都コペンハーゲン中心街までは 38 km の距離であり，通勤電車ならば 35 分で行ける。首都圏でいえば東京・横浜間の感覚である。そして陸続きの大陸故に，いわば Gradual な距離の広がりと Psychic Distance の広がりを並列して想定しうる。しかし，四方を海に囲まれた日本にとっては，外国は文字通り「海外」であり，いずこも遠い。Psychic Distance の遠近に関わらず，輸出や投資のハードルは高い。それにも関わらず輸出や投資を実行するときは実行する。Psychic Distance の近さが中国，東南アジア向け輸出，投資の原因ではなく，逆に国際化の初期段階から Psychic Distance が遠い欧米向け輸出・投資を実行するというパターンもある。したがって，日本の地域における中小企業の DOI 測定指標にとっては，Psychic Distance の遠近を考慮することはあまり意味がない。なお，その意味で，ボーングローバル企業（BGC）や，世代交代等によって改めて急激に海外展開をするボーンアゲイングローバル企業（BAGC）は，いきなりグローバルに展開することがありうることを前提としており，概念として柔軟性がありむしろ現実的であろう。ただし，BGC や BAGC は，一定以上の輸出比率や，海外展開開始が創業から数年以内といった条件があり，漸進主義ではない。本章で想定している企業は独立した欧米系の新興ベンチャー企業や日本の首都圏にみられるような IT ベンチャーでもない。国際展開速度と深度の条件付けが厳しすぎるため BGC，BAGC は DOI 測定項目の設定に適さない。ただし，BGC，BAGC 理論の要素として賛同しうるのは，心理的距離の大きさにも拘らず，端から中小企業が欧米にあるいは Global にオペレーションを展開しうるという点である。ステージモデルと BGC・BAGC モデルについて日本の地域中小企業への適用性を比較すると，下表のように整理できよう。

表　日本の地域における中小企業の国際化を説明する上での適用性比較

（ステージモデル対 BGC・BAGC モデル。○，×＝説明上の適用性）

適用性比較（ステージモデル対 BGC・BAGC モデル。○，×＝説明上の適用性）

	ステージモデル	BGC・BAGC モデル
海外展開までに要する時間	遅い（漸進的）　○	早い（3 年以内）　×
海外展開の地理的広がり方	近隣から　×	遠くあり。　○
測定のノッチ	おおまか　×	おおまか　×

（出所）筆者作成。

3　なお，Simonds & Smith（1968）は，こうした Fortuitous Order やそれを引き金として開始される輸出活動の経験の一方で，超国家的な視野も重要であると論じている。彼らの論文が発表された1968 年は奇しくも EEC（欧州経済共同体）が域内工業品関税を撤廃し，対域外共通関税を設定することにより関税同盟が完成した年でもあり，興味深い。

4　「製造力」における製造技術との混同を避けるべく本研究においては R&D 力と記載する。

第4章

日立地域中小企業の国際化と
自立化に関する仮説と定量分析

はじめに

　前章においては，地域の企業城下町的産業集積地に所在する中小企業における輸出や直接投資による国際化の度合い（DOI：Degree of Internationalization. 以下 DOI と略記）及びイノベーションと深く関わる自立化の度合いを定量的に測定するための手法を考察した。その結果，「理想プロフィール」手法に基づく DOI 測定指標及び自立化測定指標の策定を行った。

　本章においては日立地域の中小企業49社を訪問してヒヤリングを行うとともに，中小企業の DOI と自立化度合を測定する指標を基に作成したアンケート調査を行い，訪問した49社中41社より得た回答結果を分析する。これにより，中小企業がいかにして国際化を進めるのか，その特徴について中小企業の自立化という観点を絡ませながら分析し検討を進め，その方向性を考察する。

第1節　調査対象と調査方法

⑴　調査対象について

　本稿における DOI と自立化に関する調査対象は，主として日立地域に所在する中小ものづくり関連企業である。これらの企業は（公財）茨城県中小企業振興公社（2020年度からは公益財団法人いばらきグローバル推進機構に改組。以下旧称のまま記す），ひたちなか商工会議所，（公財）日立地区産業支援セン

ターに紹介された企業,『茨城県ものづくりガイド』(茨城県中小企業振興公社, 2015) に掲載されている企業, 及び訪問先企業より紹介された企業等合計49社であり, うち41社よりアンケート結果を回収した。各社とも日立市, ひたちなか市, 水戸市, 常陸太田市, 常陸大宮市に立地し, 数社は県央, 県南に立地している[1]。49社に対しては, 筆者が直接電話連絡を取り, 経営者もしくはその代理人への面会を依頼し, 先方の承諾後, Email にて面会のアポイントメントを取り付けた。訪問は2017年5〜8月, 2018年6〜9月にかけて行われ, 面会後, アンケートへの回答は Email もしくは郵送にて回収した。地元経済団体が紹介する企業及び『茨城県ものづくりガイド』に掲載されている企業はいずれも中小企業振興公社が各種経営支援や情報提供を含む日頃のやり取りを通じて, 優位性があると認定した企業であり, 経済産業省等から各種の受賞歴のある企業である。2017年現在, 日立地域 (茨城県県北, 県央地域) において従業員数4〜300名未満の産業財企業が約540社存在しており (経済産業省, 2019), 49社は単純計算で9%に相当するが, これは母集団ではなく, 優位性のある企業群であるため, 次節に示す図4-1は, 日立地域中小企業の全体像ではなく, 優位性のある企業群の散布図であることは注意を要する。

　ヒヤリング対象企業の選定にあたっては, 基本的には日製等の大手中核企業と取引する機械加工業を基準とした。具体的には電気・電子部品・機器 (8社), 設計・開発・装置 (8社), プレス加工 (6社), 鋳造・鍛造 (3社), 切削・研削 (6社), 金型・治工具 (5社), 製缶・鈑金 (10社), 樹脂・ゴム加工 (3社)の計49社となった[2]。日立地域で創業した企業もしくは戦前に首都圏で創業し, 戦中・戦後に日立地域に移転してきた企業が多数を占める。80年代以降に首都圏より移転してきた企業も数社ある。現在創業者が経営している企業は殆どなく, 2代目, 3代目, 中には4代目の経営者もいる。調査対象は独立した企業のみを対象とした。すなわち日製の資本が入っている系列企業は対象から外してある。

　なお, 選定基準には次の二つの例外がある。第一の例外とは, もともと首都圏等に所在し, 近年茨城県に移ってきた企業や, それゆえに日製とは取引関係はなくこれまでの事業を継続してきた企業も含めるということである。企業城下町における疑似階層的下請制とは歴史的に無縁な形で事業展開しているこう

した企業は，前章の図3-1に示した「転入企業」として位置づく。第二の例外とは，業種に関しては，機械加工とはいっても，広くものづくりにかかわる業種を含む意味で設計・開発あるいは人手による組立作業も含むということである。

(2)　調査方法（アンケートとヒヤリング）

　以下，本研究において行ったアンケート調査及びヒヤリング項目について説明する。表4-1にある通り，便宜的に業種毎にアルファベットを振り分けた。また，表4-2の通り，企業毎に通し番号をつけた。〇印がついている企業はアンケートに回答した企業である。アルファベット及び通し番号は整理のために過ぎず，企業規模や立地，設立年等の意味連関は一切ない。アンケート（巻末参照）の構成は以下の通りである。

　冒頭は「1. 貴社の属性についてご教示ください。」として，当該企業の属性に関する質問が5項目よりなる。質問番号1は企業規模を問うためのものであり，300人以下か，20人以下かを問う選択式の質問となっている。同人数は，中小企業庁の定義に基づき，300人以下は中小企業者，20人以下は小規模企業者となる。質問番号2及び3は業種の確認であり，作っている製品や提供している加工について複数回答前提で問うている。質問番号4は当該企業の業種を問うている。質問番号5と6は日立地域における中核企業たる日製グループへの昔と今の売上依存度についての質問である。またアンケートには主要中核企業工場の売上比率，中核企業との関係，工業協同組合への加入の有無等についても聞いている。それ以降は，DOI指標及び自立化指標に基づいた質問が続く。

　アンケートは各企業訪問時に面会した各社の代表者（多くが代表取締役，もしくは専務取締役）に対して手渡し，後日，Emailもしくは郵送にて送付してもらったものである。次節においては，当該アンケート調査に基づく定量分析結果を確認する。

表4-1　業種記号と業種

業種記号	業種
A	電気・電子部品・機器
B	設計・開発・装置
C	プレス加工
D	鋳造・鍛造
E	切削・研削
F	金型・治工具
G	製缶・鈑金
H	樹脂・ゴム加工

（出所）筆者作成。

表4-2　企業別記号

業種記号	業種	企業別記号	アンケート回答有無	業種記号	業種	企業別記号	アンケート回答有無
A	電気・電子部品・機器	A1	◯	E	切削・研削	E1	◯
		A2	◯			E2	◯
		A3	◯			E3	◯
		A4	◯			E4	◯
		A5	◯			E5	
		A6	◯			E6	
		A7	◯	F	金型・治工具	F1	◯
		A8	◯			F2	◯
B	設計・開発・装置	B1	◯			F3	◯
		B2	◯			F4	
		B3	◯			F5	
		B4	◯	G	製缶・鈑金	G1	◯
		B5	◯			G2	◯
		B6	◯			G3	◯
		B7	◯			G4	◯
		B8	◯			G5	◯
C	プレス加工	C1	◯			G6	◯
		C2	◯			G7	◯
		C3	◯			G8	◯
		C4	◯			G9	◯
		C5				G10	
		C6		H	樹脂・ゴム加工	H1	◯
D	鋳造・鍛造	D1	◯			H2	◯
		D2	◯			H3	
		D3	◯				

（出所）筆者作成。

第2節　全体像

　41社のアンケート回答企業において，中核企業との関係性を部分的に示す日製グループへの売上構成比率について，15〜20年前と2017年現在を比較すると，日製への売上構成比率が7割以上だったのが現在4割以下に低下している企業が12社，従来も現在も構成比が低いか，さらに低下した企業が14社となっている。つまり41社中26社（63％）は過去15〜20年間に日製離れが加速したといえよう[3]。

　アンケート回答企業41社のDOI指標と自立化指標の合計点を企業毎に示したものが表4−4であり，これを座標軸上に示したものが図4−1である。図4−1にある通り，41社中，27社がタイプ3の自立型企業である。またタイプ4の自立型国際化企業は11社であり，全体の27％を占める。一方，タイプ1の典型的な従属的下請企業は3社しか存在せず，少数派となっている。興味深いことにタイプ2の追従型国際化中小企業に該当する企業は1社も存在しなかった。

　本章の第5節，第5章，第6章においても詳述するが，本研究においては自立型企業であるタイプ3の27社については，さらに以下3種に分類する。まず比較的自立性の低い企業をタイプ3−Aとする。タイプ3−Aは2社あり，上記タイプ1の3社と併せて従属的下請企業は合計5社である（アンケート未回収企業を含めて8社）。また自立性の高い国内志向の企業をタイプ3−B（国内志向自立化企業）とする。タイプ3−Bは13社である（アンケート未回収企業を含めて16社）。さらに自立性が高いのみならず，国際化に向けた準備を進めている企業をタイプ3−C（国際化準備企業）とする。タイプ3−Cは12社である（アンケート未回収企業を含めて13社）。なお，これとは別に，自立化し，国際化も進んでいる中小企業であるタイプ4（自立型国際化企業）は11社ある（アンケート未回収企業を含めて12社）。以上のタイプ毎業種別の中小企業数，当該タイプ内における業種別の構成比率等をまとめたのが表4−3である。

　次のようなことが判明したといえよう。第一に1990年代末〜2000年代前半における論考では日立地域の中小企業は日製を頂点とするピラミッド型階層構造に組み込まれた下請企業群として論じられ「護送船団方式」の意識から抜け

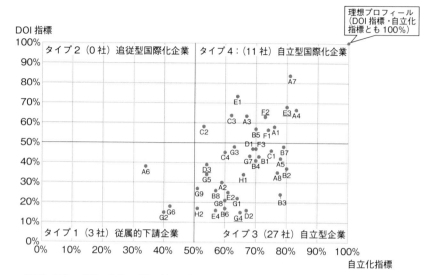

(注1) 図中の各社のうち，下線が付してある G4 社，D3 社，E3 社，F2 社は「転入企業」である。
　なお，F4 社はタイプ4の転入企業であるが，アンケート回答はないため図中に示してはい
　ない。
(注2) 各企業の DOI 指標及び自立化指標に関するアンケートへの回答結果を集計した合計得点
　を，理想プロフィールの満点の点数（DOI，自立化とも100点満点）で除した％が各社の
　DOI 指標，自立化指標となる。各々100％に近いほど理想プロフィールに近い。
(出所) 筆者作成。

図4-1　日立地域中小企業41社の国際化と自立化（DOI 指標と自立化指標）

きれない企業もみられると批判されていた（小山・橋本，2000；日本政策投資
銀行，2001；遠山，2002）。しかし，図4-1の通り従来型の下請企業は3社しか
存在せず，自立性を高めている企業の方が圧倒的に多い。すなわちこの20年弱
で多くの中小企業は自立性を高め，かつての同地域における階層的ピラミッド
構造は大幅に変容しつつあるということが考えられる。第二に，中核企業への
追従的直接投資や輸出を行うタイプ2の企業が皆無という点についてである。
茨城県中小企業振興公社によると，かつてタイプ2の企業としては1970年代
末〜1980年代末にかけて日製の多賀工場が海外生産を開始した頃，同社に少し
遅れて海外直接投資をした Y 社，Z 社等が存在していたが，現在は日製に頼ら
ずタイプ4の企業に変貌している。またその他のタイプ2の企業としては，中
核企業の海外生産に伴い，海外進出をしたものの，グローバル競争について行

表4-3　タイプ別の業種別企業数

タイプ		業種	企業数	タイプ内構成比率	アンケート回収企業数	アンケート未回収企業数
タイプ1 タイプ3-A	従属的下請企業	電気・電子部品・機器	1	20%		
		製缶・鈑金	3	60%		
		樹脂・ゴム加工	1	20%		
		合計	5	100%	5	3
タイプ3-B	国内志向自立化企業	電気・電子部品・機器	1	8%		
		鋳造・鍛造	1	8%		
		切削・研削	2	15%		
		設計・開発・装置	4	31%		
		製缶・鈑金	4	31%		
		樹脂・ゴム加工	1	8%		
		合計	13	100%	13	3
タイプ3-C	国際化準備企業	プレス加工	2	17%		
		電気・電子部品・機器	2	17%		
		鋳造・鍛造	2	17%		
		設計・開発・装置	3	25%		
		製缶・鈑金	2	17%		
		金型・治工具	1	8%		
		合計	12	100%	12	1
タイプ4	自立型国際化企業	プレス加工	2	18%		
		電気・電子部品・機器	4	36%		
		切削・研削	2	18%		
		設計・開発・装置	1	9%		
		金型・治工具	2	18%		
		合計	11	100%	11	1
総合計企業数			41		41	8

（注）アンケートへの回答を得た41社に加え，回収していない8社も含む。
（出所）筆者作成。

けずに撤退し，現在はタイプ3に変化している企業もある[4]。また，茨城県中小企業振興公社は，実際，中核企業側もタイプ2に任せるだけの仕事量がなくなっており，タイプ4への転換を推奨している上に，各社とも自社の高度な部品を複数の外国顧客に販売していく努力を始めているとする[5]。このように日立地域の中小企業につき，DOI指標と自立化指標の二軸の分析枠組みからみた場合，自立化要素を伴わない国際化（タイプ2）というものは困難であり，DOI指標の高い企業は独自技術や営業力に裏打ちされた形で自立性が高いことが分かる。各社のDOI指標，自立化指標の数値をまとめたのが表4-4である。

表4-4　日立地域中小企業各社別DOI指標及び自立化指標

企業記号	業種	DOI指標	自立化指標	企業記号	業種	DOI指標	自立化指標
A7	電気・電子部品・機器	84%	81%	B2	設計・開発・装置	37%	80%
E1	切削・研削	73%	64%	A8	電気・電子部品・機器	35%	77%
E3	切削・研削	68%	80%	H1	樹脂・ゴム加工	34%	66%
A4	電気・電子部品・機器	67%	83%	G5	製缶・鈑金	34%	54%
C3	プレス加工	64%	62%	A2	電気・電子部品・機器	30%	59%
A3	電気・電子部品・機器	63%	67%	G9	製缶・鈑金	27%	51%
F2	金型・治工具	63%	73%	B8	設計・開発・装置	26%	57%
C2	プレス加工	58%	53%	E2	切削・研削	25%	61%
A1	電気・電子部品・機器	58%	76%	B3	設計・開発・装置	24%	78%
B5	設計・開発・装置	57%	70%	G1	製缶・鈑金	22%	64%
F1	金型・治工具	57%	74%	G8	製缶・鈑金	21%	60%
B7	設計・開発・装置	48%	79%	G6	製缶・鈑金	18%	42%
G3	製缶・鈑金	48%	63%	H2	樹脂・ゴム加工	17%	51%
D1	鋳造・鍛造	47%	69%	B6	設計・開発・装置	17%	60%
F3	金型・治工具	47%	70%	D2	鋳造・鍛造	16%	67%
C1	プレス加工	46%	75%	E4	切削・研削	16%	57%
C4	プレス加工	45%	60%	G4	製缶・鈑金	15%	65%
G7	製缶・鈑金	43%	68%	G2	製缶・鈑金	15%	40%
B1	設計・開発・装置	43%	71%	理想プロフィール		100%	100%
A5	電気・電子部品・機器	42%	78%	全社平均		41%	65%
B4	設計・開発・装置	41%	70%				
D3	鋳造・鍛造	39%	54%				
A6	電気・電子部品・機器	38%	34%				

（出所）筆者作成。

第3節　業種別及びタイプ別・業種別の特徴

　以上は全体を俯瞰していえることであるが，以下においては，（1）において業種別分析を行い，さらに（2）においてはタイプ別に業種別の分析を進めることにより業種別の特長やタイプ別にみた業種別の明細について確認していきたい。これにより日立地域における中小企業の国際化と自立化の特徴をより鮮明にあぶりだすことを試みる。

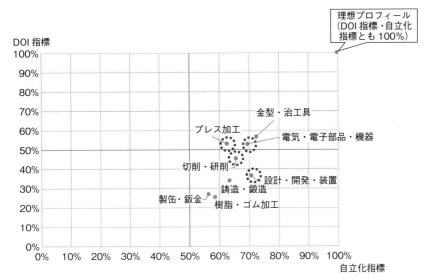

図 4-2　日立地域中小企業 41 社の業種別 DOI と自立性

(1)　業種別の特徴

　業種別平均の DOI 指標と自立化指標は図 4-2（データは表 4-5）の通りである。業種別では以下四つのグループが浮かび上がってくる。なお，表 4-6 に示したのが業種別でみた DOI 指標・自立化指標の明細と平均値との差異である。

　第一のグループは DOI 指標・自立化指標ともに他業種と比較して相対的に高い業種である。これに含まれるのは，「金型・治工具（3 社）」，「電気・電子部品・機器（8 社）」，「切削・研削（4 社）」の三つである。3 業種とも DOI 指標は全業種平均比 5〜16 ポイント程度高く，自立化指標も全業種平均比 1〜7 ポイント高い。ただし，これら 3 業種における自立化指標の内容に着目してみると，各々次のような特徴が浮かび上がる。まず「金型・治工具」は自立化指標の構成要素たる「営業力」「R&D 力」「製造力」ともに全業種平均よりも高

表4-5　業種別 DOI 指標及び自立化指標

業種	DOI 指標	自立化指標
F.　金型・治工具（3社）	56%	72%
C.　プレス加工（4社）	53%	63%
A.　電気・電子部品・機器（8社）	52%	69%
E.　切削・研削（4社）	46%	66%
B.　設計・開発・装置（8社）	37%	71%
D.　鋳造・鍛造（3社）	34%	63%
G.　製缶・鈑金（9社）	27%	56%
H.　樹脂・ゴム加工（2社）	26%	59%
全体平均	41%	65%

（出所）筆者作成。

い。これに対して，「電気・電子部品・機器」は「R&D力」が高いものの，「営業力」，「製造力」は平均並みである。「電気・電子部品・機器」の場合，自社ブランド品を製作し販売するまでには至らないものの，業態として独立性が高く，R&D力をテコに中核企業との関係を維持しているものとみられる。一方，「切削・研削」は「営業力」と「製造力」が高いが，「R&D力」が平均以下である。「切削・研削」は新規の技術開発というようなR&D力が求められるというよりも，営業的な工夫を通して顧客を獲得し，品質を含む高い製造力によって顧客をつなぎとめていることがみてとれるのである。この業種は顧客企業の各種の基準や詳細にわたる要望を満たす必要があり，対中核企業関係や業態の数値が低く（＝中核企業への依存が相対的に低くない）なっており，「金型・治工具」や後述する「プレス加工」にも同様の特徴がみられる。このようにDOI指標・自立化指標ともに比較的高い業種であっても，各々の差異がある。

　第二のグループは，DOI指標，自立化指標ともに低い「製缶・鈑金（9社）」「樹脂・ゴム加工（2社）」，「鋳造・鍛造（3社）」である。そのいずれにも属さない第三，第四のグループが「設計・開発・装置（8社）」と「プレス加工（4社）」である。「プレス加工」はDOI指標が高く，自立化指標が相対的に低いのに対し，それとは対称的に「設計・開発・装置」はDOI指標が低く自立化指標が比較的高い。

　ここではまず「金型・治工具」がDOI指標，自立化指標ともに高く，他業種との比較において相対的により理想プロフィールに近い所に位置づいている点を確認する。「金型・治工具」は「R&D力」が全業種平均比＋14ポイント，「製造力」が同＋9ポイント，「マーケティング力」や「顧客対応能力」を含む「営業」の力も同＋8ポイントである。同業種は，職人技的な超精密加工や創意工夫が特に求められ，顧客との頻繁で密度の濃いやり取りが必要となり，R&D力を含む技術力の向上につながり，ひいてはこれが国際展開の進展にもつながったものとみられる。

　以下においては　表4−7を参照しつつ，DOI指標・自立化指標ともに高い「電気・電子部品・機器」・「切削・研削」を分析し，続いてDOI指標が低く，自立化指標が高い「設計・開発・装置」とDOI指標が高く，自立化指標が低い「プレス加工」をみていく。その際，各々具体的事例も例示する。

【電気・電子部品・機器：DOI指標及び自立化指標の「技術力」が高い】

　「電気・電子部品・機器」の8社につき，自立化指標の構成要素の詳細を確認すると，「R&D力」の構成要素である「研究開発」が85％となっており，全業種平均の71％を14ポイントも上回り，同様に「R&D力」の構成要素である「設計能力」は63％と，全業種平均の56％を7ポイント上回っている。このように「R&D力」の高さが自立化指標を押し上げている点が電気・電子部品・機器において特徴的な点であるといえる。このことは，表4−8にある通り「貴社の業態はこの15〜20年の間に変化がありましたか。」という質問に対する41社の回答を業種別に整理した結果からも裏付けられる。すなわち，同質問への回答は，「1.　自社製品を持つようになった」，「2.　2次下請から1次下請になるなど，下位から上位にあがった」，「3.　変化なし」，「4.　1次下請だったのが，2次下請になるなど，上位から下位にさがった」となっており，1から4に近づくにつれて自立性が薄れるが，「電気・電子部品・機器」の8社のうち，「1.　自社製品を持つようになった」と回答した企業は7社と圧倒的に多かったのである。他の業種と比較すると，「設計・開発・装置」において「自社製品を持つようになった」と回答した企業が，8社中4社を占める。しかし，それ以外の業種では，「1.　自社製品をもつようになった」というような形で，業態が最上位

表4-6　業種別平均 DOI 指標及び

	全体平均	業種別 DOI 指標・自立化指標明細						
		金型・治工具（3社）	電気・電子部品・機器（8社）	切削・研削（4社）	プレス加工（4社）	設計・開発・装置（8社）	鋳造・鍛造（3社）	製缶・鈑金（9社）
国際化段階（Stage）	35%	54%	54%	45%	52%	24%	18%	17%
パフォーマンス	16%	28%	24%	17%	28%	12%	16%	5%
対外能力	71%	83%	76%	71%	70%	76%	67%	64%
経営者の認識	56%	70%	67%	64%	76%	54%	53%	37%
DOI 指標	41%	56%	52%	46%	53%	37%	34%	27%
業態	69%	67%	88%	63%	55%	76%	63%	56%
対中核企業関係	40%	33%	39%	35%	43%	40%	43%	43%
R&D力	63%	77%	70%	59%	67%	80%	62%	44%
製造能力	75%	83%	76%	79%	72%	74%	73%	71%
営業力	63%	72%	64%	71%	56%	64%	60%	59%
自立化指標	65%	72%	69%	66%	63%	71%	63%	56%

（出所）筆者作成。

に移行した企業は限定的である。つまり，「電気・電子部品・機器」においては，過去15〜20年の間に，研究開発を積み重ね，独自技術，独自製品の開発による技術力の向上が図られ，これが自立性の確保へとつながり，ひいては国際展開へとつながってきているのではないかと推察されるのである。

【事例】A7社（DOI：91%，自立性81%）は1965年創立の理化学用ガラス機器加工メーカーであり，石英・各種高品質ガラス加工，分析機器，医療用向け特殊ランプや，各種装置を生産販売する企業である。同社は初の日本製理化学分析用ガラスを製作した。かつて日本製の理化学分析用特殊ランプ分野において大手企業は撤退し，他の企業も品質安定に苦労していたが，A7社はあえてこれに挑戦した。同社には「黄綬褒章」を受賞するような匠の技を持つ高度技術者も所属し，高品質高付加価値製品を製作する。同社は2014年「がんばる中小企業・小規模事業者300社」に選出され，2017年経済産業省の「地域未来牽引企業」に認定されたほか，過去において政府，県，各種団体からの数々の受賞歴を持つ。A7社は日本国内では日立地域内に2か所の生産拠点を有し，

平均自立化指標の明細(1)

	対全体平均比							
樹脂・ゴ ム 加 工 (2 社)	金型・治 工 具 (3 社)	電気・電 子部品・ 機器 (8 社)	切削・研 削 (4 社)	プレス加 工 (4 社)	設計・開 発・装置 (8 社)	鋳造・鍛 造 (3 社)	製缶・鈑 金 (9 社)	樹脂・ゴ ム 加 工 (2 社)
20%	20%	19%	10%	17%	−11%	−17%	−18%	−15%
8%	12%	8%	1%	12%	−5%	−1%	−11%	−8%
55%	12%	5%	0%	−1%	5%	−4%	−7%	−16%
30%	14%	11%	8%	20%	−2%	−3%	−19%	−26%
26%	15%	11%	5%	13%	−4%	−7%	−14%	−15%
70%	−2%	19%	−6%	−14%	8%	−5%	−13%	1%
50%	−7%	−2%	−5%	2%	0%	3%	3%	10%
35%	14%	7%	−4%	4%	16%	−1%	−19%	−28%
75%	9%	1%	4%	−3%	−1%	−1%	−4%	0%
68%	8%	1%	8%	−7%	1%	−3%	−5%	4%
59%	7%	4%	1%	−2%	6%	−2%	−9%	−6%

海外では中国の北京に工場を有する。同社は 1960 年代に日製の那珂工場を率
いた牧野勇夫氏より理化学用のガラス機器製作を依頼されたことが創業のきっ
かけとなった。理化学分析用の特殊ランプを作れる日本企業は殆ど存在してい
なかった。A7 社の社長は only one 技術の磨きこみのみならず，技術の種の見
極めと起業家精神が重要であると述べる[6]。

【切削・研削：DOI 指標及び自立化指標の「営業力」と「製造力」が高い】

　対照的に切削・研削の 4 社は「R&D 力」の構成要素である「研究開発」は
65％と，全業種平均を 6 ポイント下回り，「設計能力」は 56％と，全業種平均
56％程度である。その結果，両要素を合わせた「R&D 力」は，59％と，全業
種平均 63％を 4 ポイントも下回る。その一方で同業種は，「営業力」が 71％（全
業種平均：63％），「製造力」が 79％（全業種平均：75％）と高い。このうち
「営業力」は，「マーケティング」，「顧客対応能力」及び「中核企業以外への売
上依存」により構成されるが，切削・研削の場合，「マーケティング」に含まれ

表4-7　業種別平均DOI指標及び

			全体平均	業種別平均DOI指標及び平均自立化指標				
				金型・治工具（3社）	電気・電子部品・機器（8社）	切削・研削（4社）	プレス加工（4社）	設計・開発・装置（8社）
DOI軸	記述的測定	国際化成果（パフォーマンス）	16%	28%	24%	17%	28%	12%
		国際化段階（Stage）	35%	54%	54%	45%	52%	24%
	動因追究的測定	経営者の認識	56%	70%	67%	64%	76%	54%
		対外能力	71%	83%	76%	71%	70%	76%
			41%	56%	52%	46%	53%	37%
自立化軸	R&D力	研究開発	71%	83%	85%	65%	73%	91%
		設計能力	56%	73%	63%	56%	64%	74%
			63%	77%	70%	59%	67%	80%
	営業	マーケティング	価格決定権	68%	67%	69%	75%	50%	81%
			競合は少ない。	53%	75%	59%	31%	38%	56%
		顧客対応能力	物流上の問題解決するため顧客と協力する力持つ。	66%	67%	69%	81%	56%	63%
			商品開発のため顧客と協力する力持つ。	81%	75%	78%	88%	94%	84%
		売上依存	49%	75%	47%	81%	44%	38%
			63%	72%	64%	71%	56%	64%
	業態		69%	67%	88%	63%	55%	76%
	製造能力		75%	83%	76%	79%	72%	74%
	対中核企業関係		40%	33%	39%	35%	43%	40%
			65%	72%	69%	66%	63%	71%

（出所）筆者作成。

平均自立化指標の明細(2)

鋳造・鍛造(3社)	製缶・鈑金(9社)	樹脂・ゴム加工(2社)	全体平均との差異							
			金型・治工具(3社)	電気・電子部品・機器(8社)	切削・研削(4社)	プレス加工(4社)	設計・開発・装置(8社)	鋳造・鍛造(3社)	製缶・鈑金(9社)	樹脂・ゴム加工(2社)
16%	5%	8%	12%	8%	1%	12%	−5%	−1%	−11%	−8%
18%	17%	20%	20%	19%	10%	17%	−11%	−17%	−18%	−15%
53%	37%	30%	14%	11%	8%	20%	−2%	−3%	−19%	−26%
67%	64%	55%	12%	5%	0%	−1%	5%	−4%	−7%	−16%
34%	27%	26%	15%	11%	5%	13%	−4%	−7%	−14%	−15%
73%	47%	45%	12%	14%	−6%	1%	20%	2%	−25%	−26%
57%	43%	30%	17%	7%	0%	8%	18%	1%	−13%	−26%
62%	44%	35%	14%	7%	−4%	4%	16%	−1%	−19%	−28%
67%	61%	63%	−1%	1%	7%	−18%	14%	−1%	−7%	−5%
42%	56%	63%	22%	6%	−22%	−16%	3%	−11%	3%	9%
50%	69%	75%	0%	2%	15%	−10%	−4%	−16%	3%	9%
75%	72%	100%	−6%	−3%	6%	13%	3%	−6%	−9%	19%
67%	36%	38%	26%	−2%	32%	−5%	−11%	18%	−13%	−11%
60%	59%	68%	8%	1%	8%	−7%	1%	−3%	−5%	4%
63%	56%	70%	−2%	19%	−6%	−14%	8%	−5%	−13%	1%
73%	71%	75%	9%	1%	4%	−3%	−1%	−1%	−4%	0%
43%	43%	50%	−7%	−2%	−5%	2%	0%	3%	3%	10%
63%	56%	59%	7%	4%	1%	−2%	6%	−2%	−9%	−6%

表 4 - 8　業種別の業態変化（過去 15〜20 年）

（企業数）

	1. 自社製品を持つようになった	2. 2 次下請から 1 次下請になるなど下位から上位にあがった。	3. 変化なし	4. 1 次下請だったのが 2 次下請になるなど，上位から下位にさがった。	合計
電気・電子部品・機器	7		1		8
設計・開発・装置	4	2	2		8
プレス加工	1	1	2		4
鋳造・鍛造		1	2		3
切削・研削	1		3		4
金型・治工具	1		2		3
製缶・鈑金		2	6	1	9
樹脂・ゴム加工		1	1		2
合計	14	7	19	1	41

（出所）筆者作成。

る「価格決定権」の力が強く（対全体平均比 +7 ポイント），また「顧客対応能力」も高い。すなわち「顧客対応能力」は，1）「物流上の問題を解決するために，顧客と協力する力」，2）「商品開発上の問題を解決するために，顧客と協力する力」が構成要素となっている。切削・研削についていえば，このうち，1）は 81％となっており，これは全業種平均 66％を 15 ポイントも上回り，2）も全業種を 6 ポイント上回る。また，「中核企業以外への売上依存」も 81％となっており，これは全業種平均の 49％を 32 ポイントと大幅に上回る。これらのデータから「切削・研削」という業種の一つの典型的な姿としては，具体的な作り込みに行き詰まり，困り果てた多種多様な顧客が駆け込む緊急治療室のような企業がイメージされる。つまり「切削・研削」企業は自ら研究開発や設計をするというよりも，顧客が提示する設計図面をもとに，緊急対応にて短納期で精密なモノ作りを行い，問題を解決することを武器としているような企業である。なお，ここにいう「物流上の問題」とは，輸送上の問題解決もさることながら，むしろ，発注から納品に至るまでのリードタイム上の問題解決を含んでいるとみるべきであろう。

　【事例】E1社（DOI：73%，自立性64%）は1949年創業，従業員30名，資本金1000万円の精密機器部品丸物・挽き物切削，長尺，微細加工を得意とする切削加工メーカーである。従来は中核企業向けに計器関係の部品や自動車部品を製作する典型的なタイプ1（従属的下請企業）企業であった。その後リーマンショックの影響により仕事量が激減し，方針転換を図る。同社は2010年に経済産業省のサポイン事業（戦略的基盤技術高度化支援事業）認定と支援を受け，医療系微細加工をテーマとして取り組み，産業創業研究所，茨城大学等々の協力により技術的な成果を得て，細く，長く加工する技術を確立した。E1社は，CCDデジタル化技術を使い，常時補正型マイクロNC旋盤技術を確立し，細く・長いモノを精密に製作することを可能とし，タイプ3（自立型企業）への転換の契機をつかんだ。ここで同社は2011年にドイツ・デュセルドルフで開催された国際医療機器展示会のCOMPAMEDに出展し，ドイツ企業との取引がスタートし，2014年4月から売上が立った。当該ドイツ企業は2003年に設立された医療系遠隔ロボット製作企業であり尖った技術を有するGNT企業である。当該ドイツ企業との取引は当初中国企業の仲介によるものであったが，当該中国企業が顧客の技術要求ついていけなくなり，顧客のドイツ企業とE1社との直接取引が開始された。製作にあたっては随時図面の更新がなされ，顧客要求技術レベルが上がり，その度に競合は脱落し，E1社は自らのレベルを上げ受注を継続した。現3代目社長はE1社は世界を目指す方針であり，同社にとって日本国内市場だけではニッチ過ぎて寡少であるため，国際化は企業として生存していく上で当然のことであるとする[7]。同社はドイツ企業との取引実績を通じて一気にタイプ4（自立型国際化企業）へと変貌しつつある。

【設計・開発・装置：研究開発を中心に自立化指標高いがDOIは低い】

　一方，「設計・開発・装置」は8社よりなり，DOI指標が37%と全業種平均の41%よりも4ポイントも低いが，自立化指標の方は71%と全業種平均の65%よりも6ポイント上回り，トップの金型・治工具に次ぐ高さとなっている。自立化指標71%を構成する各要素を再び表4-7で確認してみると「営業力」は64%と全業種平均63%並み，「製造力」も74%とこれまた全業種平均75%と同等程度である一方で，「R&D力」は80%となっており，全業種平均63%を16

ポイントも上回っている。具体的には、「R&D力」を構成する「研究開発」は91％であり、全体平均71％を20ポイントも上回り、「設計能力」も74％とこちらも全体平均56％を18ポイントも上回る高い点数となっているのである。つまり、「電気・電子部品・機器」同様に「R&D力」の高さが自立化指標を押し上げている点が特徴となっている。また、表4-8の通り、「設計・開発・装置」における「業態の変化」に関する質問への回答をみると、「1.自社製品をもつようになった」が8社中4社、「2.2次下請から1次下請へと立場が上昇した」が同2社、「3.変化なし」が2社となっており、全般的に自社製品の提供やより高度な技術提供が増えるような業態変化が起きていることが分かる。この業種は、「電気・電子部品・機器」同様に、研究開発や独自技術、独自製品の開発による技術力の向上がはかられ、これが自立性の確保へとつながったものとみられる。一方、DOI指標は37％と全業種平均の41％を4ポイントも下回る。ただし、表4-7において設計・開発・装置におけるDOI指標の詳細をみてみると、「国際化成果（パフォーマンス）」が12％（全業種平均は16％）、「国際化段階（stage）」が24％（全業種平均は35％）と、現状の国際化状況は低い数値にとどまっている一方で、「経営者の認識」は54％と全体平均の56％よりも▲2ポイントとはいえ、前の二つの指標よりも全体平均との差が大幅に小さくなっている。また「対外能力」に至っては76％と全業種平均の71％を5ポイントも上回っている。すなわち「設計・開発・装置」は、国際化に向けた動きは現在起きておらず、その成果も出ていないものの、事業国際化に向けた対外的能力は有しており、DOIが高まる潜在的力があるということが推察される。実際、この業種においては「営業力」を構成する「売上依存（中核企業以外への売上依存度）」をみると、38％と全体平均よりも11ポイントも低い。これらのことから、設計・開発・装置という業種は現状において国際化に向けた志向性を有しているわけではなく、これは比較的重点的に依存する中核企業がこの分野に関して国際展開を積極的に進める予定がないためとみられる。その一方、設計・開発・装置は、長年の研究開発や設計能力の蓄積を経て、国際化に向けた「対外能力」は備わっており、経営者の視点としても国際化が視野に入りつつあるステージに差し掛かっている業種であると推察される。

　【事例】B1社（DOI：43％、自立性71％）は先代の社長が1970年に創業し

た計測機器メーカーである。同社は有効電力を検証するために位相角が合っているかを確認するデジタル位相周波数計を開発，東京電力の公認を得て業界標準機となっている。また同社は近年，非接触交流電圧センサーを開発し事業化に努めている。同社は設計機能の保有による技術力が価格交渉力につながるとする。また図面やデータになっていない考え方やノウハウといった蓄積が重要であるとし，開発力，技術力とソリューション提供力を持ち，取引先に価値を認めてもらうことが重要であるとする。同社に対しては香港，米国，イタリア，中国から問い合わせがあり，将来は輸出も視野に入れている。現在は国内外で非接触交流電圧センサーに関する特許，業界規格，各種規制について明確化し，対応できるようにする必要があり，自社のみならず，大手企業と組んでの取り組みが必要となっている。先代の頃から B1 社は世の中にないものを自らの手で開発し，製作したいという意欲が強く，ニッチな市場を狙う方針を貫いており，まさに研究開発と設計力を中心とした技術力に力点をおいた自立的事業展開と先々の国際化を見据えているのである[8]。同社は言わば創業以来，タイプ 3 型企業であり続けた。現社長は目下研究開発中の案件をテコに大手企業と組み，随伴的な海外展開を考えたいとする。すなわち，タイプ 3 型企業からいったんタイプ 2 型企業に変貌することを見据えているのである。

【プレス加工：DOI は高いが，技術力以外の自立化指標が低い】

　一方，「プレス加工」の 4 社に目を転じると，DOI 指標と自立化指標は「設計・開発・装置」とは対照的なデータとなっている。すなわち，「プレス加工」は DOI 指標が 53％と全体平均を 12 ポイントも上回っている一方で，自立化軸は 63％と全業種平均 65％に対して 2 ポイント下回る。自立化指標の詳細を分析してみると，「営業力」は 56％（全業種平均 63％）であり，特に「中核企業以外への売上依存」は 44％（対全体平均比▲ 5 ポイント），「マーケティング」の数値も極端に低い。一方，「製造力」は 72％（全業種平均 75％）となっているものの，「R&D 力」は 67％と全業種平均の 63％を 4 ポイント上回っている。この「技術力」を腑分けすると，「研究開発」は 73％（全業種平均 71％），「設計能力」が 64％（全業種平均 56％）と高い。つまり「プレス加工」という業種は一定の中核企業に売上を依存しつつ，中長期的な取引関係を維持する中で，

設計能力を磨き，さらには独自の生産技術をテコに，当該顧客にとって中長期的に必要不可欠なソリューションを提供するというポジションにあると推察されるのである。実際，上述の通り「製造力」全体は全業種平均を下回るものの，これを構成する製造の技術に関するいくつかの要素は大変に高い数値を示す。すなわち「自社の製造に関する技術的知識やノウハウの深さ」は全業種平均71％をはるかに上回る94％となっており，また，「最新の生産設備保有」は100％（全業種平均83％），「高精度品・高難度品（ハイテク品）を製作する能力」も100％（全業種平均85％）と大いに自信に満ち溢れている様子がうかがえるのである。このようにしてプレス加工業種は，生産技術をテコとして，大手中核企業と設計情報のやり取りを進め，国際展開も進めているものとみられる。ただし，中核企業にただ単に追従する形での対外投資や輸出をするという前章で触れたタイプ2に属する企業は皆無であることから，恐らく，中核企業との取引を継続する一方で，海外需要の掘り起こしも進めているのではないかと考えられよう。

　【事例】C3（DOI：63％，自立性62％）社は1983年設立，従業員24名のバネ製造会社である。当初同社は同業他社が過負荷状況にある際のバッファー用外注先として，大手自動車メーカー，ブレーキメーカー向けにばねを生産していたTier 1企業のX社向けに生産するようになった。C3社は顧客であるX社が期限までに一定数量のばねを納入しなければならないが，技術的にもキャパ的にも困難という局面で，X社の社員と協同して知恵を出し合い高品質の製品を期限までに間に合わせるというような「修羅場」を幾度もともに乗り越えた。このように顧客と共闘し，汗をともにする関係を築き技術的ノウハウを伝授され，創業5〜10年をかけてC3社は，ばね指数4以下の難加工ばね製造の独自技術を確立した。ばね指数とは心金とコイルの太さの比であり，D/d（ディバイデイ）と表示されるが，通常，同数値は4〜20が最適とされ，4以下は心金の破損等リスクが高い。C3社は左記のような長年の経験に裏打ちされた独特の暗黙知に基づく切削技術を確立し，D/d4以下のばねの量産技術を実現したのである。また，2014年には顧客開拓のため中国昆明に工場を設立し年商1億円超の売上を上げている[9]。

　以上，日立地域中小企業41社のDOIと自立性につき，特にユニークな傾向

を示す業種別の位置づけについて分析的な考察を行った。その結果，技術力を
テコとして自立化を進め，国際展開を探る「電気・電子部品・機器」，同様に技
術力の向上を進めるものの，中核企業への依存度が高く，自立化は控えめと
なっている「設計・開発・装置」，多様な顧客が抱える精密加工に関する問題解
決の提供によって自立化を進める「切削・研削」，設計力や製造力に力を入れ，
中核企業の国際対応に力を発揮する「プレス加工」といったように，これらの
業種はそれぞれの持ち味，得意技を磨きながら，国際化，自立化，もしくはそ
の両方を追求していることが分かる。

　残る業種としては「鋳造・鍛造」，「製缶・鈑金」，「樹脂・ゴム加工」がある。
いずれの業種もDOI指標，自立化指標につき，上述の五つの業種のような目
だった特徴はない。

(2)　タイプ別・業種別の特徴

　次にタイプ別に業種別の特徴をみておく。タイプ毎の業種内訳は，前出の表
4-3の通りである。中小企業を業種別にみた場合，DOI指標，自立化指標とも
に相対的に高いタイプ4（自立型国際化中小企業）には「電気・電子・部品」
が多くみられた。「電気・電子・部品」の業種の企業は，R&D力を高めること
で自立化指標を引き上げており，「切削・研削」の業種の企業は，営業力が自立
化指標を引き上げている。このように，同じタイプ4とはいえ，業種により自
立化要素の力点が異なるのである。

　表4-3にある通り，「従属的下請企業」であるタイプ1及びタイプ3-Aは
計5社中3社が「製缶・鈑金」であり，他は「樹脂・ゴム加工」，「電気・電子
部品・機器」が1社ずつとなっている。

　「国内志向自立化企業」のタイプ3-Bは計13社中，「設計・開発・装置」，
「製缶・鈑金」が各4社ずつの他，「切削・研削」が2社，他が各1社ずつであ
る。

　「国際化準備企業」のタイプ3-Cは計12社中，「設計・開発・装置」が3社，
「金型・治工具」が1社，他が2社ずつという構成である。

　「自立型国際化企業」のタイプ4は計11社中「電気・電子部品・機器」4社，

「プレス加工」,「切削・研削」,「金型・治工具」が2社ずつ,「設計・開発・装置」が1社である。

　このように業種とタイプは必ずしも強く結びついているわけではないが,タイプによっては業種の若干の多寡の傾向をみて取ることができる。基本的に「従属的下請企業」のタイプ1,タイプ3-Aは「製缶・鈑金」が多く,「国内志向自立化企業」であるタイプ3-Bにおいては「切削・研削」,「設計・開発・装置」,「製缶・鈑金」が多い。「国際化準備企業」のタイプ3-Cは12社が各業種にまたがりばらばらに分散しており,特定の傾向は見出されない。「自立型国際化企業」のタイプ4においては合計11社中,「電気・電子部品・機器」が4社と多数派を構成する。したがって,タイプ別のみならず,さらに踏み込んでタイプ別・業種別のDOI指標,自立化指標の特徴を見ておくことは日立地域中小企業の国際化と自立化の特徴をより正確に把握する上で必要であろう。

　そこで　図4-1にある41社に関して,視点を変えて,タイプ別・業種別の詳細をみるといかなることがいえるか,以下において確認する。4つのタイプ毎に業種別のDOI指標の平均と自立化指標の平均及び全体平均値との差異を出した数値が表4-9である。なお,同表において,当該業種企業が1社しか存在しない場合には平均値ではなく,当該企業の数値をそのまま転記してある。以下,表4-9を参照しながら,タイプ別・業種別のDOI指標合計・自立化指標の「全体平均との差異」に着目しつつ分析する。

　まず「従属的下請企業」(タイプ1及びタイプ3-A:5社)には「製缶・鈑金」,「電気・電子部品・機器」,「樹脂・ゴム加工」の3業種があるが,いずれの業種ともDOI指標・自立化指標の合計値は全体平均を下回る。その詳細についてみてみると,「製缶・鈑金」「樹脂・ゴム加工」はDOI指標・自立化指標ともに全体平均を15〜20ポイント近く下回る。これに対して「電気・電子部品・機器」はDOI指標についていえば全体平均比▲3ポイントとほぼ平均並みである。「従属的下請企業」(タイプ1及びタイプ3-A)の「電気・電子部品・機器」のDOI指標に含まれる「国際化段階」が平均値で+5ポイントとなっている。これは同業種が海外輸出のFeasibility Study実施や,輸出向けサンプル品の製造,輸出実施に向けた努力や従業員の訓練などについて,前向きの姿勢をとっていることの影響である。さらにこの業種は「対外的能力」も全体平均比

で＋14ポイントなっており，これもDOI指標を平均値並みに押し上げる要因
となっている。しかし，自立化指標については，同業種は全体平均比▲31ポイ
ントと大幅に低い。特にR&D力，営業力，製造能力等あらゆる指標が平均以
下であるのみならず，同じタイプの他の業種をも下回っている。すなわち，国
際化は視野に入っており，そちらの方向に向かいたい意向はあるが，それを裏
付ける技術力や営業力がまだ十分ではないということになる。

　次に「国内志向自立化企業」（タイプ3-B：13社）は，「樹脂・ゴム加工」，
「製缶・鈑金」，「設計・開発・装置」，「切削・研削」，「鋳造・鍛造」，「電気・電
子部品・機器」といった業種よりなるが，各業種ともDOI指標はすべて全体平
均比でマイナスであり，自立化指標は平均並み弱といったところである。この
うち「電気・電子部品・機器」はDOI指標は対全体平均値▲6ポイントと「樹
脂・ゴム加工」（同▲7ポイント）と並び他の業種より10～20ポイントほどよ
り全体平均値に近く，また，自立化指標（対全体平均値＋12ポイント）も同様
に他の業種を突き放して一桁ポイント分だけ数値が高い。「国内志向自立化企
業」（タイプ3-B）における「電気・電子部品・機器」のDOI指標が相対的に
高い理由を探ってみると，動因追究測定における「経営者の認識」の数値が対
全体平均値▲6ポイントとはいえ，他の業種における同▲16～36ポイントを大
きく突き放して高いこと，また同様に「対外能力」の数値も同様に対全体平均
値で＋14ポイントとなっていることが挙げられる。このようにみていくと，
「国内志向自立化企業」（タイプ3-B）における「電気・電子部品・機器」は
「従属的下請企業」における同業種と同様，DOI指標は他の業種との比較にお
いて相対的に高い。ただし，自立化指標をみると同じ「電気・電子部品・機器」
でも両タイプの違いは判然とする。すなわち，上述の通り，「従属的下請企業」
の場合に対全体平均比▲31ポイントであった自立化指標は，「国内志向自立化
企業」における同業種の場合は同＋12ポイントと高いのである。「電気・電子
部品・機器」は「R&D力」が対全体平均値で＋17ポイントとなっており，「営
業力」の対全体平均値比＋17ポイント，「業態（における自立性の高さ）」にお
ける＋31％と相俟って，自立化指標を押し上げる結果となっている。すなわ
ち，「国内志向自立化企業」において「電気・電子部品・機器」は経営者の国際
化に向けた意識や具体的な対外能力のみならず，これを裏打ちする技術的力

表 4-9　タイプ別・業種別平均 DOI 指標及び

			全体平均	タイプ1及びタイプ3-A (5社)			タイプ3-B		
				製缶・鈑金	電気・電子部品・機器	樹脂・ゴム加工	樹脂・ゴム加工	製缶・鈑金	設計・開発・装置
DOI	国際化成果（パフォーマンス）		16%	0%	0%	0%	17%	3%	5%
	国際化段階（Stage）		35%	13%	40%	7%	33%	10%	13%
	経営者の認識		56%	20%	45%	20%	40%	30%	35%
	対外能力		71%	60%	85%	55%	55%	66%	68%
			41%	20%	38%	17%	34%	23%	26%
自立化軸	R&D力	研究開発	71%	29%	0%	14%	86%	59%	79%
		設計能力	56%	23%	19%	13%	31%	42%	75%
			63%	26%	10%	13%	57%	50%	77%
	営業	マーケティング 価格決定権	68%	58%	50%	50%	75%	63%	81%
		競合は少ない。	53%	33%	50%	50%	75%	75%	50%
		顧客対応能力 物流上の問題解決するため顧客と協力する力持つ。	66%	58%	50%	100%	50%	75%	63%
		商品開発のため顧客と協力する力持つ。	81%	58%	50%	100%	100%	75%	81%
		売上依存	49%	33%	50%	50%	25%	25%	38%
			63%	48%	50%	70%	65%	63%	63%
	業態		69%	50%	50%	70%	70%	58%	75%
	製造能力	生産性や品質を高めるため，最新鋭の設備を導入している。	83%	67%	100%	100%	100%	100%	63%
		当社では高精度品・高難度品（ハイテク品）を製造。	85%	50%	0%	100%	100%	63%	75%
		安く作る仕組みを構築。	68%	67%	0%	100%	100%	75%	50%
		独自製造技術を有する。	83%	33%	0%	100%	100%	100%	100%
			75%	61%	53%	70%	80%	77%	73%
対中核企業関係			40%	37%	0%	50%	50%	45%	38%
			65%	44%	34%	51%	66%	61%	69%

			タイプ1及びタイプ3-A			タイプ3-B		
			製缶・鈑金	電気・電子部品・機器	樹脂・ゴム加工	樹脂・ゴム加工	製缶・鈑金	設計・開発・装置
DOI	国際化成果（パフォーマンス）		−16%	−16%	−16%	0%	−14%	−11%
	国際化段階（Stage）		−21%	5%	−28%	−1%	−25%	−21%
	経営者の認識		−36%	−11%	−36%	−16%	−26%	−21%
	対外能力		−11%	14%	−16%	−16%	−5%	−4%
			−21%	−3%	−24%	−7%	−18%	−15%
自立化軸	R&D力	研究開発	−43%	−71%	−57%	14%	−12%	7%
		設計能力	−33%	−37%	−43%	−25%	−14%	19%
			−38%	−53%	−50%	−6%	−13%	14%
	営業	マーケティング 価格決定権	−9%	−18%	−18%	7%	−5%	14%
		競合は少ない。	−20%	−3%	−3%	22%	22%	−3%
		顧客対応能力 物流上の問題解決するため顧客と協力する力持つ。	−8%	−16%	34%	−16%	9%	−4%
		商品開発のため顧客と協力する力持つ。	−23%	−31%	19%	19%	−6%	0%
		売上依存	−15%	1%	1%	−24%	−24%	−11%
			−15%	−13%	7%	2%	−1%	−1%
	業態		−19%	−19%	1%	1%	−11%	6%
	製造能力	生産性や品質を高めるため，最新鋭の設備を導入している。	−16%	17%	17%	17%	17%	−20%
		当社では高精度品・高難度品（ハイテク品）を製造。	−35%	−85%	15%	15%	−23%	−10%
		安く作る仕組みを構築。	−2%	−68%	32%	32%	7%	−18%
		独自製造技術を有する。	−50%	−83%	17%	17%	17%	17%
			−14%	−21%	−5%	5%	2%	−1%
対中核企業関係			−4%	−40%	10%	10%	5%	−3%
			−21%	−31%	−14%	1%	−4%	4%

（出典）筆者作成。

平均自立化指標の明細と全体平均との差異

タイプ別・業種別 DOI 指標・自立化指標

(13社)			タイプ3-C (12社)						タイプ4 (11社)				
切削・研削	鋳造・鍛造	電気・電子部品・機器	金型・治工具	製缶・鈑金	設計・開発・装置	鋳造・鍛造	電気・電子部品・機器	プレス加工	金型・治工具	設計・開発・装置	切削・研削	電気・電子部品・機器	プレス加工
0%	0%	7%	10%	19%	14%	23%	22%	27%	38%	30%	34%	36%	30%
10%	7%	20%	47%	37%	31%	23%	27%	40%	58%	47%	80%	80%	63%
33%	20%	50%	60%	78%	70%	70%	48%	60%	75%	80%	95%	86%	93%
55%	50%	85%	90%	68%	82%	75%	60%	68%	80%	90%	88%	79%	73%
21%	16%	35%	47%	46%	44%	43%	36%	46%	60%	57%	71%	68%	61%
57%	79%	93%	71%	79%	90%	68%	79%	89%	82%	93%	82%	96%	61%
50%	75%	69%	88%	47%	77%	44%	69%	56%	69%	69%	50%	67%	63%
53%	77%	80%	80%	62%	83%	55%	73%	72%	75%	80%	65%	81%	62%
63%	100%	100%	50%	63%	75%	50%	50%	50%	75%	100%	88%	75%	50%
13%	0%	75%	75%	50%	83%	63%	50%	63%	75%	0%	50%	63%	13%
75%	25%	75%	75%	75%	58%	63%	50%	88%	63%	75%	88%	81%	25%
75%	75%	100%	75%	88%	83%	75%	75%	88%	75%	100%	100%	81%	100%
75%	75%	50%	50%	63%	33%	63%	38%	25%	88%	50%	88%	50%	63%
60%	55%	80%	65%	68%	67%	63%	53%	63%	75%	65%	83%	70%	50%
50%	70%	100%	50%	60%	80%	60%	90%	50%	50%	70%	75%	93%	60%
100%	50%	50%	100%	75%	67%	100%	25%	100%	100%	50%	100%	100%	100%
100%	50%	100%	100%	100%	75%	100%	100%	100%	100%	100%	100%	100%	100%
25%	100%	50%	50%	50%	67%	100%	75%	50%	75%	100%	100%	88%	50%
100%	100%	100%	100%	100%	67%	100%	100%	100%	100%	50%	100%	75%	50%
72%	70%	73%	77%	75%	77%	75%	75%	80%	87%	70%	87%	83%	63%
45%	50%	50%	50%	50%	40%	40%	45%	45%	25%	50%	25%	43%	40%
59%	67%	77%	70%	66%	73%	62%	69%	68%	74%	70%	72%	77%	58%

タイプ別・業種別 DOI 指標・自立化指標の全体平均との差異

			タイプ3-C						タイプ4				
切削・研削	鋳造・鍛造	電気・電子部品・機器	金型・治工具	製缶・鈑金	設計・開発・装置	鋳造・鍛造	電気・電子部品・機器	プレス加工	金型・治工具	設計・開発・装置	切削・研削	電気・電子部品・機器	プレス加工
−16%	−16%	−10%	−6%	3%	−2%	7%	5%	11%	21%	14%	18%	20%	13%
−25%	−28%	−15%	12%	2%	−4%	−11%	−8%	5%	24%	12%	45%	45%	29%
−23%	−36%	−6%	4%	22%	14%	14%	−8%	4%	19%	24%	39%	30%	37%
−16%	−21%	14%	19%	−4%	11%	4%	−11%	−4%	9%	19%	16%	8%	1%
−20%	−25%	−6%	6%	5%	3%	2%	−5%	5%	19%	16%	30%	27%	20%
−14%	7%	22%	0%	7%	19%	−3%	7%	18%	11%	22%	11%	25%	−11%
−6%	19%	13%	32%	−9%	21%	−12%	13%	0%	13%	13%	−6%	11%	7%
−10%	14%	17%	17%	−1%	20%	−8%	10%	9%	12%	17%	2%	18%	−1%
−5%	32%	32%	−18%	−5%	7%	−18%	−18%	−18%	7%	32%	20%	7%	−18%
−41%	−53%	22%	22%	−3%	30%	9%	−3%	9%	22%	−53%	−3%	9%	−41%
9%	−41%	9%	9%	9%	−8%	−4%	−16%	21%	−4%	9%	21%	15%	−41%
−6%	−6%	19%	−6%	6%	2%	−6%	−6%	−6%	−6%	19%	19%	0%	19%
26%	26%	1%	1%	14%	−15%	14%	−11%	−24%	39%	1%	39%	1%	14%
−3%	−8%	17%	2%	4%	3%	−1%	−11%	−1%	12%	2%	19%	7%	−13%
−19%	1%	31%	−19%	−9%	11%	−9%	21%	−19%	6%	1%	6%	24%	−9%
17%	−33%	−33%	17%	−8%	−16%	17%	−58%	17%	17%	−33%	17%	17%	17%
15%	−35%	15%	15%	15%	15%	−10%	15%	15%	15%	15%	15%	19%	−18%
−43%	32%	−18%	−18%	−18%	−2%	32%	7%	−18%	7%	32%	32%	19%	−18%
17%	17%	17%	17%	17%	−16%	17%	17%	17%	−33%	17%	17%	−8%	−33%
−3%	−5%	−1%	2%	0%	2%	0%	0%	5%	12%	−5%	12%	9%	−11%
5%	10%	10%	10%	10%	0%	0%	5%	5%	−15%	10%	−15%	2%	0%
−6%	2%	12%	5%	1%	8%	−3%	4%	3%	9%	5%	7%	12%	−7%

（R&D力）やこれをテコとした営業力により業態の上昇を実現し，自立化が推進されているといえる。また「従属的下請企業」における「電気・電子部品・機器」と比較すると，宛も同業種は下請企業時代に国際化への意識が高まり，やがて技術的な実力を滋養し自立性を確立しつつある段階にあり，この段階を経て「自立型国際化企業」へと向かおうとするモメンタムが見てとれるのである。

　「国際化準備企業」（タイプ3−C：12社）をみると，このタイプにおいても業種は「金型・治工具」，「製缶・鈑金」，「設計・開発・装置」，「鋳造・鍛造」，「電気・電子部品・機器」，「プレス加工」と6種類の多岐にわたる。業種別にDOI指標・自立化指標をみていくと，「従属的下請企業」（タイプ1及びタイプ3−A），「国内志向自立化企業」（タイプ3−B）において他業種と比較して相対的に高いDOI指標を示していた「電気・電子部品・機器」が，「国際化準備企業」（タイプ3−C）においては逆に低いDOI指標となっている点が注意をひく。すなわちDOI指標に関して他の業種はすべて全体平均値比一桁ポイントとはいえプラスであるのに対して，「電気・電子部品・機器」のみ同▲5ポイントの数値を示しているのである。主たる原因は，DOI指標の記述的測定に含まれる「国際化段階（Stage）」が全体平均値比▲8ポイントであること（「鋳造・鍛造」の同▲11ポイントに継ぐ低さ），「国際化に向けた硬直性」等を含む「経営者の認識」が同▲8ポイントであること（他の業種はすべて全体平均比でプラス），「対外能力」も同▲11ポイントであることが挙げられる。一方，「電気・電子部品・機器」の自立化指標は全体平均値比でプラス4ポイントを示しており，他の業種との比較においても遜色がない。したがって，「電気・電子部品・機器」は自立化に向けた努力を続けているものの，この段階にきて国際化に向けて足踏みをしているような形となっている。なお，具体的にこのタイプ3−Cの「電気・電子部品・機器」の企業の一つにつき，ヒヤリング記録を確認してみると，「海外はリスクが大きい上に利益でないため，積極的には出ていかない。」と証言していた。ただし同社の生産物は海外の超大手企業に選定され同企業向けに商社経由にて輸出されている。同社は無謀な海外投資や輸出は回避しつつ，確実に利益のとれる形で慎重な経営を心掛けているのである。

　最後に「自立型国際化企業」（タイプ4：11社）の業種別の分析である。同タ

イプにおける業種は「金型・治工具」,「設計・開発・装置」,「切削・研削」,「電気・電子部品・機器」,「プレス加工」の五つである。いずれの業種も DOI 指標は全体平均比で軒並みプラス 20 ポイント近くある。これに対して自立化指標においては,「プレス加工」のみ全体平均比で▲ 7 ポイントとなっており,一段と低い点が注目される（他の業種は同プラス 5〜12 ポイント）。その理由としては,一つには「プレス加工」の「R&D 力」に含まれる「研究開発」の数値の低さ（対全体平均比▲ 11 ポイント。他の業種は同プラス 11〜25 ポイント）が挙げられる。「R&D 力」に含まれる「プレス加工」の「設計能力」については,むしろ他業種と肩を並べる数値が出ているのであるが,「研究開発」といった基礎的で原理的な開発力を示す数値の低さは営業力の低さと連動しているようにみえる。すなわち,「プレス加工」の「営業力」は全体平均比▲ 13 ポイントとなっており,同プラス 2〜19 ポイントの他の業種との比較においても著しく低い。その背景につき,やはりヒヤリング記録を確認してみると,特に上述の特徴を顕著に示す該当企業の事情が背景にあることが挙げられる。当該企業からは本研究におけるヒヤリング調査において,情報源の秘匿につき,厳重に慎重を期すよう強く要請されているため,企業名や業務詳細は記さないが,同社は「自立型国際化企業」（タイプ 4）に数値上位置づくとはいえ,近年まで「追従型国際化企業」（タイプ 2）に位置づいていたという事情がある。同社は数年前までは下請的色彩が強かったのである。すなわち,近年に至るまで同社は基本的に中核企業の下請であるため営業能力を構築する必要がなく,また研究開発の余地もなかったのである。そのため,海外進出後に注文が途絶えたため,同社は塗炭の苦しみを味わいつつ,海外において顧客開拓を進めたという。したがって,裏を返せば,同社のような例外的事例を除けば,「自立型国際化企業」（タイプ 4）の他の業種は軒並み DOI 指標・自立化指標とも相対的に高いということになるのである。

第 4 節　業態毎の DOI と自立性の特徴

日立地域の中小企業でアンケートに回答した 41 社を業態毎に四つのグルー

プに分け，DOI 指標と自立化指標を表したものが表 4-10 である。同表にある通り業態は次の四つである。

・業態 1. 自社製品を持つ製造販売メーカー：自社製品を持ち自立性，独立性の高い企業である。アンケート回答企業 41 中 10 社が該当する。

・業態 2. 製造販売兼下請メーカー：自社製品を有するあるいは，自社製品の所有に向けた取り組みを行う一方で，従来からの下請加工業務も行う企業である。自社製品を持つ企業と下請業務を行う企業の中間形態ということなる。7 社が該当する。

・業態 3. 1 次下請：中核企業の 1 次下請加工企業である。21 社が該当し，最も多い。

・業態 4. 2 次・3 次下請：2 次・3 次といったより下位の下請加工企業である。アンケート回答企業では 3 社のみがこれに該当し，意外と少ない。

　表 4-10 の 1 列目には上記 4 種類の業態が並んでおり，2・3 列目には業態毎の業種と企業数が表示されている。4 列目は業態毎の平均 DOI，5 列目は平均自立化度合である。同表から分かる通り，自社製品を持つ企業や，自社製品の所有に向けた取り組みを行っている企業は，当然ながら自立化指標は高く，業態 1→業態 2→業態 3→業態 4 の順に自立性は下がっている。また同表から分かる通り，興味深いことに，自立性や独立性の高い業態グループの方がより DOI 指標も比較的高いことが分かる。以上の四つの業態のうち，以下においては業態別の DOI 指標・自立化指標の明細である表 4-11 を参照しつつ，業態 1，業態 2，業態 3 につき，各々の DOI と自立性に関する特徴を確認する。

【業態 1（自社製品を持つ製造販売メーカー：11 社）】　業態 1（自社製品を持つ製造販売メーカー：11 社）には，「電気・電子部品・機器」が 4 社と最も多く含まれ，それに続いて「設計・開発・装置」の 2 社が続く。その他は「鋳造・鍛造」，「切削・研削」，「製缶・鈑金」，「樹脂・ゴム加工」，「金型・治工具」が各々 1 社ずつ含まれている。前項において業種別の分析を行った際「電気・電子部品・機器」と「設計・開発・装置」は自立性が高いと論じたが，このことはこの表でも裏付けられたといえよう。表 4-11 は，表 4-10 における DOI と自立性の明細内訳である。業態 1 の DOI は 46％と全体平均比 +5 ポイント高い。このうち，特に「国際化成果（パフォーマンス）」における「国際化範囲」

（38％，全体平均比＋9ポイント），「売上成果」（31％，全体平均比＋10ポイント）及び「国際化段階（Stage）」（43％，全体平均比＋8ポイント）の高さが目立つ。すなわち，業態1の企業群は広範囲の諸国への海外展開がなされており，比較的短期間に海外売上が一定レベルに達し，定常的な輸出業務を行う等国際化段階も相対的に進んでいるということである。一方，自立性指標に目を向けてみると，業態1において特に水準が高いのは，「R&D力」（75％，全体平均比＋12ポイント）であり，「研究開発」は91％（全体平均比＋20ポイント），「設計能力」は67％（全体平均比＋11ポイント）となっている。また，「営業力」に含まれる「マーケティング力」をみると「価格決定権」（85％，全体平均比17ポイント）が強いことが分かる。「営業力」における「中核企業への売上依存度の低さ」（63％，全体平均比＋14ポイント）という点も目立つ。一方，「製造力」は全体平均比で諸要素のプラスマイナスがあるが，「独自製造技術」（100％，全体平均比＋17ポイント）や「安く作る仕組みを構築する力」に（90％，全体平均比＋22ポイント）が目立つ。すなわち，研究開発によって培われた技術と製造工程の工夫や革新によって，顧客を多様化することに成功し，ひいては価格決定力を高めている姿が浮かぶのである。その結果業態1の企業は価格決定権も相対的に強いものになっている。

【業態2（製造販売兼下請メーカー：4社）】　表4-10にある通り，業態2（製造販売兼下請メーカー）7社のうち，「設計・開発・装置」が5社を占め，残る2社は「電気・電子部品・機器」である。この業態のDOIは39％，自立化指標も70％とほぼ全体平均並みである。表4-11において，その詳細を確認すると，次のようになっている。すなわち，業態2のDOIは平均並みとはいえ，これは「国際化成果（パフォーマンス）」（16％，全体平均比同等），「国際化段階（Stage）」（29％，全体平均比▲6ポイント）といったDOIの記述的測定数値が低いためであり，現状に至るまでの結果として国際化は大きく進展していないことが示されている。その一方，動因追究的測定における「経営者の認識」は55％となっており，これは全体平均並みである。言わば「今後は国際化に向けて動き出さねばならぬ」という経営者の心中の声が聞こえてきそうな結果ともいえる。さらに「対外能力」は75％であり，これは全体平均比で＋4ポイント，業態1とも遜色がなく興味深い。すなわち，業態2の企業は，業態2の現状を

表4-10 業態毎の業種とDOI, 自立化

現在の業態 (n=該当企業数)	業種	企業数	DOI 指標 (平均)	自立化軸指標 (平均)
業態1. 自社製品を持つ製造販売 メーカー (10社)	電気・電子部品・機器	3	46%	74%
	設計・開発・装置	2		
	鋳造・鍛造	1		
	切削・研削	1		
	製缶・鈑金	1		
	樹脂・ゴム加工	1		
	金型・治工具	1		
業態2. 製造販売兼下請メーカー (7社)	設計・開発・装置	5	39%	70%
	電気・電子部品・機器	2		
業態3. 1次下請 (21社)	製缶・鈑金	8	36%	58%
	電気・電子部品・機器	3		
	切削・研削	3		
	プレス加工	3		
	鋳造・鍛造	1		
	設計・開発・装置	1		
	金型・治工具	1		
	樹脂・ゴム加工	1		
業態4. 2次・3次下請 (3社)	プレス加工	1	56%	68%
	鋳造・鍛造	1		
	金型・治工具	1		
全体平均			41%	65%
理想プロフィール			100%	100%

(出所) 筆者作成。

維持していくにせよ,将来的に業態1に移行するにせよ,日頃から国内の顧客
との関係において,下請型の業務と独自製品に関わる業務の双方を上手にバラ
ンスさせなければならない緊張を強いられているのではなかろうか。こうした
緊張感によって強いられる努力や上述の経営者認識により,DOI測定の要素で
ある「対外能力」は75%(全体平均比+4ポイント)と高い数値を示している。
　業態2の自立化指標は,全体で70%となっており,全体平均より5ポイント

高い。業態2においては自立化指標を押し上げる要素と，押し下げる要素が双方とも強く働いているとみられる。まず押し上げる要素としては，「R&D 力」の高さが挙げられ，同数値は79%であり，これは全体平均比＋16ポイント，業態1との比較においても＋4ポイントである。実際，「R&D 力」を構成する「研究開発」は87%（全体平均比＋16ポイント，業態1比で▲4ポイント），「設計能力」は75%（全体平均比＋19ポイント，業態1比でも＋8ポイント）と高い数値を示している。一方，押し下げる要因として強く働いている要素として，「売上依存」（中核企業への売上依存度の低さ）の数値の低さが指摘されよう。業態2のこの数値は39%であり，これは全体平均比▲9ポイント，業態1との比較では▲24ポイントにも及ぶ。業態2は，「設計・開発・装置」の業種が7社中5社と多数を占め，その業種の性質が色濃く反映されている。すなわち，これらの企業は，日製といった中核企業に委託を受けて設計，開発あるいは装置の製作を行ってきて企業であり，長年にわたる日製との取引ややり取りを通じて，研究開発力や設計力といった技術的な蓄積が進んできた。その蓄積を通じて，独自の製品を開発する力も持ちつつある。これら企業は現に独自製品の業務も行いつつあり，それゆえに業務2に分類されるのである。しかし，業態2の企業は長年にわたり取引を続けてきた中核企業たる日製を言わば「裏切る」選択をするのではなく，自社製品と下請業務のバランスをとっているのである。また，国際化については，現状足下，国際化に向けて動いている訳ではなく，これは比較的重点的に依存する中核企業がこの分野に関して国際展開を積極的に進める予定がないためとみられる。その一方，これらの企業は国際化に向けた「対外能力」は備わっており，経営者の視点としても国際化が視野に入りつつあるステージに差し掛かっている業種であると推察されるのである。

【業態3（中核企業の1次下請加工企業：23社）】　業態3の21社中，「製缶・鈑金」が8社を占め最も多い。他は「電機・電子部品・機器」，「切削・研削」，「プレス加工」の各々が3社ずつ，他が1社ずつである。業態3は DOI が36%（全体平均比▲4ポイント），自立化指標が58%（同▲7ポイント）である。

　業態3の自立化指標の詳細をみていくと，「R&D 力」を構成する「研究開発」は56%（全体平均比▲16ポイント），「設計能力」は49%（全体平均比▲7ポイント）となっており，その影響で「R&D 力」は51%と全体平均比で▲

表4-11　業態別DOI指標・自立化指標業態別明細

軸	分類	項目	全体平均	業態毎の業種とDOI指標と自立化指標				全体平均との差異			
				業態1.自社製品を持つ製造販売メーカー（10社）	業態2.販売・製造メーカー（7社）	業態3.1次下請（21社）	業態4.2次・3次下請（3社）	業態1.自社製品を持つ製造販売メーカー（10社）	業態2.販売・製造メーカー（7社）	業態3.1次下請（21社）	業態4.2次・3次下請（3社）
DOI軸	記述的測定	国際化成果（パフォーマンス）	16%	22%	16%	11%	35%	6%	0%	-6%	18%
		国際化段階（Stage）	35%	43%	29%	31%	49%	8%	-6%	-4%	14%
	動因追究的測定	経営者の認識	56%	61%	55%	52%	72%	5%	-1%	-4%	16%
		対外能力	71%	73%	75%	68%	82%	1%	4%	-3%	11%
			41%	46%	39%	36%	56%	6%	-1%	-4%	15%
自立化軸	R＆D力	研究開発	71%	91%	87%	56%	83%	20%	16%	-16%	12%
		設計能力	56%	67%	75%	49%	65%	11%	19%	-7%	9%
			63%	75%	79%	51%	71%	12%	16%	-12%	8%
	営業力	マーケティング	68%	85%	79%	57%	58%	17%	11%	-11%	-9%
		価格決定権	53%	53%	64%	48%	67%	-1%	11%	-5%	14%
		競合は少ない。	60%	69%	71%	52%	63%	8%	11%	-8%	2%
	顧客対応能力	物流上の問題解決するため顧客と協力する力つ。	66%	65%	64%	68%	67%	-1%	-2%	1%	0%
		商品開発のため顧客と協力する力つ。	81%	88%	79%	79%	83%	6%	-3%	-3%	2%
	売上依存		74%	76%	71%	73%	75%	2%	-2%	-1%	1%
			49%	63%	39%	44%	58%	14%	-9%	-5%	10%
			63%	71%	65%	59%	67%	7%	2%	-4%	3%
	業態		69%	88%	79%	58%	53%	19%	10%	-10%	-15%
	製造能力	生産性や品質を高めるため、最新鋭の設備を導入している。	83%	80%	57%	90%	100%	-3%	-26%	8%	17%
		当社では高精度品・高難度品（ハイテク品）を製造。	85%	85%	86%	83%	100%	0%	0%	-2%	15%
		安く作る仕組みを構築。	68%	90%	57%	60%	83%	22%	-11%	-9%	15%
		独自製造技術を有する。	83%	100%	71%	86%	33%	17%	-11%	3%	-50%
	対中核企業関係		75%	82%	72%	71%	80%	7%	-2%	-3%	5%
			40%	40%	40%	40%	43%	0%	0%	0%	3%
			65%	74%	70%	58%	68%	9%	5%	-7%	3%

（出所）筆者作成。

12 ポイントにとどまっている。その影響もあり，「製造能力」は 71％と全体平均を 4 ポイント下回る。下請企業である業態 3 は独自製品を有さないがために，「価格決定権」も 57％と全体平均比▲ 11 ポイントにとどまる。ただし，業態 3 にみるべきものがないということは決してない。業態 3 の製造力の明細をみると，「当社には独自の生産技術がある」が 86％となっており，これは全体平均比 + 3 ポイントである。また，同様に「製造能力」の中で業態 3 は「生産性や品質を高めるため，最新鋭の設備導入をしている」が 90％とこちらも全体平均比 + 8 ポイント，業態 1 との比較においても + 10 ポイント，業態 2 との比較で + 33 ポイントであり，注目に値する。業態 3 は「製缶・鈑金」が多数派を占める。業態 1 や業態 2 のごとく，「研究開発」や「設計力」の向上により「R＆D力」の蓄積をはかり，独自の技術を打ち出して，これをテコに顧客を多角化するというような事業展開そのものがあまり現実的ではないものと推察される。そもそも「製缶・鈑金」という業種にとっては，製品それ自体によって独自性を打ち出すことはなかなか困難なのであり，研究開発の大々的推進も現実ではない。そのようなことよりも，業態 3 の企業とってより切実なことは，製造プロセスにおける独自性の発揮や余念のない最新設備の導入を通じて，「顧客対応能力」における「物流上の問題を解決する能力」（68％，全体平均比 + 2 ポイント，業態 1 比 + 3 ポイント，業態 2 比 + 4 ポイント）において他の業態では達成困難な高いレベルを実現することにこそある。

　業態 3 は，たしかに国際化に乗り出す状況ではなく，また国際化を支えるような独自性の高い技術力（研究開発と設計能力）を保有するわけでもなく，中核企業を含む顧客からの依頼を受けて，「価格決定権」が全体平均比で低い点に現れている通り，提示された一定のコストの範囲内にて，製造販売する企業であるといえる。ただし，この業態の企業は顧客を引き付けるための努力として，最新設備の取りそろえ，高精度な生産物や，難度の高い生産物につき，緊急時等に短いリードタイムで提供するというような（「物流上の問題を解決するために，当社は顧客と協力する力を持つ」という項目の高数値）形で柔軟な対応によるソリューション提供に強みを持つとみられる。

　以上，アンケート調査結果を得た 41 社のタイプ別の DOI 指標と自立化指標について詳細な分析を行い日立地域の中小企業が現在において示す様態の全体

像を浮かび上がらせたが，これは静態的な分析に留まるものである。今日において中小企業が示す在り様に至るまでの史的展開過程や，その根底に横たわるモメンタムを抽出するためには次章以降に論じる事例研究が必要となる。

小括

　以上，日立地域の中小企業の国際化と自立化につき，分析枠組みを整え，アンケート調査を行った結果をまとめると，以下のようなことがいえるであろう。

　まず，日立地域の中小企業の国際化と自立化に関する分析枠組みとして，DOI指標（国際化）を縦軸に自立化指標を横軸にとったマトリックスを想定する。ここまでは前章において準備した。これに本章で分析した内容を踏まえていくと次のようなことがいえる。

　全体像としてみた場合，タイプ3（自立型国内志向企業）の数が一番多く，41社中27社が占めた。次に多かったのがタイプ4（自立型国際化企業）であり，11社であった。一方のタイプ1（従属的下請企業）は3社のみであり，タイプ2（追従型国際化企業）は皆無であった。タイプ2の企業については，廃業か撤退もしくは自立型国際化企業に変化しているという背景がある[10]。全体としては，日立地域が企業城下町とはいえ，少なくともヒヤリングを行い，アンケート調査を行った企業に関する限り，もはや旧来型の下請企業は少数派となっており，圧倒的多数の企業は何らかの形で自立化企業として存続しているといえよう。そして，このうち，約2割の企業が輸出や投資といった形での国際化を展開し始めているのである。

　これらの企業を業種別にみた場合，DOI指標，自立化指標ともに相対的に高いタイプ4（自立型国際化中小企業）には「金型・治工具」，「電気・電子・部品」，「切削・研削」といった業種が多くみられる。このうち「電気・電子・部品」の業種の企業は「R&D力」を高めることで自立化指標を引き上げており，「切削・研削」の業種の企業は，「営業力」が自立化指標を引き上げている。このように，同じタイプ4とはいえ，業種により力点が異なる。

　また，タイプ3「国内志向自立化企業」においては，「設計・開発・装置」の

業種の企業は，研究開発，設計開発といった技術力をテコに，自立化指標を高めているが，DOI 指標は低い。これらの企業はイノベーションの力を有しており，経営姿勢として国際化の必要性を認識し，そのための能力も有するため，将来的にはタイプ4へとシフトしていく可能性が比較的高いものと推察される。

　業態別にみた場合，自社製品や自社部品の生産販売を行う業態1の企業は自立化指標，DOI 指標ともに高い。また下請業務と独自製品を製作している業態2の企業は，両方の業務のバランスをとりながら，技術力を着々と蓄積しつつ，いざというときに国際化に舵を切ることも可能な潜在力を身に着けているようにみられる。業態3の企業は，もっぱら下請業務を行っているが，最新設備の導入と製造プロセスの工夫に基づく顧客に対するソリューション提供により生き残りを実現しているのである。

　以上のように，日立地域の中小企業は，その多くがもはや旧来型の下請企業ではなく，自立性を高めており，その一部は国際化へと進みつつあることが分かった。そして，先行研究において確認したような，従来考えられてきた国際化とは趣を異として，中核企業に依存もしくは追従する形での国際化ではなく，自立的な国際化が主流となっている点は，興味深い。また一言で自立化と言っても，それは「R&D 力」の強化を通して達成される場合（「電気・電子・部品」や「設計・開発・装置」）もあれば，「営業力」や「製造能力」（切削・研削業種）をテコにして達成される場合もあり，各々の業種の特性に応じて，各社が懸命に模索していることがみえてくるのである。しかし，本章における考察は，いわば日立地域における中小企業の現状を様々な角度からとらえた静態的な分析が中心である。図4-1に示したような「あるタイプから異なるタイプへの」移行はいかなるものであったのか，各中小企業の認識，戦略，行動とその結果によって織りなされるうねりが大きな時代の流れを織りなしたはずである。次章以降，各企業へのヒヤリング内容をベースとして動態的な分析を試みる。

[注]
1　日立地域の中小企業49社の調査対象企業の紹介元・選定元は以下の通りである。
　・茨城県中小企業振興公社・ひたちなか商工会議所，日立地区産業支援センター等，地元経済団体による推薦：18社。
　・茨城県中小企業振興公社（2015）『茨城県ものづくりガイド』に掲載されている企業のうち，同地

　　域の企業を選定し，筆者自ら依頼：21 社。
　　・訪問した中小企業から推薦された企業：10 社。
2　業種の分類については，公益財団法人茨城県中小企業振興公社（2015）『茨城県ものづくり企業
　　ガイドブック』を参照した。同業種分類は，同公社が各社業務実態を勘案して作成したものである
　　（同公社談）。
3　その一方で，従来よりもむしろ日製への売上高構成比率が上がった企業が 7 社存在している点は
　　興味深い。これは顧客対応の工夫や技術力向上により獲得した取引拡大の一環とみることができる
　　のである。
4　実際「鋳造・鍛造」業種の D2 社は 90 年代にタイへの直接投資を行ったが，その後需要縮小によ
　　り国内回帰した例である。
5　2018 年 8 月 30 日付，茨城県中小企業振興公社担当官への質問への回答に基づく。
6　2018 年 7 月 26 日に行った A7 社へのヒヤリング内容に基づく。
7　2015 年 6 月 30 日，2017 年 8 月 7 日，2018 年 7 月 3 日に行った E1 社へのヒヤリング内容に基づ
　　く。
8　2015 年 6 月 23 日，2017 年 7 月 27 日，2018 年 6 月 22 日に行った B1 社へのヒヤリング内容に基
　　づく。
9　2018 年 6 月 19 日に行った C3 社へのヒヤリング内容に基づく。
10　茨城県中小企業振興公社談（2018 年 8 月 30 日）。

第5章

_____

事例研究
タイプ1及びタイプ3に発展した中小企業について

はじめに

　前章においては中小企業の国際化と自立化を両軸とする分析枠組みと，理想プロフィール手法を使って定量的に分析するためのDOI測定指標・自立化測定指標を設定し，当該測定指標に基づくアンケート調査による具体的な定量分析を行った。本章以降においては，さらに具体的に個別企業へのヒヤリング調査を土台とした事例研究を行う。その際，以下の2点が留意されるべきである。

　第一に本研究における事例研究の意味についてである。本章から第7章までは，第3章及び第4章で取り上げたDOI測定指標・自立化測定指標の両軸によって囲まれることで立ち現れる四つの象限を分析枠組みとして，4タイプの中小企業の動態について明らかにしようとするものである。このうち，本章においては，タイプ1とタイプ3の中でも比較的従属的な下請型企業，及びタイプ3の中でも自立性の高い企業を取り上げる。その際，例えばタイプ1（従来型下請企業）として創業した当該中小企業がなぜ，いかにしてタイプ3（自立型国内志向企業）に変貌していったのかということを考察する。すなわち，本章においては創業以来，様々な変遷を経て，あるいは大きな変化もないままの帰結として2010年代後半の今日においてタイプ1やタイプ3に至っている中小企業が，なぜ，どのようにして当該タイプに至っているのか，その在り様と動態を論じるのである。同様に第6章においてはタイプ3の中でも国際化間際の企業とタイプ4を論じる。第7章においては，転入企業を取り上げ，考察を加える。

　第二に，上記の事例研究においてはヒヤリング調査のみならず，本研究の第

2章において取り上げた日製による外注政策展開史が重要な通奏低音としての意味を持つということである。四つのタイプのいずれにおいても，日製の外注政策に大きな影響を受けている企業が多い。また日製とは取引関係を持たない中小企業も存在する。これら日製とは取引関係にない中小企業と，日製を中核企業とする中小企業とを比較することにより，日製との取引関係の在り方を相対化し，中小企業の国際化や自立化に向けた示唆を得ることが考えられる。いずれの場合にせよ，日製工場の外注政策史という史的文脈を踏まえておくことは重要である。

　次節においてはまず，改めて分析枠組みにおけるタイプ1（従来型下請企業）とタイプ3（自立型国内志向企業）を確認した上で具体的な事例の研究を行う。

第1節　分析枠組みにおけるタイプ1・タイプ3の位置づけ

　図5-1は前章において論じたDOI測定指標・自立化測定指標のアンケート調査に基づく記述統計を散布図にしたものである。アンケート調査への回答を得た41社中，タイプ1が3社，タイプ3が27社，タイプ4が11社となった。本章においてはヒヤリング調査には応じたがアンケート調査に回答しなかった8社も含めて事例研究を行う。アンケート未回答企業は図5-1に反映されていないとはいえ，国際化と自立化に関する全体的な傾向を把握する上で同図は有意義である。本章において論じる中小企業は，同図に示されたタイプ1とタイプ3の中小企業の一部である。

　タイプ1，タイプ3の中小企業ともに国際化は進んでいない。このうちタイプ1の中小企業は自立性が比較的低く，従来型の下請型企業に近似している。またタイプ3に位置づくものの，未だ中核企業への依存度の高い企業も存在する。これをタイプ3-Aとする。タイプ1（3社）とタイプ3-A（2社）はともに従属的下請企業である（図5-1左下）。

　しかし，後述する通り，高度経済成長期にみられたような純粋な従属的中小下請企業はもはやほぼ存在せず，むしろタイプ1やタイプ3-Aの中小企業の多くが自立化，国際化を十分に視野に入れていることがヒヤリング調査を通じ

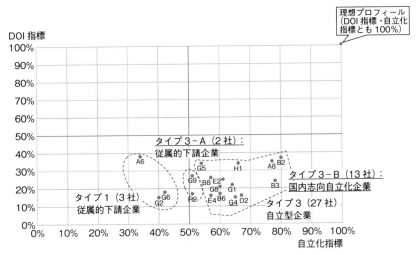

(注 1)　図中の各社はアンケート調査回答企業の合計 41 社である。この他にヒヤリングに調査に
　　　　応じた企業として，タイプ 1 が 3 社，タイプ 3-B が 3 社，タイプ 3C が 1 社，タイプ 4 が
　　　　1 社の合計 8 社あり，合計 49 社である。
　　　　なお，タイプ分類はヒヤリング内容に基づき，筆者が判断した。
(注 2)　図中の各社の内，下線が付してある G4 社は「転入企業」である。
(注 3)　各企業の DOI 指標及び自立化指標に関するアンケートへの回答結果を集計した合計得点
　　　　を，理想プロフィールの満点の点数（DOI，自立化とも 100 点満点）で除した％が各社の
　　　　DOI 指標，自立化指標となる。各々 100％に近いほど理想プロフィールに近い。
(出所)　筆者作成。

図 5-1　分析枠組みにおけるタイプ 1・タイプ 3-A タイプ 3-B の位置づけ

て判明した。
　タイプ 3 は全体として自立性が高いカテゴリーということになる。図 5-1 中
にて点線の楕円で示した通り，第 4 象限のタイプ 3 はいくつかのサブグループ
に分類することができる。このうち，本章において論じるのは上述のタイプ
3-A と，タイプ 3-B である。タイプ 3-B は，DOI が低いものの，自立化し
ている国内志向自立化企業であり，13 社よりなる。（この他にタイプ 3 のうち
DOI が高く，自立化が進んでいる国際化準備企業のサブグループとしてタイプ
3-C があるが，次章で取り上げる）。
　以下，本章においては，上記のうち，第 2 節において「従属的下請企業」（タ
イプ 1 とタイプ 3-A），第 3 節において，「国内志向自立型企業」（タイプ 3-

B）の事例研究を行う。

第2節　中核企業への依存が高い企業
（タイプ1及びタイプ3-A）の事例

【製缶・鈑金：G2社】[1]

　1950年創業のG2社（DOI指標：15％，自立化指標：40％）は資本金2,000万円，従業員52名の製缶・溶接を行う企業である。同社は火力，水力，原子力の各発電設備，建設機械の溶接構造物を製造している。製缶・溶接という技術は当然ながら，一朝一夕にして習得できるものではない。高品質の製缶・溶接技術を組織的に蓄積するために，同社では特に特徴ある「ものづくり職場」を目指し，技術・技能のレベルアップ，人材育成等に力を注いでいる。具体的には同社は2016年に茨城県主催の「職業能力開発促進大会」において同県より技能者表彰を授与されたり，2017年には中核企業である日製主催の技能競技会にて溶接に関連する部門で入賞者を複数輩出したりしている。また同社社長は茨城県職業能力開発協会主催のセミナーにおいて講師を務めるなど，同社の製缶・溶接技術の高さと併せて人材育成能力の高さは日立地域において有名である[2]。

　同社は元々日製において製缶の生産ライン組長であった現社長の祖父が日製定年退職時に創業し，創業時は治工具，薄板，中板のカバー等発電設備の外装品の製作からスタートした。その後，厚板溶接品への取り組みをはじめとして様々な部品の製作を手掛け，高品質を実現する技術を蓄積しながら，2017年現在では取り扱う材質が多岐にわたる電力のコア部品の製作を担うまでに至っている。現在扱っているような部品の生産は材料調達から機械加工にまで至る一括受注生産であり，高品質な対応が求められるため同社では自前のエンジニアリング，検査能力，溶接技術等に関する各種の公的資格や認定を保有している。

　創業時の取引相手は日製工場が100％であった。高度経済成長期，日製工場との関係は非常に深いものであったという。当時のG2社の日製への売上依存度は90～100％であった。しかし，G2社と日製との深い関係は単純に売上依存

度の高さのみをもって推し量ることができるようなものではない。各種の情報
共有，教育指導，各種のビジネス上の支援等多角的な内容となっている。

　まず日製は G2 社に対して経営方針に関する同社へのアドバイス等を行い，
日製の支援のもとに経営勉強会や各種研修会，はてはレクリエーション等に至
るまで実施した。

　また，日製は技能教育を施し，技術指導も行った。日製による技能教育と
は，安全講習会の開催や日製の組織の枠の中に組み込まれたものとしての溶接
学校でのスキルアップ教育等である。また日製による技術指導とは，日製から
G2 社への管理者としての出向者派遣による技術指導の実施や，日製による外
注 QC 会議（品質会議）の開催を通じた品質指導等である。出向者については，
1970 年代前半まで，日製と G2 社が給与を 50％ずつ負担し，日製から組長クラ
スの人材が G2 社の製造部長等管理者として派遣され，実地での技術指導がな
されてきた。同様に G2 社を含む外注企業の技術力を向上するために日製主催
による「外注技能競技会」が開催されるなどイベントも企画実行された。さら
に中核企業であり主要顧客として日製は G2 社を含む各社に対して安全巡視を
行ってきたが，これは現在も継続されている。こうした技能教育や技能指導を
通じて，G2 社は，いわば日製の内輪の存在として扱われ，日製の一員として競
争していた。その結果，JIS などの公的な規格よりも日製の社内規格に合うよ
うにすること，日製独自の資格を得るようにすることの方が肝要であった。

　さらに日製は G2 社に対し，各種の操業上の支援や経営・ビジネス上の支援
も行った。例えば，金融支援，問題発生時の日製自身によるフォローや作業量
の平準化調整である。すなわち日製は G2 社に委託する作業量が激しく増減す
ることなく，安定的に推移するよう調整し，また，生産割り付け数量は，中期
事業計画上の数量計画が実行され，その精度は高く，外注工場にきちんと数量
がくるようになされていたという。

　やがて 1970 年代前半より第一次オイルショックをはじめとした低成長期に
入る。G2 社によれば，一般に批判されている様子とは異なり[3]，この頃，日製
は単なる外注下請企業の選別や一方的なコスト削減の要求をしていたのではな
いという。むしろ，G2 社は苦境を乗り越えるための策として外注単価を引き
上げてもらうなどして日製から支援を受けたという。さらに事業計画で決まっ

ていた数量のうち，日立工場からの仕事が当初予定を下回りそうなケースで
は，作業量確保のため，グループ会社（日立建機等）からの仕事を回してもら
うなどの対応で仕事量を確保してもらったりしたのである。

　G2 社は第一次オイルショック以降，90 年代半ばまでは中核企業である日製
と協力して受注活動を展開し，従来品以外にも建設機械用油圧シャベル，トン
ネル掘削機の部品や，電力設備部品におけるコア部品（日製の内製品）の取り
込みを開始した。1996〜1997 年頃，日製は日製内部で製作していたガスタービ
ン，蒸気タービン，水力発電[4] のコア部品を G2 社に外注してくれるようにな
り，G2 社はこれらコア部品製作において材料調達から機械加工に至るまで手
掛けるようになった。まさに G2 社は日製の協力を得て日製製品生産の「深耕
化」を進めたのである[5]。

　このように，日製は G2 社に対して高度経済成長の時代に，各種の経営・ビ
ジネス関連の指導や情報共有，技術・技能面での教育や指導，さらには，仕事
量（生産数量）の調整等を含む実ビジネスや操業面での支援といった形で多面
的で重層的な指導，教育，支援，協力を進めてきた。こうした協力関係は，出
向者の受け入れを含む多くの人材の行き来や各種の催し物への参加にも現れて
おり，複合的で有機的なつながりを持ったものであったといえよう。さらにこ
うした協力関係は，受注活動の拡大への協力等，低成長期以降，1990 年代にも
続き，その一方で G2 社も経営力，技術力を蓄積し，材料調達から機械加工に
至るまでの一貫生産能力を身に着けるに至ったのである。このように日製と
G2 社の密接な関係は昨今どのように変化しているか，G2 社は以下のように証
言を続ける。

　すなわち，21 世紀初頭における経済の Globalization と競争環境の変化を受け
て発注側である中核企業たる日製工場も事業再編により変化を余儀なくされて
いる。こうした中，従来型のいわゆる護送船団方式は停止となり，日製による
外注の選別が始まっており，今後は G2 社にとっては重点外注工場として生き
残ることが重要となってきたというのである。2010 年代後半の昨今，G2 社に
限らず，一般的には日製と中小外注企業間のコミュニケーションは，仕様書や
見積もりのデータのやり取りに終始しており，人的往来という面でもセキュリ
ティ対策のため，日製工場への物理的出入りも困難となってきている。

　こうした変化の影響をもあり，製造技術面でのCompetence Shiftが起きているという。そもそも製缶・溶接企業としての技術力向上とは，すなわち溶接技術→熱処理技術（溶接後の応力の除去）→検査・保証の技術より構成される。これらの作業には技術的な前提として，各種材質や作業環境，設備を含めた様々な条件が存在しており，最適な組み合わせとしての施行方案（レシピ）によって高品質を実現する。こうした施行方案はかつて100％日製のものであったが，上述のような長年にわたる有機的な協力関係の深まりを経て，徐々に，中小下請外注企業の技術的蓄積が進み，製造技術面でのCompetenceが中核企業から中小下請外注企業に移る現象が起きているという。G2社の場合も技術はやがて，自前のものとなり，さらに組立技術の高度化につながったという。

　一方，前述のような競争環境の激化や事業再編の流れの中で，一般に中核企業はコスト競争力向上のため外注作業を中国にシフトする動きがある。しかし，実際には製缶・溶接の全工程を一貫させるのか，一部の工程のみ海外に展開するのか，その際の条件はどのようなものかといった複合的な要因により，QCD（Quality Cost Delivery：品質，コスト，納期）は変わるというのが実態であるとG2社は言う。そのため仕様書に記載された表面的なデータの比較結果のみを理由に中国移転をした結果，品質で失敗して国内に戻すケースもあるという。製缶・溶接においては，信頼性の継続は大事である。中国生産は確かにコスト競争力が高いが，結局品質維持に無理がある。例えば，熱処理後に発生するミルスケール（酸化被膜）をAirブラシで除去するショットブラスト作業がある[6]。G2社では70％のミルスケールを除去するが，中国メーカーでは30％程度で済ませる。その結果，中国製の製品は早く錆びることになる。また，溶接作業の中身，熱処理や塗装のやり方も肝心であり，常温〜600度に至るまでの温度対応ができるものを作れないと品質が高いとはいえない。したがって，外注企業は顧客から来た図面をみて，高温と常温の間での鉄素材の伸び縮みを考慮したものづくりが求められる。また最後の工程は人間の手で行うことになる。それゆえ，結局は人財育成が極めて肝要ということになる[7]。

　このように，日製から受けた支援，指導，教育と日製との有機的で重層的な協力関係を経てG2社は人材育成と技術蓄積を進め，やがては独自技術的Competenceを得るに至ったのであり，これが高品質を支えているということ

になる。しかし，これは仕様書上の安易で表面的なコスト削減追求のための海外展開では実現できないということになる。とはいえ，競争環境の変化を受けて，G2社も手をこまねいているわけではない。G2社は以下のように今後を展望する。

G2社としては，日立地域内部での中小企業が連携し，ネットワークを構築してビジネス開拓を進めることを構想している。ただし，従来型の協同組合の枠組みを活用すると，交渉価格，コスト，品質，納期の面で甘えが生じるため，これについては否定的である。ネットワーク型の協力により各社が得意の技術をもちより，連携しつつも，あくまでもビジネスと割りきってドライに，市場一般を開拓したい。こうすることで，地域全体としての自立化をはかりたいとG2社は考えている。さらに先々において国際展開（輸出）できれば[8]最高であるという[9]。

以上のG2社へのヒヤリングから，中核企業たる日製とG2社がかつてあらゆるノウハウや情報・知識の共有により，相互作用・相互信頼関係の深化と長期固定的取引関係の構築を進めたこと，これによりG2社における人財育成と技術蓄積が進み，技術的Competence構築が進んだことが分かる。なお，Globalizationが進展する今日，長年蓄積された技術力の裏付けのないままでの中核企業の外注海外展開には無理があるとみており，同社は中核企業を頂点とする社会分業構造の溶解を受けて，地域中小企業間の協力を通じて，国際的な商談獲得も視野に展開していこうとしていることが分かった。

【製缶・鈑金：G6社】[10]

G6社（DOI指標：18%，自立化指標：42%）は1975年創業の比較的新しい製缶・鈑金企業である。同社は大型製缶溶接，ステンレス，精密板金，熱処理，ブラスト，塗装を行う企業である。

同社は現社長の妻の父親が創業者である。元々創業者は地元商社の社員であった。ある時，廃業した溶接工場の管理をしていたことがきっかけとなり，従業員2，3名のこの工場を買い取ったところからスタートした。元々当該創業者は「図面を逆さまに見てしまうほど」技術から縁遠かったが，とにかく同社はスタートし，最初は日製大みか工場，日製国分工場の操作盤，制御盤の3次

下請，4次下請として業務を開始した。その後，10年おきに設備と場所を拡大し，工場を更新した。現在が4か所目である。

2000年頃，現在のG6社の立地場所に日製が納入した20tのクレーンがあるので，それを買わないかという案件が持ち上がった。これは日製子会社の元事業部長がもたらしたものでG6社の当時の社長と意気投合した同氏は取締役としてG6社に着任し，現在の立地に工場の一部を移転することも決めた。2005年，G6社は日立化成向けの半導体装置（ステンレス）を生産するようになった。これは日立化成の外販用液晶テレビのフィルム溶接や半導体の洗浄装置であり，その際，一気に現在の場所に工場を移設した。

G6社は移設前までは薄ものを中心に鈑金をしていたが，現在の場所に移ってからは，元日製の社員7-8人も入社し，200～300mmの厚物製缶溶接作業も取り込むようになった。これらベテラン社員には　溶接の伝承を通じて若手人財育成にも取り組んでもらっている。G6社曰く，溶接技術というものは，絶対に世の中からなくなることはないが，技術力を維持するためには人材教育が鍵である。アーク溶接には電流，電圧に関して独特のコツがあり，非常に奥が深い。この技術は「だいたいこの程度でいいだろう」というような感覚は許されないのであり，コツコツ真面目に腕前の上達を追求する姿勢が必要であり，それゆえに人材育成を欠かさず，技能五輪等にも出場するという[11]。

このようにG6社はG2社同様に製缶・溶接技術は奥深いものであり，技術の蓄積と継承には人財育成の徹底が肝要であるという点で共通している。その一方で，以下に記すことからも明確な通り，1950年創業のG2社と1975年創業のG6社はその歴史的環境の相違から様々な相違点をみせる。

G6社において日製を含む中核企業や顧客企業からの出向者の受け入れやこちらから出向というのはない。製作物の図面はCAD/CAMを活用しており，図面内容に関する相談や擦り合わせを行うこともない。実際，類似品を扱っており，知識が顧客側もG6社もお互い成熟している。なお，設備投資は自前で行っている。売上は，かつては100％日製海岸工場であり，一時期，日製国分工場，日製大みか工場，日立化成がメインのときもあったが，現在は日製が40％であり，その他の60％は東芝，富士電機等である。

G6社にとって一番困難な時期はリーマンショックの頃であった。仕事量が

激減し，日立地域，同じ業界のみに依存するのは無理であると考え，展示会や
商談会に出て，商談拡大に努め，組織的には営業部も立上げ，少しずつ少しず
つ顧客を拡大してきた。G6社は顧客企業傘下の工場単品のものを製作する上，
見積もりをして生産するため，下請けと親企業の間にみられる垂直統合に絡む
ややこしい関係論やしがらみのようなことは問題にならなかったという。むか
しは作れば売れる時代もあったが，現社長の時代になってからは従来のやり方
では限界があると考え，G6社は製作物の大型化を柱として，3m以上の，厚物
の溶接を一つの柱に据えた。人材育成とともに，生産キャパとしての場所，設
備が鍵であり，また，特に大物溶接においては塗装設備，焼鈍，大物溶接設備
が重要である。

　なお，G6社は輸出入は物流コストが高すぎて無理であるとする。実際関西
に納入するだけでも，物流コストが製造コストと同程度になる。したがって，
まずはこの先10年間は技術・人材の基盤をしっかり作り，国際化については次
世代に考えさせるつもりである[12]。

　このようにG2社とは対照的にG6社の場合，中核企業との関係は非常に
「あっさり」としたものとして進展してきたことが分かる。創業した時代の相
違がその背景にある。ただし，技術・人材育成の徹底的な重視という点で両社
は共通しているのである。

　以上，本節においては中核企業への依存が高い企業（タイプ1及びタイプ
3 − A）の事例として，いずれも製缶・鈑金業種のG2，G6という企業を取り上
げた。両社に共通しているのはいずれも何らかの形で日製との関係があり，中
核企業日製が人材育成や教育，技術力の向上に深く関係したということであ
る。また，人材育成や人材確保を通じた技術力の強化と新規顧客，新規商品の
開拓により自立性を高めていきたいという方針を持っている点でも両社は共通
していた。このような諸点から2社ともタイプ1に位置づく企業ではあるもの
の，将来的な方向性としては，タイプ3のうち，自立性の高い国内志向，もし
くは国際志向性の高い企業へとシフトしていこうとする勢いを持っていること
が判明した。

　以上の両社につき，ベクトルを描くと図5−2のような方向性を示している。

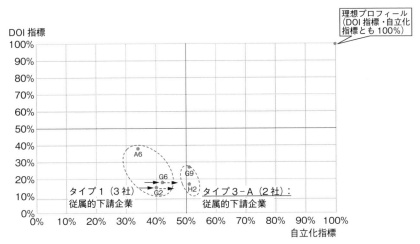

図5-2　分析枠組みにおけるタイプ1とタイプ3-Aの位置づけと方向性

（注1）図中の各社はアンケート調査回答企業の合計41社である。この他にヒヤリングに調査に
　　　応じた企業として，タイプ1が3社，タイプ3-Bが3社，タイプ3Cが1社，タイプ4が
　　　1社の合計8社あり，合計49社である。
　　　なお，タイプ分類はヒヤリング内容に基づき，筆者が判断した。
（注2）図中の各社のうち，下線が付してあるG4社は「転入企業」である。
（注3）各企業のDOI指標及び自立化指標に関するアンケートへの回答結果を集計した合計得点
　　　を，理想プロフィールの満点の点数（DOI，自立化とも100点満点）で除した％が各社の
　　　DOI指標，自立化指標となる。各々100％に近いほど理想プロフィールに近い。
（注4）--▶　将来的な方向性
　　　　─▶　過去の方向性
（出所）筆者作成。

第3節　国内志向自立化企業（タイプ3-B）の事例

【製缶・鈑金：G1社】[13]

　G1社（DOI指標：22％，自立化指標：64％）は1923年創業で現社長は三代
目である。創業時は現在の東京豊島区であり，機械の修理，製作をしていた。
1941年に日製との取引を開始し，1945年5月に疎開工場として認定を受けた。
G1社は日製工場の発電機の部品を製作してきた。戦後から高度経済成長にか
けて，製缶作業，溶接作業を中心に，先代社長はガスタービンの部品製作の事
業を展開し，機械加工工程も開始したのである。主として高度経済成長期から

オイルショック直後の頃に至るまでの日製との関係は次のようなものであった。

　まず，日製には様々な支援を受けた。協力工場（中小外注企業）は，技術と経営ノウハウを日製と同等のレベルまで引き上げることが期待されていたという。G1社も技術，品質，経営の諸側面において日製に指導してもらい，日製における不良対策会議（品質保証会議）なども協力工場として出席した。G1社社長は，1975年から3年間，日製日立工場にて研修を受けた[14]。日製日立工場では，設計，製造，生産技術等を経験し，日製の会社としての仕組みや技術を学び，人的なコネクションも多くつくることができ，大きな財産となった。

　当時，設計図面は日製日立工場からきた。日製日立工場の資材部にいくと，協力工場毎にボックスが設置されており，ボックスには新規案件の図面が入っている。昭和40年代までは次々と図面が入り，仕事量が多かった。加工費はST（標準時間）×時間単価で決まる。これを賃率工場割といい，日製の製造部が作成する。賃率交渉は工業協同組合の理事長がまとめて工業協同組合として行う。賃率は各中小下請工場によって異なるが，だいたい3,000〜4,000円程度であった。なお，1990年代以降，外注単価はこうした形による決め方ではなく，合い見積もりがとられて決められるようになった[15]。また，現代において協同組合は，賃率交渉などはせず，日製傘下の工場や合弁会社，関連会社等の顧客に関する情報を収集することが主たる業務となっている。部材調達は当初は無償支給であったが，やがて日製日立工場の資材部が調達した常備品を調達価格と同額で買ってよいという形で有償支給となった。

　G1社は地道にQCDの改善に努力した結果，日製日立工場の設計，製造，生産技術の各部署より信頼を得て，設計図面に社名を入れてもらえるようになったことが非常に誇らしいという。オイルショック以降，護送船団方式は終わり，中小企業各社の自立化が促された。これは日製の会社としての方針である。ただし，現実には，資材部は中小外注企業の自立化を促す一方，製造部は各種ノウハウの流出防止のために日製競合他社の仕事をすることを許さない，ということがあった。例えば，東芝の仕事をするなどということは許されないわけである。また，仮に中小外注企業としてG1社が東芝から受注しようとしても，先方は「日製の仕事量が増えたら，東芝の仕事はおろそかになるのではないか」と恐れて発注してこないのである。とはいえ，日製への売上依存は少

しずつ低くなっている。かつては日製日立工場への売上比率は100％であったが，今はMHPS75％，その他日製工場15％，その他もろもろの顧客への売上10％といったところである。経済グローバル化の昨今，もはや中小企業は自社が何をやるのか，ドメインを決めて，先を見据えて次々と仕事をつくる必要がある。

　現在，G1社は図5−1のタイプ1からタイプ3へと移行しようとしている[16]。これからは海外に出る，新製品をつくる，新技術を開発するなど，あらゆるアクションを積極的にとる必要があると考えている。ガスタービンの製造においては治工具，金型はすべて自社で準備し，非量産プレスを行い，溶接工程の後に完成するが，最後に手修正が必要となる。ここに自社特有の職人技があり，これを大切にする必要があると考えている[17]。

　G1社は先述のG2社同様に老舗といえる中小企業であり，高度成長期から低成長期に至るまで中核企業たる日製に大いに支援を受けてきたことが共通している。特に人的な往来や様々なやり取りを通じて，単なるビジネス取引ではなく，育成・指導の面が色濃かったことがうかがえるのである。一方，経済のグローバル化の中で，G1社は他の中小同様に自立化に向けて様々なビジネス展開を模索しつつある点でも共通している。

　中核企業である日製が全社的にはかつての中小下請企業の自立化を促す方針を打ち出し，現場レベルにおいても工場の資材部等は同方針を踏襲するものの，例えば製造部はノウハウ流出を恐れ，これに反対せざるをえないという現実も重要である。また，仮にG1社のような中小企業が従来からの中核企業である日製以外の大手顧客（例えば東芝）から商談を得ようとしても受注が困難となるメカニズムが存在することも注意するべき点である。すなわち，仮に他社から受注しようとしても，例えば好況期に日製からの発注が増加し，中小企業のキャパが逼迫した場合，当該他社の仕事の優先度が落ちることを恐れ，他社は発注を躊躇する。また，中小企業側としても市況低迷の際，当該他社が一定の仕事量を保証してくれるとは限らないという不信感がある。もはや古典的となった社会分業構造たる下請制（親企業対下請企業）のロックインされた関係を克服することの困難性はこうしたメカニズムに潜むのである。

【製缶・鈑金：G8 社】[18]

　G8 社（DOI 指標：21％，自立化指標：60％）は現社長の祖父が 1933 年に創業した従業員 77 人の企業である。G8 社は，抜き，曲げ，溶接，固くするための熱処理も行う精密鈑金企業であり，0.6〜3.2 mm の製品が中心である。秋田県出身の祖父は上京後，北芝電機で働いた。同社では海軍航空隊の戦闘機用メーターの鋳造部品や削りもの，メッキ品などを製作していた。なお，その後北芝電機は横河電機に吸収された。祖父の妻の実家が水戸にあり，水戸に移ってから軍需工場としてメーター類をつくっていた。昔はダットサンに製品を乗せて東京まで納入していたという。

　その後 G8 社は 1951 年以降，日製工場向けにエレベータ部品をつくってきた。当初は元々エレベータを製作していた日製国分工場向けに作っていたが，やがてエレベータ生産は日製水戸工場に移管された。G8 社は 1951 年頃，エレベータ関連の機械加工，メッキ加工を担い，まだ鈑金加工は開始しておらず，エレベータ出入り口の枠部品等をつくっていた。

　1975 年からは鈑金でエレベータの開閉装置を作りだし，日立工機向けの遠心分離機や，プリンター部品も生産するなど，精密鈑金の技術を身に着けた。現在，G8 社は建屋側につくエレベータ用ドアの開閉装置のポケットをつくっている。日製水戸工場で生産するエレベータのうち，建物側のエレベータ開閉装置のポケットの 95％が G8 社製である[19]。図面は，貸与図面であり，G8 社は図面を見て，VEC 提案[20]をすることもあるが，やりつくした。現在売上は 70％が日製水戸工場，10％が日立工機（遠心分離機等），20％がその他もろもろである。客層を拡大して水戸依存を 30％程度まで下げたいと考えている。

　エレベータ市場は年間 2.1 万台程度であり，オリンピック後は，年間 2 万台程度となる。この市場を日製，東芝，三菱，フジテックの各社が奪い合う形となる（なお，リニューアルの市場は別である）。G8 社は 60 年以上，日製エレベータ用ポケットをつくり続け，コストダウンは言わば「やりっぱなし」の状態である。設備と資材はすべて G8 社自前で確保している。日製のような中核企業に集約購買してもらい，そこから購入することにはコスト削減のメリットもあるが，柔軟調達が難しくなる点でデメリットもある。

　一時期，コスト削減を追求するために日製が G8 社の協力も得て中国調達を

増やそうとしたことがあるが，これは一時のことであった。中国企業は試作段階では良質な製品を送付し量産段階への承認をとるが，量産段階に入った途端，製品の品質が落ちるのである。そこでG8が量産方法やノウハウについて当該中国企業に対していろいろと指導する旨申し出たが，相手企業はこれを嫌がったため，中止することになった。一般に言われている通り，ものづくりにおいてはQCDが重要であるが，精密鈑金においては，寸法の交差，傷，角度，メッキのムラ，材料の吟味も重要である。結局，中国企業は日本の品質基準の厳しさに追従できず，結果，日本にものづくりが戻りつつあるのである。

　現在のところ，G8社は国内市場開拓に力を入れ，輸出は考えていない。日製水戸工場の分工場がタイに立地しているため，同工場からタイに投資しないかと言われているが，リスクを考慮して現在投資する予定はなく，まずは国内を優先し，当座は多品種少量生産でニッチ市場を開拓していく予定であり，神奈川，東京，埼玉の中堅企業を多く回っている。現在，G8社は毎月1件，年間10件近く新規顧客から発注されたものを製作している。今後年間3％程度は日製以外の他社分を増やす方針である。国内においても商談機会は多々あると推察するが，過度に安すぎるものは回避するべきと考える。例えば制御盤の部品生産は単価が安すぎるのでありコスト削減ばかりでなく，一定の適正価格が重要である。顧客開拓のため，展示会出展，営業部の設置と営業活動の展開，Webの活用など，あらゆる手段を講じていきたい[21]。

　このようにG8社はこれまで論じてきた他のタイプ1，タイプ3企業同様に，引き続き中核企業である日製への依存度は高いものの（G8社の売上構成比のうち，日製水戸工場が7割），積極的な顧客開拓を模索し始めているところであることが分かる。また，その際同社は長年にわたり日製との密接な取引を通じて培った高品質を維持する技術を活用しようとしているのである。

　なお，中国企業が量産に移行するための試作品検査では良質なものを出しつつ，いざ量産に入ると品質が低下するというエピソードや，品質指導を行おうとしたところ，その申し出を中国企業が嫌がったというようなエピソードは，ヒヤリングを行った複数の中小企業より得た証言であり，こうした根本的な企業経営上の認識の文化的差異が海外直接投資の二の足を踏ませる遠因の一つとなっていると考えられる。

【樹脂・ゴム加工：H1 社】[22]

　H1 社（DOI 指標：34%，自立化指標：66%）は 1985 年創業，従業員 57 名の特殊樹脂のメーカーである。元々同社専務の父親が半導体製造装置メーカー（洗浄装置等）に勤務していたが，1985 年に樹脂加工メーカーを創業し，製造装置メーカー向けに樹脂加工品（半導体前工程用のポンプ，パイプ用樹脂加工品等）の製造販売を開始した。半導体の基本的な工程は，洗浄→レジスト等塗布→現像→露光となる。これに加えて，サポイン[23] を活用して特殊樹脂の加工品を製作するようになり，現在は那須にある企業を買収してセラミック加工品を作っている。

　H1 社の主要カスタマーは日立ハイテク（旧日製那珂工場）であり，医療用装置をつくっている。日立ハイテクの樹脂部品の 80〜90% のシェアを H1 社がもっている。元々の得意先であった顧客向けの売上が下がる一方で，日立ハイテク向けの売上が大幅に伸びた。具体的には分析用ガンの腫瘍マーカー用の樹脂加工部品である。

　日立ハイテクと H1 社はパートナー的な関係であり，元請と下請という感覚ではない。設計は日立ハイテクで行う。日立ハイテクでつくれないものを H1 社に委託して図面を出す。H1 社は逆提案も行い，承認図面を完成させるのである。図面には H1 社の社名が入る。設計内容は H1 社と日立ハイテクでやり取りをしてすり合わせて詰める。

　日立ハイテクは，自社内でつくれるものを社外生産する場合，これを外注扱いとする。その場合，製造と下請のやり取りになる。同社が自社にてつくることができないものは調達部が H1 社のようなメーカーに発注するとういう形となり，いわゆる親企業・下請企業の関係ではそもそもない。

　単価は H1 社が中心となって決める。一定利益水準は確保する。逆に，日立ハイテクから設備投資や部材供給，人材育成等で特別な支援を受けることはなかった。あえていえば，設計変更点の管理，BCP の管理，経理基準の一致要請への対応（支払いサイトの短縮等）程度である。

　日製依存度という点は H1 社の売上の 50% は日立ハイテクが占める。今後，技術の進展により血液や唾液だけで分析が可能となるような装置が発明されると，これは代替品の脅威ということになる。現在，H1 社の主要な製品は，以下

3分野である。

1) 血液分析装置用の樹脂加工部品：H1社から日立ハイテク（OEM）を経て，ロシュ[24]向け製品用の部品。分析装置はロシュ向けOEMのみならず，日立ハイテクも世界市場向けに販売する。

2) 半導体用電子顕微鏡用の樹脂加工部品（日立ハイテク向け）。

3) 半導体製造装置向けのUnitをつくるユーティリティーメーカー向け樹脂加工品。

　今後も半導体製造装置関連の需要は伸び続けるであろう。すなわち，IOT，AI関連でDataセンター用サーバ，自動車用ECU[25]，センサー，携帯用CPU，メモリ等々のビジネスは伸び続けるであろうとH1社では見込んでおり，H1社は①フッ素樹脂射出成型，②無人化樹脂加工及び従来の樹脂加工，③セラミック加工の基本的に以下三つを柱としていく。

①フッ素樹脂射出成型：かつて，ユーティリティーメーカーや半導体装置メーカーには射出成型品への不満があった。そこの部分をH1社で開拓しようということである。射出成型ではない従来のやり方による樹脂加工の場合，精度は高くなるが，値段は高くなる。射出成型は，精度を高めることが極めて困難であるが，いったん金型ができれば安価に生産が可能となる。そこでH1社はサポインも活用して，5〜6年かけてフッ素樹脂の射出成型品の生産に成功した。フッ素樹脂の射出成型品の利点は，これをビジネス化している競合が少なく，また製品としても耐久性が高いということである。H1社は企業を退職した60歳台のベテランエンジニアを迎え入れて，これを実現してもらった。

②樹脂加工無人化：H1社はリーマンショック後，無人化に取り組んだ。つまり，複合旋盤機を導入することで，なるべく，人手をかけず機械がやるようにし，最大500〜1000個生産の製品向けに活用している。従来5台の機械を使っていた作業を，プラスチック樹脂加工対応の5軸加工機[26]，ロボットマシーン，複合機を活用して，300〜1000個程度生産するのであれば，無人対応可能となるようにした。医療関係機器向けの部品のため，モデルチェンジというものがないがゆえにこれは可能となる。

③セラミック加工：H1社はセラミック加工にも取り組んでいる。具体的には那須の会社を買収して展開している。セラミックは材料選定が決め手であり，

難加工材であり，製作に時間がかかる上に値下げ圧力も強い。しかし，値下げしてしまってコスト割れするようなことがあってはならない。利益の生まない悪い仕事は，また悪い仕事を呼び込み負のスパイラルに入る。きちんとした利益のとれる値付けをして，その値段で買ってくれる顧客は必ずいる。そうした顧客に対して，きちんとした値段で売り，利益を出して，その利益を活用してまた顧客のためになることをするべきと考える。

　上述の 3 本柱で，良い顧客と付き合うことで，顧客にとっても良く，従業員にとっても良い企業でありたいと H1 社では考える。また，H1 社では通常月々 6000〜7000 個の部品を納入しているが，特に QCD のうち，D の納期回答と納期厳守を重視しており，On Time Delivery[27] の成果は経営数値として重要な KPI と考える。すなわち，On Time Delivery が 100％の場合，需要が不足しているか，生産キャパが過剰であると推定できる。同数値が 70％程度の場合は需要が過剰か，生産キャパが不足しているかである。通常 On Time Delivery90％程度が最適である。大事なのは，高レベル技術とサービス，納期遵守，客への協力姿勢，客への柔軟対応であり，これが中小企業としての強みであると考える。

　一方，H1 社は海外展開については，現在考えてない。かつて，地元企業数社とともに，中国の蘇州に情報センターを設けたり，ドイツの展示会である COMPAMED に出かけたりもした。当初，樹脂加工部品は小さく軽量のため航空便で輸出可能と思っていたが，それは事実ではなかった。むしろ日本市場の方がまだまだ開拓の余地があることが分かり，上述のフッ素樹脂射出成型に力を入れた。国内向けでは日立ハイテク向けの分析装置は好調であり，半導体製造装置の大日本スクリーン，東京エレクトロン向けも伸びている。基本的に日本でつくる製品は外国の規準では過剰品質であり，海外で日本のレベルの品質は必要なさそうである。輸出は手間が掛かるわりに利益が少ない。手間を踏まえると国内の利益率の方が高い。国内事業が多忙であるため，当社から海外に打って出る必要はなく，むしろ，国内で事業の幅を広げることを優先した。そもそも海外展開とはニッチ市場を横に開拓していくイメージでとらえているが，H1 社の製品は，セット組立企業の特殊な製品でないと海外需要開拓は困難であり，部品単体では売れないと判断した。したがって，今後の海外展開は

余力の範囲で実施することとする[28]。

　H1社は日製（日立ハイテク）への売上依存度が高いものの，日製からみた場合，いわゆる外注下請企業とは全く異なる対等なビジネスパートナーとして位置づく。

　以上のヒヤリング内容から，H1社は同じタイプ3の企業である上述のG1社やG8社とは全く異なることが分かる。すなわち，G1社，G8社は中核企業である日製への売上依存度が高いのみならず，人的な往来，技術教育や各種の指導に関するやり取りを含む企業間関係が有機的で濃密であったが，現在は自立化を強化するべく，タイプ1的企業からの脱却とタイプ3，タイプ4への変貌に向けて全力を挙げている。これに対してH1社は現状の売上構成比こそ日製の占める割合が高いものの，いわゆる古典的な親企業対下請企業のような長期固定的で有機的な関係に位置づいたことはない。その意味で，G1社やG8社がタイプ3，タイプ4への脱却に力点を置き続けているのに対して，H1社は言わば，生まれながらにしてのタイプ3企業ということになる。一方，H1社は，フッ素樹脂射出成型や樹脂加工無人化の実現，難加工材であるセラミック加工技術への取り組み等，技術力の向上に力点を置いており，この点はG1社，G8社と共通した特徴であるといえよう。

【切削・研削：E6社】[29]

　E6社は1964年創業の3D切削加工技術を有する企業である。初代社長は，もともと日製日立工場において，重機製造部の一員として，先手といわれる若手アシスタントが付くような横中グリ盤（大型の刃物）の熟練工であった。1964年に旋盤加工機械2台をもって創業し，二代目を経て，現社長が2011年に社長に就任し，高付加価値化を目指した。E6社は終戦直後から日製と一緒にやってきたわけではなく，2010年になって日製と直接取引がなされるに至ったのであり，それまでは日製との取引は商社を介在した間接的なものであった。E6社はもともと電池生産用の生産設備台用の加工プレートを製作しており，2007年過ぎまでは同社の主要製品であった。この加工プレート部分は製作にあたってコツがあったため，E6社以外に発注されることはなかった。しかし，顧客が国内外他社からも見積もりをとるようになり，いずれE6社の優位

性は失われるであろうことは想像がついたため，現社長は事業承継後，日製と直接取引を開始できるようなことをするべきと考え，工業協同組合にも加入した。組合に加入することで顧客情報に接し，また組合企業間で仕事を紹介し合う等のメリットを享受している。

　技術的に現社長が目指したものは，3D（3次元）技術を使った製造による日製工場との直接取引実現であった。通常，日製との直接取引には商談ルート，商談内容は決まっているため，他社と同じことをしても意味がないと考えた。新規参入のためには1）コストが安いか，2）技術的に実現困難なものを手掛けるか，いずれかに注力する必要があると考え，2）を選択し，薄肉の3Dモデル製作を追究することになった。また，E6社はビジネスの方向性としては，重要なポイントは以下三つと考え，3Dモデルに取り組むこととし，他社が手を出さない難しいものはE6社で追究していこうということになった。

　① 数量：数量Lotが少ないもの。

　② 技術：技術レベルが高いもの。

　③ 基礎開発：trial and error段階のもの（中国などで量産化しえないもの）。

　技術的困難性の高さと，誰もが知るマス市場対象ではないという意味で，営業と技術は同等に重要であると考えた。

　E6社は2007年に5軸マシーンを導入し，3D技術を活用して技術力をアピールする象徴的サンプルをつくり，これをWebに掲載した。サンプルの条件は，老若男女に分かるように，誰にでもイメージがし易く，し好品であることを条件とした。すなわち，顧客の調達担当者がみて，すぐに分かるもの，顧客の開発，設計にアピールするものを目指したのである。考え方としては，Redオーシャンでは勝負にならないため，Blueオーシャンで勝負することを重視し，Web上でアピールしてビジネス展開できるものを考えた。また，この技術は既に量産体制にはいった製品をつくるためのものではなく，先々の製品を見据えて作る開発，設計にアピールすることを目指した。ベースとしては，とにかく他社が手掛けていないこと，あくまでもE6社が主導権を握れるものをビジネスの柱とすることにした。

　同社Web上に掲載された写真5-1のアロワナ像は空洞なのではなく，一つの金属ブロックから削って製作したものである。板を曲げ，鈑金，プレスして

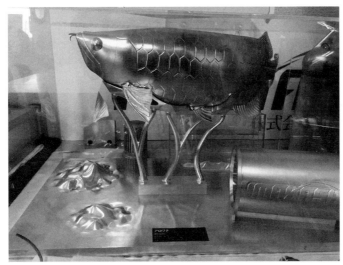

（出所）筆者撮影。

写真5-1　E6社の技術力の高さを示すアロワナのモデル

できたものではない。こうした3次元のものは，2次元の図面では製作することが不可能であり，CAD/CAMが必要である。3Dモデルの製作に必須の3要素は以下の通りである。

1) CAD/CAM：3Dモデル製作には当然3次元によるCAD/CAMが必要。CAD/CAMはプログラムであり，ソフトである。CAD/CAMに関する人材育成には大変な時間がかかる。現社長は自ら東京の複数企業を訪問し，CAD/CAMのやり方を聞きに行き，勉強した。

2) モノを削るには5軸機械が必要（2007年に導入）。

3) 段取り技術：段取り技術とは，作業工程の中で，どの作業段階にて，どのように対象物を掴み，固定し，どのように削り，どのように掴み直すのか，という一連の手順とそれにまつわる技術である。例えば，写真5-2にあるようなLeaf型の3Dモデルは機械で挟んでプレスをかけて曲げて作るのではなく，一つのブロックから削りこんでつくったものである。したがって，どのように掴むのか，どこを掴んでいるときに，どのように削るのかということが肝要であり，その段取り技術は，過去40年の歴史と実績によって

（出所）筆者撮影。

写真5-2　E6社の技術力の高さを示すLeaf型モデル

裏打ちされたノウハウであり，他社では絶対に分からないものである。まさに「面倒くさくて，各社が嫌がる」ノウハウが塊となっている技術である。

　E6社が製作するこうした製品は量産用ではなく，試作用であり，多品種少量生産品である。顧客の大企業は期間ごとのモデルチェンジと開発スピードが求められているため，難度の高い試作品等をいちいち自社内で作っていられない場合が多い。E6社はこうしたものを引き受けるため，極めて短納期での納入が必要となる。短納期とは，最速で翌日，通常は，1週間〜10日である。

　例えば写真5-2にあるような試作品やサンプル品をプレスで生産しようとすると，開発の段階で金型を作り直すことになり，非常にコストと工数がかかる。すなわち，金型の起こし直しが伴うからである。しかし，こうした量産段階におけるプレス品を試作，開発段階でE6社のように削り品で準備すれば，非常に多くのコストと工数を節約することが可能となる。これは自動車のドアパネル，金具関係全般（開発用に削るエンジンスタータの金具など。チタンや真鍮等，材料を変更して削る）についてもいえることである。

　また写真5-2にあるような形状のものは図面に書き起こすことは不可能のため，光を当てて，点を観察し，これをCAD/CAMに読み込んで，5軸マシーンで生産する。その際，先述の掴みの段取り技術が極めて重要となるのである。

　なお，これらの3Dモデルのサンプル品のコスト構造は材料費が1〜10%程度である。限界利益率90%のうち，固定費が60%という見当である。ただし，

3Dモデルは歩留り100％，すなわち，仕損費ゼロが大原則である。例えば，一品もので製造リードタイムが4日のうち，3日目に品質NGとなった場合，これは極めて重大な問題となる。例えばF1レーシングマシーン用の部品等ではこうした事態は許されない。したがって，最初からリスク回避のため，2台以上のサンプルをつくるし，その分のコストを織り込んだ値段とならざるを得ない。

　こうした変革を経て，売上構成としては，2017年現在は日製系30％，半導体装置企業30％，その他（ソニー，キャノン等）開発用の特急品が40％を占める。3Dモデルへの取り組みにより，上記加工プレートのビジネスは50％，残り50％は難加工材加工品（手数がかかり，面倒くさくて，各社が嫌がるもの）になる。

　海外展開は長期的な目標として前向きに考えていくがまずは日本国内でNo.1となることが目標である。今後はシステム的な対応により，IOT技術を駆使して，ブロックから製品を削り込んで行く際，加工条件，振動条件を分析することも検討する[30]。

　このようにE6社は通常は「難しく，面倒くさくて，各社が嫌がる」分野に挑戦し，圧倒的な技術力を駆使して3Dモデルの分野で短納期の顧客満足を実現する道を開拓した企業であるといえる。同社は技術と営業の重要性を半々とみており，マーケティングの重要性を強く認識している点もタイプ3として自立性の高さをうかがわせるといえよう。なお，E6社からアンケートの結果は回収できていないが，内容から判断してタイプ3の企業と判断した。

【電気・電子部品・機器：A8社】[31]

　1982年設立のA8社（DOI指標：35％，自立化指標：77％）は各種工業用ヒーター，加熱機器装置の技術開発，設計，製造，販売の企業である。A8社は工業用生産設備に使われるシーズヒーターのメーカーであり，2018年1月に経済産業省による「地域未来牽引企業」に選定される優良企業である（同社はその他にも数々の受賞歴があるが，紙幅の制約上省略する）。

　A8社は1982年に水戸市でスタートした。先代の初代社長（現社長の父）は元々他のヒーターメーカーで製造部員として勤務していた。初代社長は独立し

て起業する希望を抱いていたが，家族を心配させないために起業せずにいた。その後42歳のときに起業するに至った。当時からヒーターメーカーは数多く存在したため，A8社ではスタート時から他社との差別化を意識し，他社がやらないことをやる方針をとった。ヒーターの会社は世の中に多く，百数十社ある。各社とも独自技術に取り組んでいるが，A8社は多品種少量の高付加価値のものしかつくらない。値段は高いが，付加価値が高い。大量生産ではなく，ニッチ市場を狙い，生産設備には不可欠であるものの他のヒーターメーカーが面倒くさくて手を付けないようなものをA8社ではつくっている。したがって，創業当時，A8社は複数の日製傘下工場から下請にならないかとの誘いを受けたが，初代社長は「それだけはやってはいけない」と決意して断り続け，その方針を一貫させた。親企業から仕事をもらうのではなく，初代社長は自ら商談を開拓した。すなわち，自分の足で歩いて顧客企業の技術者との接点を作り上げていったのである。例えば展示会に出かけていくと，参加している顧客企業の技術者達がおり，設計，開発，生産技術のエンジニアに声をかけていく。これがトリガーとなるのである。初代社長は1989〜1990年頃ドイツに出張し，現地で複数のドイツ・メーカーを訪問し，改めてA8社のこうした方針の正しさを確信した。同社では2000年頃から気体加熱機をつくり，これを次のステージとした。

　A8社においては技術営業が重要である。シーズヒーターの特徴は，形状が複雑で，経も大小様々に多様で，長さもいろいろあり，材質も多様な点にある。材質が多様であるため，製法も多様となる。シーズヒーターの製作においては製造の工夫が決定的に重要となる。シーズヒーターの奥の深さを追求し付加価値を増すことが重要とはいえ，技術的に優れていても，ビジネスとして成り立たたないと無意味である。ビジネスになる高付加価値技術の種の見極めが肝心である。A8社は単なる下請け企業のように「客に引きずられる」のではなく，自社技術の見極めと，付加価値の確保を自らの技術営業により得てきた。そのためA8社では展示会に出展するよりも，よりピンポイントで同社のソリューションを求める顧客に効率的に接近できるよう，Webやパンフレットを充実させている。如何にして顧客からの問い合わせの質を向上させるかが鍵となるため，技術営業が果たす役割が大きい。技術営業は，顧客の設計，生

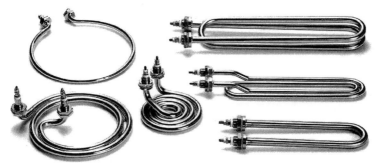

（出所）A8社商品カタログより。

写真5-3　A8社のシーズヒーター

産技術，開発より「これをやりたいが，その際の条件はこれである」というような話を聞き，その課題の解決を探っていくための擦り合わせをしていくやり方でものをつくり込んでいく。実質的には共同開発である。

　シーズヒーターの技術とは，製品そのものの技術と，長尺ものを曲げるという技術よりなる。顧客の要望は細いヒーターから，10 mの長尺ものまで多種多様であるため，例えば，汎用旋盤のような生産設備は長尺もののシーズヒーター生産用に必要に応じてカスタマイズする。生産設備としてはベンダー機などがあるが，機械で曲げられないものは独自の治工具で曲げる。このような生産設備のカスタマイズ，治工具や製品，設計，製造方法の工夫が匠の技である。匠の技はOJTにて伝承する。当社の製品は簡単に機械でできてしまうものではないため，こうした匠の技を治工具，機械のカスタマイズに生かしつつ，作業者の負担を軽減する。ヒーター加熱機というものは消耗品である。他社製品の場合，1～2年でダメになるが，A8社のシーズヒーターは，3～4年は耐久性がある。したがって，コストダウンのため，他社のシーズヒーターに乗り換えた顧客がトラブル続きとなり，当社に戻ってきた例もある。

　2009年に現社長が社長に就任するまで，初代社長は中途採用をしていた。早く事業を立ち上げる必要があるため，生え抜きを育てるという発想ではなく，中途採用中心だったのである。そのため，外人傭兵部隊のような形となり，中小下請企業出身者はコストダウンばかりに目が行き，大企業出身者はまた別のことを言うというように，仕事ができるものの，統制が取りにくい状態だっ

た。そこで現在においては，匠の技のような属人的な付加価値を伝承すると同時に，組織化・システム化できるところはシステム化するようにしている。

　現在，A8社の製品の7～8割は海外向けである。ただし，直接取引ではなくA8社→顧客の日本国内マザー工場→海外の工場という形で間接的に輸出されている。国際化に関しては，A8社は海外直接投資は考えず，日本国内で技術を蓄積し，日本国内のニッチマーケットをつくっていく。

　リーマンショックのときは大変であった。しかし，利益率は大きくないものの，ビジネスが安定している厨房メーカーとの取引が続いた。A8社の顧客業界別売上高構成は，食品関係30％。半導体，液晶，有機EL50％，その他20％である。その他とは，環境試験機（品質保証［QA］）テスト用チャンバーのヒーター等）。海外輸出の場合，商社経由はありうるがこれは次世代のことであると考える[32]。

　A8社は他の多くの日立地域の中小企業と異なり，同地域に創業しながら，日製傘下工場と長期的取引関係を結ぶことなく，スタート時から独立独歩で事業展開してきた点が極めて特徴的である。

　本研究で取り上げた多くの中小企業が中核企業である日製の護送船団方式による保護育成を受けてきた。すなわち，少なくとも高度経済成長期には，中核企業により受注数量が確保，調整されるとともに，中小企業側は技術・品質の指導育成を受けることができた。それは人的な行き来や様々なやり取りを通じて有機的になされてきたのである。

　しかし，A8社の場合はそれとは全く異なる事業展開を果たした。既に同業他社が数多く存在したヒーター製造企業として創業したため，生存のためには，他社がやらない付加価値の高いニッチ製品をつくる必要があり，創業段階から自立性を追求することが言わば企業本能であった。すなわち，ヒーターメーカーとして生き残るために，同社はシーズヒーターの独自技術確立が必要であり，何をつくるか，指示・指導をあおぐような中核企業の下請となることは不可能だったのである。そのため，日製に限らず中核企業の下請となることは考えられないことであった。中核企業に技術面で依存しない・できない以上，顧客の獲得においても同様であり，自ら顧客を開拓する必要があったのである。自ら顧客を獲得するためには匠の技に裏打ちされた技術力が必要であ

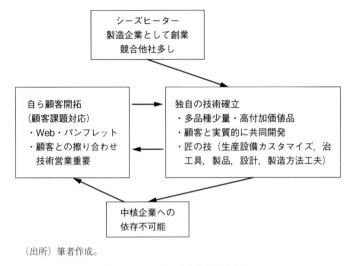

（出所）筆者作成。

図5-3　A8社の自立的経営の特徴

り，こうした技術力が顧客開拓につながったのである（図5-3参照）。自立化を模索することが多い日立地域の中小企業の中で，言わば生まれながらにしての自立的企業であるA8社は貴重なモデルであるといえよう。

　以上，いずれもタイプ3-B（国内志向自立化企業）に位置づく，製缶・鈑金の老舗であるG1社と比較的新しい企業のG8社，樹脂・ゴム加工のH1社，及び切削・研削のE6社，電気・電子部品・機器のA8社における国際化と自立化に関する事例をみてきた。G1社は中核企業である日製日立工場を中小企業の間にある長期固定的な取引関係によって生じるロックイン効果により，顧客多角化の困難性を認識しつつも，長年培ってきた技術ノウハウを活かして自立化に動きつつある。G8社は日製水戸工場が長年の中核企業である。同社も国内を優先し，自立化の強化のため，多品種少量生産でニッチ市場を開拓していこうとしている。一方，H1社にとって日立ハイテク（日製那珂工場）は主要顧客であり，売上に占める構成比率は大きいが，前述のG1社やG8社とは全く異なり，同社は日製とは対等なビジネスパートナーであるという点が非常に興味深い。実際，H1社は価格決定権を有し，仕様の決め方についても積極的な役割を果たす。さらにE6はかつて日製の二次下請的存在だったが，現社長による

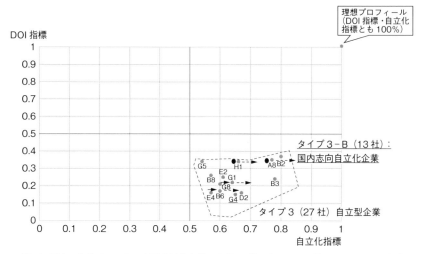

(注1)　図中の各社はアンケート調査回答企業の合計41社である。この他にヒヤリングに調査に
　　　応じた企業として，タイプ1が3社，タイプ3-Bが3社，タイプ3Cが1社，タイプ4が
　　　1社の合計8社あり，合計49社である。なお，タイプ分類はヒヤリング内容に基づき，筆
　　　者が判断した。
(注2)　図中の各社のうち，下線が付してあるG4社は「転入企業」である。
(注3)　各企業のDOI指標及び自立化指標に関するアンケートへの回答結果を集計した合計得点
　　　を，理想プロフィールの満点の点数（DOI，自立化とも100点満点）で除した％が各社の
　　　DOI指標，自立化指標となる。各々100％に近いほど理想プロフィールに近い。
(注4)　--▶　将来的な方向性
　　　　─▶　過去の方向性
　　　　●　　過去のスタート地点
(出所)　筆者作成。

図5-4　分析枠組みにおけるタイプ3-Bの位置づけと方向性

「難しくて他社がやりたがらず」かつ需要のあるものを追究する方針により3D
モデル製作を確立し，一気に下請ではなく，独立した付加価値の高い地位を獲
得した点は目覚ましい。A8社に至ってはヒーターメーカーの競合他社が多く，
生存のために創業当時から中核企業に異存せず自立性を確立することが企業本
能であり，匠の技に裏打ちされた技術と顧客との擦り合わせによる共同開発的
営業の重視につながった点で今や模範的といえる。以上補足した分を含め，ベ
クトルを描くと図5-4のような方向性を示している。

小括

　本章においては，タイプ1，タイプ3-Aといった従属的下請企業，タイプ3-Bのような国内志向自立化企業の事例を取り上げた。タイプ1，タイプ3-Aの企業は，相対的に従来型の下請企業に近い。各社とも創業当時から一定期間は中核企業である日製の支援を受けた企業であり，中核企業日製とは「因縁浅からぬ」有機的なつながりが強かった。しかし，各社とも「護送船団方式の終焉」を証言しており，かつてのような古典的な従属的下請企業のままでいてよいと考えている企業は皆無であった。いずれの企業とも，中核企業たる日製との付き合いの中で蓄積した力をテコに次世代に向けて動き出し，人材育成（G2社，G6社），設計力の向上等による技術力向上（各社）によりタイプ3-Bの方向に向けて舵を切っているといえよう。2010年代末の今日，もはや高度経済成長期にみられたような古典的下請企業としてのタイプ1企業というものは既に存在せず，これら企業は来るべきタイプ3-B企業とみなすべきであろう。無論，本研究で取り上げている中小企業はいずれも一定の優位性を有する推薦された企業であり，本研究でフォローしきれなかった中小企業はまだ数多くある。その意味で，タイプ1という分析枠組み自体は存在理由を失っているわけではない。

　タイプ3-B（国内志向自立化企業）の企業の中で，特にユニークなのはH1社とE6社であろう。H1社は日製の指導や支援を受けたことはなく，価格決定権を持ち，日製とは対等なビジネスパートナーである。その意味で同社は生まれながらにしてのタイプ3-Bである。一方，E6社はもともと日製関連企業の二次下請け企業として位置づいていたが，現社長の事業承継を機に3D製造という難しくてやりたがる企業が少ない分野で技術とマーケティングを徹底的に追究し，自立性，独立性を一気に高めた。いうなれば二次下請けから複数の大手企業を相手とする設計開発用3Dモデル製造のスペシャリストへの変身である。これに対して，G1社，G8社は従来タイプ1だった企業が地道な努力を続け，タイプ3-Bに変化しつつある企業である。各社とも技術力を重視し，顧客の多角化を進め，国際化も視野に入れている点で共通している。

表5-1　タイプ1, タイプ3-A及びタイプ3-Bのまとめ

タイプ	業種	記号	国際化軸 合計	自立化軸 合計	備考
タイプ1	製缶・鈑金	G2	15%	40%	老舗企業。人材育成，技術力向上に力点。
タイプ1	製缶・鈑金	G6	18%	42%	人材育成，生産キャパ，設備重視。
タイプ1	製缶・鈑金	G10	na	na	設計組織の構築を進め，ものづくりの上流にシフトする。
タイプ3-A	製缶・鈑金	G9	27%	51%	3次元レーザー設備と自動化を進める。
タイプ1	樹脂・ゴム加工	H3	na	na	製造のコンビニエンスストアを目指す。
タイプ1	電気・電子部品・機器	A6	38%	34%	ネジの製造販売。規模の経済を目指す。
タイプ1	樹脂・ゴム加工	H2	17%	51%	―
タイプ3-B	製缶・鈑金	G1	22%	64%	メンテナンスビジネスへの拡大を模索する。
タイプ3-B	製缶・鈑金	G8	21%	60%	積極的な顧客開拓を模索し始めている。
タイプ3-B	樹脂・ゴム加工	H1	34%	66%	フッ素樹脂射出成型や樹脂加工無人化の実現，難加工材であるセラミック加工技術への取り組み等，技術力の向上に力点。
タイプ3-B	切削・研削	E6	na	na	短納期にて製作困難な5軸マシン活用の3D製造による開発試作品生産。
タイプ3-B	切削・研削	E4	16%	57%	大型でありながら超精密切削加工技術有する。
タイプ3-B	電気・電子部品・機器	A8	35%	77%	シーズヒーターのニッチ市場を開拓し，大きなシェア確保。

（出所）筆者作成。

　以上，タイプ1，タイプ3-A（従属的下請企業），タイプ3-B（国内志向自立化企業）の在り様を分析し考察してきたが，これをまとめたのが表5-1である。

　第6章においてはタイプ3のうち自立化度合が高いのみならず，国際化に向けた準備が整いつつある企業であるタイプ3-C及び自立型国際化企業であるタイプ4を論じ，その分析を通じて，日立地域の中小企業の国際化と自立化に

関する議論を進める。

[注]
1　G2社へのヒヤリング記録資料（日時：2017年6月13日㈫15：00～16：30，場所：G2社社長室，対象：G2代表取締役社長）及び同社より提供された社内資料G2に基づく。
2　G2社の技術的優秀性と人材育成の成果が多く出ている点については，多数の証言あり。例えば本研究において企業紹介等において協力を得た公益財団法人茨城県中小企業振興公社担当談。
3　例えば池田正孝（1976），pp. 38–39.
4　2017年現在，水力発電設備はスクラップアンドビルドが行われつつあり，日本各地の設備をいったん撤去し新しいものに更新するとともに，摩耗部品等の生産がG2社に発注されているという。
5　G2社，前掲資料。
6　同上。なお，ショットブラストとは，製品に投射材（グリット）と呼ばれる金属粒を高速で噴射し，ミルスケール及びその他付着物を除去し金属表面をクリーニングする作業のことである。同作業は専用の室内にて防護服を着用の上行う。G2社におけるショットブラストの設備は1969年当時，G2社が独自に開発したもので，噴射した鉄粉を自動的に回収する機構を備えている。
7　G2社，前掲資料。
8　例えば欧州向けに製缶・溶接製品を納入する場合，EUの規格に合わせる必要があり，規格の詳細なFollowは重要であり，そのためにも人材育成は欠かせないとG2社はいう。
9　G2社，前掲資料。
10　G6社へのヒヤリング記録資料（日時：2018年7月31日㈫16：00～17：00，場所：G6社応接室，対象：G6代表取締役社長）及び同社より提供された社内資料G6に基づく。
11　G6社，前掲資料。
12　同上。なおヒヤリング後，同社の工場見学をさせてもらった。工場内の鈑金工程には某大手有名工作機械メーカーの鈑金の機械，ターレットカッターなどが稼働していた。建屋で溶接の設備の他，旋盤，ボール盤等も設置されていた。さらに溶接後の応力を除去するための熱処理施設や，熱処理によって発生するミルスケールを除去するブラスターの設備もそろっており，全般的に設備投資に力が入っていることが分かった。
13　G1社へのヒヤリング記録資料a（日時：2017年6月13日㈫10：00～12：00，場所：G1社応接室，対象：G1社代表取締役社長）及びG1社へのヒヤリング記録資料b（日時：2018年6月21日㈭10：00～11：00，場所：G1社応接室，対象：G1社代表取締役社長）並びに同社より提供された社内資料G1に基づく。
14　G1社によると，オイルショック以前までは，協力工場からの出向扱いで日製から給料も出たが，オイルショック以降は，給料は協力工場側負担する前提にて研修というという形で日立工場の現場で働くことができたという。
15　賃率工場割の制度は廃止され，合い見積もりによる外注単価決定が定着したものの，参考までにST（標準時間），製造Lead Timeのデータは提供しているとう。
16　ヒヤリングに際し，筆者は研究目的や内容，ヒヤリングの趣旨を説明し，図5–1をG1社社長に見せつつ説明したため，同社社長が同図を示しながらコメントしたものである。
17　G1社，前掲資料。なお，ヒヤリングにおいてG1社は自立性の強化に向けた具体的方向性を話してくれたものの，その内容を本論文で詳述することは業務上差しさわりが大きいため，G1社の要請もあり割愛する。本論文においては，同社が自立化，国際化の必要性を感じており，特に国内向けを中心に自立性を高める方策を視野に入れ，アクションをとりつつあるということを指摘するだけで学術的に十分であると考える。
18　G8社へのヒヤリング記録資料（日時：2018年8月10日㈮14：00～16：00，場所：G8社会議室，

対象：G8 社代表取締役社長）に基づく。

19　なお，G8 社によると，エレベータ製作の分業体制は次の通りである。エレベータ本体（かご）は水戸工場，かごの上方にある開閉装置は東北の X 社，建物側の開閉装置の上にあるポケットは G8 社が各々製作しているとのことである。

20　VEC とは，Value Engineering for Customers の略である。製品やサービスの持つ機能を顧客が期待する機能に合わせるよう，設計・材料・加工などあらゆる面から改善することを意味する（株式会社日立製作所公式ホームページの資材調達に関する記事より。URL：http://www.hitachi.co.jp/procurement/statement/vec/index.html［最終確認：2019 年 8 月 15 日］）。

21　G8 社，前掲資料。ヒヤリング後，G8 社において工場見学もさせていただいた。同社で生産するエレベータの建屋側の開閉装置部品（ポケット部分）は，セルラインで組み付けの作業を行っている。

22　H1 社へのヒヤリング記録資料（日時：2018 年 7 月 10 日㈫ 16：30〜18：00，場所：H1 社会議室，対象：H1 社代表取締役専務）に基づく。

23　サポインとは「戦略的基盤技術高度化支援事業（サポーティング・インダストリー支援事業）」の略称であり，中小企業庁が中小企業・小規模事業者が大学・公設試等と連携して行う，ものづくり基盤技術の高度化につながる研究開発やその事業化に向けた取組を最大 3 年間支援するものである。

24　ロシュ社（F. Hoffmann-La Roche Ltd）は，1896 年に設立されたスイスのバーゼルを本拠地に置く世界有数の製薬企業であり，世界 150 か国以上でビジネスを展開している。「医薬品」と「診断薬」の二つの事業を主軸としている。公式ホームページ，About Roche 参照（URL：https://www.roche.com/，2019 年 8 月 31 日最終確認）

25　ECU とは，Electronic Control Unit の略である。電子回路を用いてシステムを制御する装置（ユニット）の総称のことで，主に自動車に搭載されている。

26　5 軸制御 NC 加工は各種翼面の加工，航空機部品の加工や金型加工など自由曲面の機械加工に効果的に活用されており，加工精度の向上，生産性の向上に大いに役立っている［精密工学会（1997）『生産システム便覧』コロナ社，p. 278］。

27　On Time Delivery とは納期遵守率のこと。

28　H1 社，前掲資料。

29　E6 社へのヒヤリング記録資料（日時：2017 年 6 月 14 日㈬ 10：00〜12：00，場所：E6 社会議室，対象：E6 社代表取締役社長）に基づく。

30　E6 社，前掲資料より。

31　A8 社へのヒヤリング記録資料（日時：2018 年 8 月 24 日㈮ 10：00〜11：00，場所：A8 社会議室，対象：A8 社代表取締役社長）に基づく。

32　A8 社，同上。

第6章

事例研究　国際化準備段階にあるタイプ3及び
　　　　　　タイプ4の中小企業

はじめに

　本章においては，ヒヤリング調査を実施した49社のうち，DOI指標・自立
化指標の分析枠組みにおいて，自立的な国際化を進めようとしている企業を取
り上げ，その企業が現状の自立性と国際化志向を有するに至るまでの経緯や今
後の方向性，その原因や動機について掘り下げる。具体的には自立型国際化企
業のタイプ4と，前章では取り上げなかったタイプ3のうちの国際化準備企業
（タイプ3−C）を取り上げ，その国際化と自立化の特徴，原因，動機を論じる。
これらの企業の国際化と自立化の特徴を論じることにより，日立地域における
中小企業の生成発展の方向性をダイナミックに浮かび上がらせることを狙う。

第1節　分析枠組みにおけるタイプ3・タイプ4の位置づけ

　図6−1はDOI測定指標・自立化測定指標のアンケート調査に基づく記述統
計を散布図にしたものである。アンケート調査に対して回答した41社中，タイ
プ3（国内志向の自立化企業）が27社であるが，このうち，タイプ3には該当
するものの，既に実質的には国際化に向けた経営行動を起こしつつある企業や
準備を進めている企業については，タイプ3−C（国際化準備企業）として分類
し，本章で取り上げることとする。タイプ3−Cは12社ある（うち1社は「転
入企業」として次章で詳述する）。一方，自立性を確保した上で国際化を進め
ている企業はタイプ4（自立型国際化企業）とするが，これらの企業は11社存

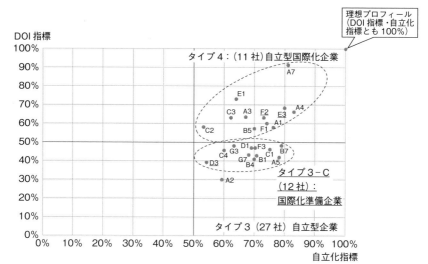

(注1) 図中の各社はアンケート調査回答企業の合計41社である。この他にヒヤリングに調査に
　　　応じた企業として，タイプ1が3社，タイプ3−Bが3社，タイプ3Cが1社，タイプ4が
　　　1社の合計8社あり，合計49社である。なお，タイプ分類はヒヤリング内容に基づき，筆
　　　者が判断した。
(注2) 図中の各社のうち，下線が付してあるD3社，E3社，F2社は「転入企業」である。なお，
　　　F4社はタイプ4の転入企業であるが，アンケート回答がないため図中に示してはいない。
(注3) 各企業のDOI指標及び自立化指標に関するアンケートへの回答結果を集計した合計得点
　　　を，理想プロフィールの満点の点数（DOI，自立化とも100点満点）で除した％が各社の
　　　DOI指標，自立化指標となる。各々100％に近いほど理想プロフィールに近い。
(出所) 筆者作成。

図6−1　分析枠組みにおけるタイプ4とタイプ3−C

　在する（うち2社は「転入企業」として次章で詳述する）。なお，アンケート未
回答企業はタイプ3−Cが1社（C6社），タイプ4が1社（F4社，転入企業）
である。次節においては，まずタイプ3のうちの国際化準備企業の現状と，こ
れまでの変化の経緯について，ヒヤリング内容をベースに考察したい。

第 2 節　国際化準備段階にある中小企業（タイプ 3 − C）の事例

【金型・治工具：F3 社】[1]

　F3 社（DOI 指標：47%，自立化指標：70%）は製造工場用の治工具を製作する企業であり，戦後，旋盤 1 台で事業を興した。1974 年からは日製佐和工場より自動車部品製造ライン用の治工具を受注し，日製関連への売上が 100% であったが，商社から機械を購入する代わりに仕事案件や企業を紹介してもらう形で受注先の多角化を進めた。F3 社では，治工具以外に生産ライン用の省力化機械なども製作している。注力し始めたのは 1975 年頃で，設計者を雇用し，日製佐和工場から技術指導者にも出向してきてもらい，指導を受けた。

　F3 社は長年輸出や海外生産を考えなかったが，それは上記のような省力化機械等が顧客の量産セット組立量産工場向け製品であり，国内での定期的メンテナンスが不可欠だったためである。国内志向が強かった F3 社であるが，2016 年 10 月，技能モノ作りマイスターの技能展示会が東京で開催された際，F3 社の社員が余った材料で作ったスタンド型風鈴を展示してみた。これは何の変哲もない真鍮で製作したものであったが，実際に製作したところ大変に美しい音を奏でることが分かり，大評判となり，同展示会にて 20 万円で買うという人も出てきた。F3 社は同製品のビジネス化が可能と直感し，チューニングマシーンによるチューニングを開始し，キーボードともつなげる等の工夫をした。その後，2018 年 4 月，ドイツ楽器展示会（フランクフルト）に出展したところ，大評判となった。この展示会にきていたストラスブルグの音楽家集団（映画音楽を担当）が同製品を大変気に入り，同年 6 月に F3 社のクレジット入りサンプルを送り，広めてもらうことになった。また，フランス南部マルセイユの楽器店からの要望により当該製品を無償で貸し出し，販売委託契約を結んだ。今後，このスタンド型風鈴の楽器は完全受注生産で輸出することになる。F3 社は身近な所に仕事のネタはあり，とにかく動くことで新しいことを始めることができると実感したという。なお，スタンド型風鈴の楽器は世界初の製品である[2]。

　治工具や生産ライン用の省力化機械を製作してきた F3 社は，ちょっとした

（出所）F3社公式ホームページより（最終アクセス2019年8月21日）。

写真6-1　F3社製のスタンド型風鈴の楽器

きっかけで一気に欧州向け輸出に動き出している。そもそもは東京の次にドイツで出展したことが契機となった点で，第3章で論じた中小企業国際化のPre-Export段階前後におけるFortuitous Orderを契機とする輸出開始に至るパターンの典型的な形として興味深い事例であろう。

【プレス加工：C1社】[3]

　C1社（DOI指標：46%，自立化指標：75%）は1956年創業，従業員60人の精密プレス用金型の設計・製作とプレス加工を展開してきた。同社は数々の受賞歴があり複数回，経済産業省サポイン（戦略的基盤技術高度化支援事業）に採択され，技術力には定評がある。同社は長年日製佐和工場より自動車部品，電装部品の発注を受けてきた。

　C1社は大手企業は基盤技術が弱体化し，長年研鑽を経て技術力が向上した下請企業に価格交渉力が移るという事態が生じているとする。例えば某大手企業は同社に物理的に生産不可能な図面を提示してきたことがある。議論の末，C1社が技術的修正を主導し，価格交渉力が同社に移ったという（ただしC1社は長期的取引実現のため公正価格を希求している）。C1社は長期的に技術力向上が顧客多様化につながるとし，日製以外にも島津製作所をはじめ受注先多様化を進めている。また同社は顧客との擦り合わせを重視する。例えばとある金

属部品があり，C1 社が世界最大のシェア（50％）を占める。これはアルミの板で鍛造を入れてつくる。通常の鈑金ではできない面の細工がなされており，他社ではつくれない。通常，この部品は積み重ねるとバナナ状に曲がるが，C1 社製の製品は真っすぐに積み重なり，しかも下方からポロポロと取れるため，客先の組立製造ラインのカートリッジ内に本部品を重ねて投入し，効率的に生産に用いることが可能である。こうした製品は顧客の購買組織のみならず，開発，設計，製造，営業から徹底的に話を聞き，Needs を吸い上げないとできない。C1 社ではものづくりは顧客との徹底した擦り合わせとやり取りが必須であり，単なる図面データや仕様書の提示だけでは不可能であると考える。

　国際化に関して C1 社は 2010 年代に数回にわたりドイツ・ミュンヘンで開催された展示会に出展し，欧州の複数企業と商談を進めている。同社によれば欧州では大手企業のオーナー社長が多く，オーナー社長に売り込みをかけることで商談を成立させることが可能であり，接近しやすい。他方，ミュンヘンの展示会に出たところ，量産をやっている日系企業の出展が少なく，もったいないと考えた。2017 年 7 月にはスイスの光学機器メーカーと直接取引することとなり，光学機器用の精密プレス部品の供給契約が締結され，9 月に金型サンプルを現地に送り，11 月〜12 月に量産に入るとのことである[4]。

　C1 社は顧客ニーズを深堀してプレス加工技術を追究することを通じて顧客の多角化を進め，自立化を達成してきた。欧州輸出は，技術力の向上と顧客の要望追究を進める点では，国内市場開拓と同等の方向性であり，いわば延長線上にある。需要開拓にあたっては仕様書やコスト表等のデータのやり取りではなく徹底したコミュニケーションを旨としている点が特徴である。同社は中国，東南アジアへの生産拠点投資は考えず，需要のある欧州への輸出という形での海外展開を進めている。この事例においても第 3 章にて論じた通り，いわゆる Uppsala Model における Psychic Distance はあたらないといえそうである。

【プレス加工：C6 社】[5]

　C6 社は 1950 年創業，従業員 67 人の金属プレス加工の企業である。情報発信と技術革新を重視する同社はプレス加工技術において新しいことをするのは極めて難しいとする。2005 年から 2017 年にかけ，同社は第一に，グローバル化

を進めベトナムや台湾においてエンジン内視鏡ビジネスを展開した。第二に技術としては2005年以降模索を続け，「割裂®」という技術にたどり着いた。同社はリーマンショック，東日本震災等の悪い状況下にあえて投資を進め「割裂®」を開発した。「割裂®」とは，金属の素材をプレス金型を用いて割って裂き，二分割することができ，さらに金属プレス加工では製造不可能な"複雑三次元形状"を一体でつくれる画期的な技法であり，現段階では0.6mm（0.3mmに分割）の鋼鈑分割に成功している。鉄・銅・真鍮・アルミ・ステンレスの5種類の材質で「割裂®」加工が可能とのことである。写真6-2はC6社の技術によって，金属の素材がプレス金型によって割って裂かれる様子である。

　C6社によると，従来では切削加工や鍛造・ダイキャストなどでなければできなかった複雑三次元形状が，順送金属加工を用いての一体加工で製造することができる（写真6-3参照）。

　一体にて製造できるため，接合部分がなく強度が強まる上，余計な材料が不要なのでコストが削減されまる。また，分割した中に接続する素材を入れて接合することによって，接触面積が従来の倍に広がり，製品の強度が強まる（写真6-4参照）。その他にもC6社では「割裂®」技術により様々な形状の部品を作成することが可能となった。

　C6社は他社と同じことをやらないこと，従業員と良好な人間関係を結び，新しいものをつくるということを重視した。また，かつての日製とはパートナーとなることが大事であると考える。C6社の主要顧客である日製佐和工場は，すでに2000年代前半から，元下請企業が他の顧客に販売することや他流試合を推奨し，自立することを促してきた。中小企業はパートナー企業として位置づけられ，尖った技術を持つことが評価されたのである。

　C6社はグローバル化と先端技術の確保という点で，特許取得技術を開拓し，これをテコに各国企業と業務提携を結んでグローバル化を進めることとした。特許取得技術の開発，グローバル化は社内の士気を高め，顧客を引きつけた。特許は日本で4件，中国で1件，台湾で3件権利化済みであり，2017年には欧州で，2018年には米国で，2019年には韓国，メキシコ，インド，タイ，ベトナムで権利化を進める。「割裂®」の技術は2015年9月に試作が成功し，試作品

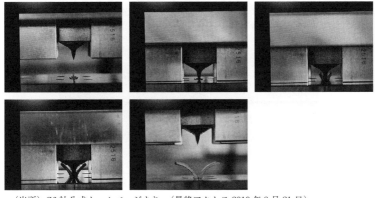

（出所）C6社公式ホームページより。（最終アクセス2019年8月21日）

写真6-2　C6社「割裂」® 加工の連続写真

割裂（わりさき）® 加工技術による
複雑三次元形状の一体成型技術

（出所）C6社公式ホームページより（最終アクセス2019年8月21日）。

写真6-3　C6社の「割裂」® 技術を使った製品例

を販売し始め（自動車，二輪自動車，重電，コネクタ，建材の分野），2016年
4月から自動車関連企業と共同開発を進め，2017年2月から充電用部品の量産
を行い，5年で事業化しつつある。販路開拓も進め，日本は1社（大手商社），
ドイツ，フランスで1社ずつ，商社を介したビジネスを展開中である。「割
裂®」のような新工法にはSpill Over Effect（波及効果）を生じる。すなわち，
顧客は自分達が困っている要素技術について，C6社は何かしら解決してくれ
るのではないかと期待し，新しい要素技術の考案と実行を依頼するようになる

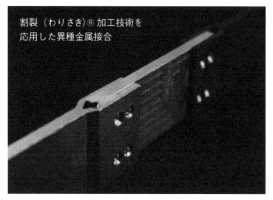

割裂（わりさき）® 加工技術を
応用した異種金属接合

（出所）C6社公式ホームページより（最終アクセス2019年8月21日）。
写真6-4　C6社の「割裂」® 技術を使った製品例

という効果である。例えば、医療系のビジネスで、ニッケルチタンの難加工材
の加工（歯の矯正のワイヤー加工）、自動車部品加工（切削ではなくプレスに
よる加工）等である[6]。

　C6社は「割裂®」という世界初の技術を確立し、これをテコにグローバル化
を進める自立型企業であり、国際化を本格的に進める直前まで来ている企業で
あるといえるであろう。

【電気・電子部品・機器：A2社】[7]

　A2社（DOI指標：30%、自立化指標：59%）は電機モーターを製造、修理
する企業である。従業員100名で2016年に中小企業庁の選定する「はばたく中
小企業・小規模事業者300社」に選ばれた。現社長（三代目）は、東京の大学
を卒業後、オックスフォード大学に留学し、同大学大学院にて物理学博士号を
取得、後にドイツのマインツ大学、インド中央科学研究所で研究員であった
が、帰国し家業を継ぐこととなった。そもそも同社の創業者は日製海岸工場に
おけるボイラー部の設計者であった。終戦直前に日製を退職し、今後は電力の
復興需要が旺盛になるとみた創業者は、トランスの修理の仕事を開始し、1946
年にI社を興した。やがて日製日立工場（海岸工場及び山手工場）よりモー
ターやトランス製作の受注を開始し、1967年にA2社を設立した。仕事量は順

調に増え，1960 年代には新幹線用 CAM モーター製作も請け負った。日製のエレベータ用モーターは 1967 年から 1985 年頃まで生産していた。A2 社はエレベータ・エスカレータ用のモーターを日製水戸工場に納入し完成品が組み立てられるのである。またその他にプラント用の産業用モーターや，3 ～4 t クラスの乾燥機用モーター，送風用モーター，冷凍機，上下水道施設用などのモーターを生産した。累計生産台数は 14～15 万台程度で，500～600 台／月生産した。現在，A2 社は陸上風力発電機用スリップリング（風力発電用）製造において世界トップクラスのシェア（2013 年 1.5 MW クラスでシェア世界一）を有する他，鉱山用超大型ダンプトラックの補助発電機，液化天然ガス（LNG）のポンプ用モーター，油田掘削用送油モーター等，資源エネルギー関連事業用製品も展開している。

　かつて A2 社の日製への売上依存度は 100％であったがバブル崩壊の頃から変化し，先方より自立化を促された。現在は 80％が日製関連（MHPS，水戸等々），20％が複数の他社である。図面は日製日立工場（山手工場：以下，山手工場と記す）からくる。部材は高級な鉄板は支給されるが，他の部材は日製の「常備品」を有償支給される。同社は日製からは多大な支援，指導を受けて世話になったと認識している。例えば人材面ではいえば山手工場から累計 400 人前後の出向者がきた。またモーターにとって極めて重要な品質管理面では日立式品質管理指導は大変厳しい。日製のモーター品質規格は世界一厳しく，この規格を通れば，30～40 年は持つといわれるほどである。このような厳しい品質基準を持つ日製との取引を通じた長年の指導により，A2 は高度な技術力を得た。例えばモーター製作においてコイルはモーターの命と言ってもよく，品質を決定付ける箇所である。コイルの巻き付けはクリーンな作業場で行う必要があり，また絶縁処理のためのワニス塗布技術はノウハウの塊である。ワニス液の粘度，含有物，含有量等にはコツがあり，これは秘伝中の秘伝である。品質管理においては，データ解析とあわせて，目視を怠らず，耳を使ったモーターの異音確認も重要である。このように A2 は技術力を高めたが，受注先を多様化しようとしても，日製の需要が急増した場合，供給してくれないリスクを警戒されるため国内顧客の多様化は技術力があっても困難である。また最近は逆に日製がやり方を聞きにくることもあるが，それを価格に反映するつもりはな

い。日製に教えてもらった立場であり，商業倫理に反することはしない。

　A2 社のモーターは，同社製作による一品ものであり，日製から注文がくる。日立ビルテクノサービス（HBS）から受けるのは修理（分解して点検），工場用コンプレッサー用モーター，下水処理場ポンプ用モーターである。また水力発電用モーター（ダムに使用）等である。なお，モーターの事業は製作した後の責任が大変に厳しい。国外に輸出する場合，国外でのメンテナンスも必要となり，重要である。そのためモーター製作は国際化も自立化も厳しく，大企業と組まないと困難である。A2 社は日製以外での売上は 5％程度で，某大手メーカー向けのシャフト部品等である。日製以外に顧客を拡大する方針をとっており，営業面でアタックはしている。しかし，これら顧客からみると，需要逼迫時に A2 社は日製を優先してしまう一方で，これら企業への供給の優先度を下げるのではないかと疑われる。同様に A2 社からみれば，不況時は，これら企業は地元の下請企業を優先して，A2 社には仕事をまわしてくれないのではないかと疑うことになるため相互に難しい。

　A2 は東日本大震災後，自社製品開発プロジェクトを始動し，2013 年に大人 2 人で持ち運び川の水の流れに入れるだけで発電ができる小型水力発電機 “Cappa” を完成させ「グッドデザイン・ものづくりデザイン賞」（中小企業庁長官賞）を受賞した。この独自製品は日製 OB の設計者や大学と組んで開発した。今後同製品にはセンサーを搭載し水質，濁り具合のデータ解析も可能であろう。

　A2 社は ODA 事業による “Cappa” 導入事業に向けた覚書をネパールの寺院，小学校，中高一貫校と締結した。同製品の導入は 2015 年より国際協力機構（JICA）との共同プロジェクトで進めてきたもので，深刻な電力不足を抱えるネパールの農村部の生活水準向上を目的とする。今後，本格的に事業化し，ネパールのみならず，インドやバングラデシュにも輸出する予定である。A2 社は JICA 経由にて受注し，ネパールに納めている。ただし，現地での設置作業は A2 社自ら現地に行って設置している。“Cappa” は量産化したい。しかし，現実には R ＆ D コストは大きく，メンテナンスも難しい。ごみが入り込んだり，水流が不安定でむらがあったりする上にメンテは頻繁に必要である。コスト回収のためには公官庁の需要に乗せていく必要がある[8]。

（出所）筆者撮影。

写真6-5　A2社のCappa

　A2社は長年にわたる日製との取引の中で培ったモーター製作技術をベースとして，"Cappa"という画期的な商品開発を通じて国際化に向けた引き金を引けるところまで漕ぎつけた。しかし，同社が主軸とするモーターそれ自体は顧客の現場でのメンテナンスが極めて重要であり，容易に国際化できるものではない。また，先述のG1社の事例同様，中核企業以外の企業から受注するにはロックインの作用が働くため困難が伴う。製作物の性質に伴うこうした困難性にも拘わらず，A2社はR＆Dに注力しつつ，自立化を進め，技術力をテコに国際化を進めようとしているのである。

　以上，タイプ3-Cの事例としてF3社，C1社，C6社，A2社の4社を取り上げたが，これ以外にも紙幅の都合上，詳述ができない同タイプに相当する企業として，以下のような各社がある。

・D1社（鋳造・鍛造，DOI指標：47％，自立化指標：69％）[9]：バリ取りからスタートした後，主要技術をダイキャスト技術に転換し，ノウハウを蓄積して中国に工場投資。

・G3社（製缶・鈑金，DOI指標：48％，自立化指標：63％）[10]：短納期にて米

粒大の微細加工を必要とする試作用精密部品を生産することを得意としている。急激な日製向け仕事量の減少に直面し，「止むに止まれず自立化」に進み，大々的な設備投資を進め，試作用米粒大の精密鈑金で米国市場開拓を狙う。

・B4社（設計・開発・装置，DOI指標：41％，自立化指標：70％）[11]：精密機械加工，医療用分析装置ユニット関連製品，精密位置決めステージ関連製品（半導体故障解析ルール）の企業。研究開発や設計機能を構築し，先端技術と組立加工調整の製造技術を先鋭化させることで顧客を引き付け，自立化を進めてきた。

　以上，第2節においてはタイプ3の中でも自立性が高くなおかつ国際化志向を有する企業7社を「国際化準備企業」の事例として取り上げたが，次のような諸点を指摘することができるであろう。

　第一にいずれもかつては日製傘下にある工場を中核企業として長期固定的取引関係にあり，中核企業に対しては技術，品質，経営，売上の諸側面で依存していたという点である。ただし，前章で取り上げたタイプ1・タイプ3－A（従属的下請企業）及びタイプ3－B（国内志向自立化企業）と本節で取り上げた各社のかつての中核企業を各々比較すると興味深い違いがみられる。すなわち，前章の企業の場合，日製の日立工場（海岸工場，山手工場）といった重電・インフラ関係（発電機，タービン，モーター等）の中核企業が多いのに対して，本章第2節の4社の場合は，日製の多賀工場（D1社），佐和工場（上記各社），那珂工場（B4社），東海工場（G3社）といった弱電関係の工場を中核企業としている場合が多い。中村他（2012）は重電系の日製傘下工場を中核企業としていた中小企業の方が自立化に消極的であると指摘している[12]。たしかに前章で取り上げたような，より従属性の強い中小企業の中核企業は重電系が多く，本章第2節におけるタイプ3の自立型国際化準備企業の場合は弱電系が多いのである。

　第二にこれら4社はいずれも，技術力の向上や先鋭化及び営業力の強化を自立性確保の要諦としており自立性の高い国内中心のタイプ3に分類される企業であったが，その志向性は国際化を示していることが共通点として挙げられる。これら7社の多くに共通しているのは，技術力向上，イノベーションの追

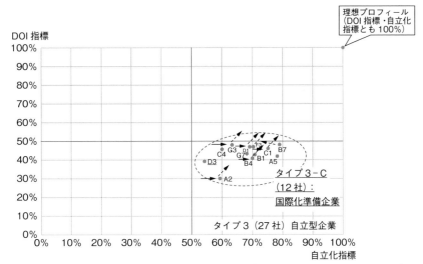

（注 1）図中の各社はアンケート調査回答企業の合計 41 社である。この他にヒヤリングに調査に
　　　　応じた企業として，タイプ 1 が 3 社，タイプ 3 - B が 3 社，タイプ 3C が 1 社，タイプ 4 が
　　　　1 社の合計 8 社あり，合計 49 社である。なお，タイプ分類はヒヤリング内容に基づき，筆
　　　　者が判断した。
（注 2）図中の各社のうち，下線が付してある D3 社は「転入企業」である。
（注 3）各企業の DOI 指標及び自立化指標に関するアンケートへの回答結果を集計した合計得点
　　　　を，理想プロフィールの満点の点数（DOI，自立化とも 100 点満点）で除した％が各社の
　　　　DOI 指標，自立化指標となる。各々 100％に近いほど理想プロフィールに近い。
（注 4）--▶　将来的な方向性
　　　　　▶　過去の方向性
　　　　　●　過去のスタート地点
（出所）筆者作成。

図 6 - 2　分析枠組みにおけるタイプ 3 - C

求，マーケティング・営業の重視と輸出や投資も含む海外市場開拓への取り組
みを開始している点である。ただし，各社が重視する具体的な技術上のクリ
ティカルファクターと国際化の方向性は以下のようにまちまちである。

①加工技術の先鋭化・多角化・大胆な設備投資と国際化に備える企業：

　　C1 社：精密プレス加工技術をテコに顧客企業の組織内の各組織との会話を
　　　　　　重視しつつニーズを巧みに組み上げ，製品に反映し，欧州向け輸出
　　　　　　を目指す（後半に紹介した D1 社，G3 社，B4 社もこうした方向性を
　　　　　　特徴とする）。

②自社製品・独自技術を活用する企業：

　F3社：「思わぬところから」スタンド型風鈴楽器を編み出し，急遽欧州向け
　　　　ビジネス展開に向かう。

　A2社："Cappa" という発電器を発明し，ネパールへのビジネス展開を狙う。

　C6社：「割裂Ⓡ」技術をテコにグローバル展開に挑む。

　以上を踏まえ各社のベクトルを描くと図6−2のような方向性を示している
といえよう。

　なお，第4章で取り上げたB1社はすでに述べた通り，これらの国際化準備
企業とはまた異なる動き方をしようとしている。すなわち，元々自立性の高
かった同社は今後自ら開発した技術を大手企業と組んで展開することを狙って
おり，むしろタイプ3からスタートしてタイプ1ないし，タイプ2の方向にいっ
たん進もうとしている点でユニークである。

　次節においては，自立性も高く，DOIも高い自立型国際化企業であるタイプ
4の中小企業の事例を研究する。これらの企業がタイプ4に分類されるのは，
アンケート調査の結果，DOI指標，自立化指標ともに50％超であるためという
理由が一つある。また，タイプ3における「国際化準備企業」とは異なり，よ
り本格的に国際化を進めようとしているか，あるいは既に進めているからであ
る。

第3節　自立型国際化を進める中小企業（タイプ4）の事例

　本節において最初に取り上げるA7社，E1社については既に第4章の事例と
して取り上げているが，より詳細を論じるためにあえて本章の第3節において
も再度論じることとする。

【電気・電子部品・機器：A7社】[13]

　A7社（DOI指標：84％，自立化指標：81％）は1965年創立の理化学用ガラ
ス機器加工メーカーであり，石英・各種高品質ガラス加工，分析機器，医療用
等向け特殊ランプや，各種装置を生産販売する企業である。

　A7社は1960年代に日製那珂工場に対する，理化学分析装置用部品の供給を通して関係を構築した。当時，特殊ランプを作れる日本企業がほとんどなくなり，日製がコストを負担する形で日立電子の小淵沢工場の設備をA7社に移管し，特殊ランプの生産を日製茂原工場からA7社に移管した。このようにかつて日本製の理化学分析用特殊ランプ分野において大手企業は撤退し，他の企業も品質安定に苦労していたが，A7社はあえてこれに挑戦したのである。同社には「黄綬褒章」を受賞するような匠の技を持つ高度技術者も所属し，高品質高付加価値製品を製作する。同社は2014年「がんばる中小企業・小規模事業者300社」に選出され，2017年経済産業省の「地域未来牽引企業」に認定された他，過去において政府，県，各種団体からの数々の受賞歴を持つ。A7社は日本国内では日立地域内に2か所の生産拠点を有し，海外では中国の北京に工場を有する。同社製のトーチやチャンバーは米国向けの純正品や，スミソニアン天文台向けの天文分光器に採用された部品，光を当てることにより物質の中身を分析するホロカソードランプ等々がある。

　1998年頃からA7社は顧客の多角化方針をとり，その結果，日製への売上依存は現在30％程度となっている。A7社によると，これを支えたのが特殊ランプ製作を中心とするOnly One技術であるが，技術ネタの見極めと起業家精神が極めて重要であるとする。

　国際化については，A7社は中国を中心に展開している。かつてA7社に特殊ランプ用のバルブを供給していたのは川崎のN社である。しかし，N社からの供給が止まることとなった。そこでA7社は，生産終了の1年延期を依頼し，これを認めてもらう一方で，大幅な単価上昇を認め，その間に生産拠点の開拓を急いだ。その後，日製の特約店の在北京現地法人の社長の中国人から中国の化学分析の世界ではトップ5に入るD氏，Y氏，S氏を紹介してもらい，A7社は中国北京に拠点を作り，製作することとなった。

　A7社の北京拠点は製造・販売を行う。中国国内市場向け生産の他，今後は対米輸出品にも搭載される。なお，A7社の輸出比率は35〜40％である。輸出先は，欧州（ドイツの大手メーカー向けシェア100％），米国（シリコンバレー企業向け），インド，中国，東南アジア（シンガポール）である。なお分析用特殊ランプ用バルブを手掛けている日本企業は某大手企業とA7社のみであり世

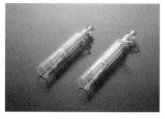

トーチ　　　　　　　　　　　　　ホロカソードランプ

（出所）A7社公式ホームページより（最終アクセス2019年8月21日）。

写真6-6　A7社の製品例

界シェアもほぼ二分している[14]。

　タイプ3-C及びタイプ4の中小企業は長年にわたる技術蓄積をベースとしたイノベーションをテコにPre-Export段階から漸進的に細かいノッチを踏みながら国際化している企業が多い。しかし，A7社の際立った特長は短期間における中国国内向け販売拠点と生産拠点の設立を実現した点である。A7社は川崎のN社からバルブ供給を受けられなくなるという危機的状況に直面し，中国生産拠点設立に動いた。同拠点は中国国内向け販売も，対米輸出向け生産も行う。第3章で取り上げたUppsala理論のStage Modelは企業国際化は輸出→販売拠点設立→生産拠点設立という形で漸進的に進むとするが，A7社は当初から販売拠点と生産拠点の実現を果たしている。また日本国内におけるバルブ供給の途絶リスクという危機的「出来事」がきっかけとなっている。こうした点でA7社の動向は，むしろBorn Again Global Company論（Sheppard & McNaughton, 2012, pp. 46-56；Baldegger & Wyss, 2007, pp. 28-37）を傍証する事例であろう。Born Again Global Company論は，Born Global Company論同様に，日本の企業城下町の中小企業の国際化を論ずるには説明力が乏しいとして，本研究の分析枠組みとしては採用しなかったが，A7社は例外的にBorn Again Global Company的な側面が色濃いといえる。そのため日立地域の中小企業の国際化に関して，Born Again Global Company論による説明を全面的に否定することもできない[15]。

【切削・研削：E1 社】[16]

　E1 社（DOI 指標：73％，自立化指標：64％）は 1949 年創業，従業員 30 名，資本金 1000 万円の精密機器部品丸物・挽き物切削，長尺，微細加工を得意とする切削加工メーカーである。同社は創業当初，日製多賀工場向けに東京電力向け家庭用のワットメーター計器関係の部品を製造し，三代目の現社長就任まで日製佐和工場が主要取引先であった。

　創業者の孫にあたる現社長は大手工作機械企業に勤務した後，2000 年に経営陣の一員として E1 社に入社し，方針転換を図り，顧客の多角化を図った。2017 年現在，売上構成は日製とその関連 20％，その他（自動車，産業用機械，民生用機械等）80％と多角化に成功している。

　E1 社の得意分野は NC 加工と微細加工であり，NC 加工では最新鋭の CNC 旋盤による精密切削加工・複合加工を得意とする。自動車機器部品，放送通信機器部品，医療器具部品，水洗器具部品，ガス器具部品，キーシリンダー，特殊ネジ，特殊ボルト，シャフト関係を主要製品としている。E1 社は顧客の開発設計段階から参入し，蓄積した技術データを活用し，量産時のコストデザインまで手掛ける。特に CNC 旋盤による一発仕上げ加工により，大幅な加工時間の短縮により短納期化と加工精度の向上による歩留りの改善を可能にしている。一方，微細加工においては，重要保安部品をはじめ，医療機器部品，通信機器部品，飲料機器部品等，海外で現地生産，現地調達が難しい高品質の部品が主要製品である。このように同社は小物の挽き物・旋盤加工に特化し，小物・丸物切削を中心に技術力を高めてきたのである。

　同社は今まで難しいとされていた旋盤での微細長尺加工技術を開発し，平成 22～24 年度において，経済産業省による「戦略的基盤技術高度化支援事業（サポイン事業）」の採択を受けた。また 2015 年 7 月，E1 社は複数の中小企業とともに共同受注体の GLIT（Guild for Innovative Technology）を設立した。GLIT は尖った技術を集めて，新しいことをやろうという志を共有する茨城発の 10 社の異業種企業の連携体であり，水戸，日立，ひたちなかの企業が中心となって構成されている。GLIT の活動で売上も立っており，全国から問い合わせがきている。

　国際化に関しては，E1 社は日本国内に生産拠点を置いたまま，対ドイツ輸

写真6-7　NC旋盤機器が並ぶE1社社内生産ライン

出という形で国際化を展開している。同社は2011年から医療関係の展示会である COMPAMED に4年間連続で出展しドイツの顧客企業（医療系遠隔ロボット企業）より，試作を含めて受注を開始し，2014年から売上が立っている。なお，これに先立ち，E1社は2013年にドイツのデュセルドルフに現地法人を設立するに至っている。ドイツの顧客企業の技術重視はE1社にとって重要であった。従来は最終顧客であるドイツのニッチトップメーカーに対して，中国のメーカーが部品を販売していたが，その中国メーカーは技術的に未成熟だったため部品の製造をE1社に外注していた。これが対ドイツ輸出の一つの契機となりやがて中国企業を介さない直接取引が成立した。微細加工技術においては，部品の図面更新が重要である。図面更新のたびに，顧客の技術レベルが上がり，それに対応するE1社のような供給業者の技術レベルも向上する。幾度も更新を繰り返すうちに，競合他社はついていけなくなり，脱落し，結果としてE1社のような高度な技術を有する企業のみが強力な競争力を有する形で残ることになるのである。このようにドイツの顧客企業の信頼を確立するためにはコストよりもまずは技術力が重要なのである。

　E1社は世界を目指している。なぜ国際化するのかといえば，E1社は国内を市場とは考えていない。国内は人材，地域企業よりなる資源供給の地であり，生産拠点であるが，市場は海外・世界にあると考える。実際，精密微細加工企業であるE1社としては，国内市場だけではニッチ市場過ぎて手狭であるため，

国際化は企業として生存していく上で当然のことであるとする[17]。

　E1社は国際化と自立化に向けてダイナミックに動いているといえよう。まず，同社は長年日製との付き合いで培った技術力を有していたが，2000年代初頭から日製への依存から脱し，独自の高度な尖った技術の確立と国際化をほぼ同時に追求し始めた。E1社が他社と異なるのは，GLITという地域ネットワークの構築にイニシアチブを発揮している点と，事業国際化の戦略性であろう。E1社は「尖った技術の追求」により世界を目指すという。尖った技術は国内市場だけでは手狭であり，国際的に市場を開拓しなければならないとしており，まさに中小企業が国際化を進める要因は国内市場の寡少性にあるというLindqvist（1991, p. 35, p. 228）の議論を体現している。またドイツの顧客の図面更新に追従できなくなった企業が脱落し，最後は技術力を有する企業だけが残るとするE1社の証言も尖った技術を使った国際競争のダイナミズムを生々しく示している。さらにE1社は多くの日系企業の国際化への消極性が経営上の認識の在り方にみる保守性にあるとしており，これは第3章で取り上げたLateral Rigidity（国際化に向けた硬直性）の強さが国際化を阻むという理論と合致している点で興味深い。

【電気・電子部品・機器：A3社】[18]

　A3社（DOI指標：63%，自立化指標：67%）はPCB（Printed Circuit Board：プリント電子基板）実装の企業として1967年に創業した従業員70名の企業であり，現在はPCB実装のみならず，それに関連するあらゆる技術を手掛けている企業である。A3社はかつて日製多賀工場を主要取引先とし，その売上依存度は会社設立当初から2000年代後半まではほぼ100%で推移していたが，2010年あたりから，半分程度まで下がってきた。同社は2001年以降，中国，台湾への輸出を手掛け，国際化を早い段階から進めてきた。またイノベーションの展開に対して，2007年以降，「日本機械学会優秀製品賞」「茨城県知事賞」「日立商工会議所 会頭賞」等数々の受賞歴を有し，2017年にはめぶきファイナンシャルグループによる「第一回めぶきビジネスアワード」にて奨励賞を受賞している。

　初代社長の子息である現副社長は，東京のシステムエンジニアリング会社に

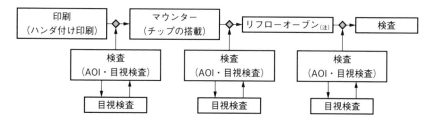

（注）リフローオーブンは装置内が温度制御されており，はんだを溶かすことにより，基板に
　　　載った部品を完全にプリント基板に固定する。
（出所）A3社の説明を基に筆者作成。

図6-3　PCB実装工程の構成(1)

就職した。やがてソフトウェアのみならず，実際に目の前で動くロボットに関心を寄せ，某企業においてロボット開発に関連する仕事に携わる。こうした経験を経てA3社副社長は，1990年代半ばに実家のA3社に入社し，1998年に"Neoview（ネオヴュー）"を開発する。これは製造現場においてPCBを様々な角度から検査できる目視検査支援システムである（開発にあたりロボット開発の経験が生かされた）。PCBの品質維持においては，数値も大事であるが，最終的には「何かが違う」という製造現場の目視に基づく感覚が重要である。すなわち製造現場でオペレータが実際にPCBを手にとってみて「何か違う」という違和感を覚え，ピーンとくるという感覚が重要である。これはマシーンでは見つけきれないものであり，最終的には目視が重要ということになる。自動検査装置であるAOI（Automatic Optical Inspection）装置がNGとするPCBのみ目視検査するという考え方が「ネオヴュー」の製品コンセプトである。目視検査支援システム「ネオヴュー」は，誰でも検査でき，誰が検査しても同じ結果となり，誰が検査したかが分かり，データも保存できるということが特色である。構造としては，PC上にルナというソフトがあり，これが制御ロボと（XYZ軸で可動）とCCD2台を動かす。なお「ネオヴュー」開発に当たっては茨城県の補助金が助けになった[19]。一般的にPCB実装ラインというものは，様々な機器がつながって構成されるが，一つのメーカーがすべての機器をセット販売するケースはまずなく，大手数社を中心として，各々アライアンスを組むのが通常である。

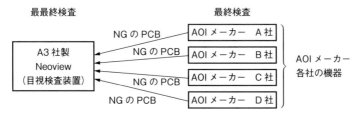

（出所）A3 社の説明を基に筆者作成。

図6-4　PCB 実装工程の構成(2)

　スマホなどの場合，PCBは非常に小さいため，AOI検査後に目視検査が必要となる。A3 社は，図6-4の通り，一社に制約されることなく，複数のAOI企業と連結できるようにしておくことを重視している。AOI機器メーカーは本来であれば，自分たちの製品が最終工程にあり，自分たちの製品がNGとしたものをさらに目視検査する必要はないとしたいし，目視検査の介在を認めることは，AOIメーカーにとっては自己矛盾となる。しかし，昨今ではユーザー顧客の要請により，目視検査を付帯させることがMustとなっており，これがない場合，AOIメーカーも機器が販売できない状況になっているのである。

　A3 社の国際化は次のように進んだ。2001 年に A3 社は「ネオヴュー」を日製多賀工場の治工具の例として展示会に出展したことがきっかけとなり，1999〜2001 年頃にかけて，A3 社，某商社，台湾治工具企業（L 社）と協力しながら，ビジネスを中国，韓国，台湾に拡大していった。その際，A3 社は日本国内で PCB 検査機を生産し，ビジネス拡大のアイディアを L 社が担い，当該某商社が販売するという形ができあがっていった（図6-5参照）。

　その後，中国，南米，ロシア，米国，東南アジアの AOI メーカー代理店と取引が始まり，A3 社の目視検査装置はなくてはならない存在となりつつある[20]。海外との取引に当たっては，代理店が海外からのコンタクトを受ける。A3 社とメーカーの間に代理店が存在し，モニター，AOI，目視検査のノウハウを有する人に仲立ちをしてもらっている[21]。

　A3 社の国際化と自立化は次のような特徴を有する。まず，同社の技術蓄積は日製多賀工場に負うところが非常に大きく支援は部材，設備のみならず，人員の育成に及び，A3 社は大いにその恩恵を受けたと考えている。次に A3 社の

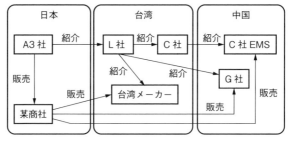

（出所）A3 社の説明を基に筆者作成。

図 6-5　A3 社の輸出構造

自立化にとって「ネオヴュー」等の開発が大きな役割を果たしている。「ネオ
ヴュー」は，ユーザー顧客が品質保証をより確実なものとするために AOI 装置
に対して目視検査装置の付帯を要請するのが通常となっている点が有利であ
る。また，目視検査装置は 3 社しか存在せず，A3 社はその一角を占めている。
またこの技術を維持し，顧客の信頼を確保するためにも A3 社は PCB の量産を
継続しており，安易な業態転換はしない方針である点も重要であろう。

【金型・治工具：F1 社】[22]

F1 社（DOI 指標：57％，自立化指標：74％）は創業 1951 年，資本金 6000 万
円，従業員 20 名の主として Tier1 の自動車部品メーカー向けに金型設計・製
作，プレス加工を行う企業である。「平成 23 年度　戦略的基盤技術高度化支援
事業」に認定された他，自動車のエアコン関連ユニットである熱交換器部品，
コンデンサー，エバポレータ（evaporator：蒸発器）世界シェア 100％の企業
である。

元々初代社長は日製関連企業の社員であったが，買い叩かれることを回避す
るべく，当初より自立化路線を歩む方針をとり，熱交換器の部品，金型の事業
をスタートさせたため，総じて日製向けの売上は全体のせいぜい 5％程度であ
り，あくまでも自動車部品メーカー向けの熱交換器部品の金型とプレスが中心
となり，事実上日製との関係は希薄であり続けた。当初の商流は，F1 社→ S 社
→本田技研，鈴木自動車というものであった。なお，当該 S 社は，やがて SD
社に吸収され，SD 社は Tier 1 部品メーカーとして有名な多国籍企業の K 社に

合併される。K社は自動車用空調システムの組み立てをやっていたが，部品製造のノウハウが欠落していたため，SD社の能力が欲しかったのである。以上の経緯により，F1社は現在，K社に納入しており，F1社の金型，プレス部品は世界中のメーカーに輸出されている。

　金型や部品は現地では製作できず，F1社がすべて供給しており，上述の通り，熱交換器部品，コンデンサー（フロンガスを液化），エバポレータ（冷房用。フロンガスを気化する）の部品に関して，F1社は上記K社，J社，C社といった主要部品メーカーすべてに納入して100％シェアを確保している。これらの部品について，どのようにして自社が優位に立てるのかが鍵であり，ビジネスを軌道に乗せるまで10年はかかった。F1社にとって顧客から設計構想がきて，これをどのように実現するかが鍵であるため，当然のことながら，自動車用熱交換器部品等の製作においては設計の力が重要である。この分野は1/100〜2/100 mmの世界なので，測定顕微鏡で確認する必要がある。F1社は主要顧客であるK社に対して金型と部品を供給するが，K社側も企業体質強化のため，リストラや選択と集中を繰り返しながらサプライヤーを選別してきた。K社の要求する技術レベルに追い付けない企業は競争からそぎ落とされ，結果，本当に競争力のある企業だけが残ることになるのである。

　事業の国際展開やその深化のきっかけはどのようにして得るか。F1社は緊急時に潜在顧客を助けることによる信頼獲得が，国際展開の機会になるとする。例えば，F1社が遭遇したタイにおける事例が挙げられる。元々K社の傘下にてサーマルシステム（Thermal System）を作るAir International社という企業（従来オーストラリアの会社で，現在は中国資本）があり，同社はタイの部品量産工場で米国GM向けに部品を出荷していた。ある時，Air International社は金型に不具合が生じ，部品生産が困難となり，K社経由にてF1社に緊急支援を要請してきた。これを受け，F1社担当は急遽，金型のパーツを持参し，Air Internationalタイ量産工場の生産ラインを助け，その結果米国GMの生産ラインをストップさせずに済んだのである。万が一GMの生産ラインが停止した場合の賠償額は極めて高くつくリスクがあった。この一件，F1社の担当者が金・土・日にわたる韓国出張出発直前の木曜日に緊急支援要請を受け，成田空港から電話とメールにて先行して金型部品を直ちに生産しておく

よう指示し，韓国出張から帰国した足で月曜日深夜の JAL 便で翌朝タイに着陸し，現地時間午前 10 時にバンコク近郊にあるラヨンに所在する先方の工場に到着して大至急修繕をすることで危機を脱するという綱渡りであった。

　このとき，F1 社は Air International 社から大きく信頼され，その後のビジネス拡大につながったのである。この一件以来，Air International 社が新製品を出すための部品設計を新たに起こした場合は，真っ先に設計図面を F1 社に提示してくるようになった。また，昔は量産前に同社は F1 社の生産ラインに立ち会ったが，今はそれもせず全部任せてくれている。F1 社は値引きしないし，先方もそれを承知しており，値引きを求めることがなく，新規案件を真っ先に提示してくるのである[23]。

　F1 社は創業の地こそ日立地域であり，創業者も元日製関係者ではあるものの，同社は端から自立性の確保を方針として取り，自動車用熱交換器機器部品の金型とプレス加工に打ち込みその技術を先鋭化させていった。その結果，熱交換器部品等でシェア 100% という堂々たるナンバーワンの立場となり，安易な価格競争に巻き込まれることがなかったという点において大変に優れている。また，同社の顧客のタイ関連企業への緊急支援にみられるような国境も時差をも越えて，いわば「腕まくりをして」顧客の元に飛んでくる極めて前向きな顧客志向の姿勢が国際化におけるビジネスチャンス拡大の掴み方，活かし方の具体例を示しているといえるであろう。

【電気・電子部品・機器：A1 社】[24]

　A1 社（DOI 指標：58%，自立化指：76%）は 1950 年創業，資本金 1000 万円，従業員 71 名の電動機・発電機の電機部品を製造販売する企業である。同社では独自の新製品の開発・製造も進めている。A1 社の売上比率は 2000 年頃までは某 A 社向けが全体の 80% を占めていたが，その後技術力の向上や製品開発により，顧客の多角化を進め，2019 年現在では A 社 20%，B 社 20%，C 社 20%，D 社 20%，E 社 10%，F 社 10% とバランスのとれた形となっている。顧客の多角化に関して，取引関係の長い中核企業以外の顧客開拓において一般に指摘されるロックイン効果[25]による困難性について，A1 社は「そのようなものは言いわけに過ぎず，実際には親身になって仕事をするだけのことである」

とする。

　A1 社は営業やマーケティングを重視する。同社には営業部も存在するが，技術者も管理者も営業の役割を担うと考える。A1 社は独自製品として，非常用 LP ガスエンジン発電装置を開発した。同製品は汎用の LP ガスボンベをつなぐことで発電する機器であり，災害時ライフラインの非常用電源として利用するものである。体育館等のバックアップ電源としての活用などの市場開拓を進める。この規模でのガス発電をやっている競合はない。同社の非常用 LP ガスエンジン発電装置は日本国内市場としては防災マーケットを狙う。海外については，自然環境の変化の影響を受けて災害が多発する欧米等先進国の防災市場への展開を構想し，将来を見据えた基本方針としては，国内生産工場はマザー工場として技術の中心を置き，技術の伝承を続ける[26]。

　A1 社の自立化に関して，A1 社は上述の「ロックイン効果」については，これを制約条件と考えず積極的に顧客開拓に進んだことや技術者も営業機能の一員であるとして営業やマーケティングを重視してきた点が特徴的である。特に同社は LP ガスエンジン発電装置を開発する自社独自の高度な技術を有することが強みとなっているといえよう。また，国際化に関しても自社製品のマーケティング展開という形で進められるところが特徴である。

　ところで本研究の第 3 章においては，DOI 指標の測定項目策定を考察した際，日本の地域における中小企業の現実に照らした場合，従来の Uppsala 理論において想定されている Stage モデルは修正する必要があると論じた。すなわち，同モデルにおいて想定されている国際化の段階は代理店経由輸出→販売拠点投資→生産拠点投資という形で推移することが想定されており，ワンステップが過剰に大きすぎるため，よりノッチの細かい段階を想定するべきと論じたのである。かつて A1 社は，ミャンマーにおいて駐在員事務所を設立し，販売拠点を設立の上，CDK/SKD 生産を経て By Parts 生産を行う構想を持った。これはまさに Uppsala 理論を踏襲するかのごときステージを経てミャンマー現地市場への進出を深化させる国際化構想であった。しかし，実際には A1 社はミャンマー投資の Feasibility Study は行ったものの，この構想を凍結した。そして同社は，国内生産工場はマザー工場として技術の中心を置くこととし，国際化については災害が多発する欧米等先進国の防災市場への展開を優先するこ

ととした。すなわち，A1社は，生産と技術は国内を中心としてこれを維持・発展させ，当面は欧米向け先進国に輸出を行う方向をとったわけである。

　こうした方向転換は二重の意味でUppsala理論修正の必要性を裏付ける。第一にA1社はUppsala理論のStageモデルが想定する直接投資の拡大というような大股での海外展開へと向かうのではない。むしろFeasibility Studyを含むPre-Export段階からスタートし，輸出実現に進むというように，ノッチの細かい段階を踏み，着実な国際化に向かう方向性をとっているのである。第二にA1社は，Uppsala理論が想定するような心理的距離（Psychic Distance）の小さなアジア近隣諸国から始めて，Liability of Foreignness（外国企業であるが故の不案内，制約）の大きい国へと国際化を進めるわけでもなく，欧米市場を優先するというのである。これら諸点からも第3章で述べた通り，地域中小企業国際化の説明にあたっては従来のUppsala理論におけるStageモデルはよりノッチの細かい段階で構成されたものへと修正し，Psychic Distanceは前提から外すべきであるという見解が裏付けられたといえよう。

【設計・開発・装置：B5社】[27]

　B5社（DOI指標：57%，自立化指：70%）は資本金2500万円，従業員104名であり，国産初の断続滴加方式による自動滴定装置を開発した企業である。同社は1943年に日製水戸工場の協力工場として創立された。創業当時，B5社は日製依存度が100%であったが，1975年頃は50%程度となり，2018年現在は100%自社製品の事業となっている。

　同社は2007年に経済産業省・中小企業庁より「元気なモノづくり中小企業300社」に選定され，2008年に茨城県より「いばらき産業大賞」を受賞，2017年には経済産業省より「地域未来牽引企業」に選定されている他，数々の公的認定や受賞歴を有する。1965年頃まではB5社は日製那珂工場の下請企業であったが，1960年代に日製那珂工場を率いた牧野勇夫氏のアドバイスで下請を脱し自立化することを目指した。牧野氏は米国パーキン・エルマー社（PerkinElmer Co., Ltd）とクロスライセンス契約を結び，計測機器の事業を開拓し，成功していた（明山，1996，pp. 167-168）。牧野氏はパーキン・エルマー社に部品を納入している米国企業は技術力を磨き，自立性を高めているとし

て，B5 社も自社技術を確立し，自社製品を生産販売して自立性を確立する方針をとるべきと後押ししてきたのである。当時，これは非常に先駆的で B5 社は牧野氏のアドバイスを信じ技術力向上に努力した[28]。

　1965 年，B5 社は自社技術により国産初の「滴加制御式滴定記録装置 RAT-1」を完成した。滴定とは溶液の濃度を測定する化学分析法であり，既に濃度の分かっている溶液を用い，まだ濃度の分かっていない溶液の濃度を決定するものである。同装置は世の中に存在していなかったもので，定量分析を可能とし，滴定の効率化と高精度化に大きく貢献した[29]。第一号機は住友化学に販売した。

　国際化に関しては 1990 年代に入ってから，世界中の顧客向けに大腸がん検査装置，土壌分析装置の OEM 販売及び自社ブランド販売を展開している。大腸がん検査装置の輸出は 1996 年に開始した。海外向けは日立ハイテクサイエンス経由で販売している。海外向けの事業は 20 年やっているが，海外売上比率は 5％程度であり利益が出にくい。この業界は手離れが悪く，修理，アフターサービス，点検が欠かせない上，工数もコストもかかる。したがって，近年は納入前に顧客を日本に招き講習会を行うことでメンテナンスコスト抑制を図っている。

　B5 社の場合，早くも 1960 年代の段階で中核企業である日製那珂工場のトップマネジメントから自立化を促されたことが際立っている。こうしたことが同社の早い段階における独自製品の開発や国際化につながっているといえよう。

　以上，タイプ 4 の事例として A7 社，E1 社，A3 社，F1 社，A1 社，B5 社の 6 社を取り上げた。これ以外にも紙幅の都合上，詳述ができない同タイプに相当する企業として，以下のような各社がある。

・A4 社（電気・電子部品・機器，DOI 指標：67％，自立化指標：83％）[30]：1972 年創業，従業員 45 名の企業で，非接触 IC カード・IC タグ（RFID）製品，マイクロモーター，各種コイル製作の他，生ごみ処理機，バイオトイレ等も製作する企業である。同社は日立地域に 3 工場を有する他，タイ，韓国，中国に拠点を有する。同社は 2009 年に経済産業省「第 3 回ものづくり日本大賞」優秀賞を受賞するなど優れた実績を有する。

・C3 社（プレス加工，DOI 指標：64％，自立化指標：62％）[31]：C3 社は大手自

動車会社等を取引先とする Tier 1 企業の X 社向けに自動車用のばねを生産するようになる。X 社からは様々な技術的ノウハウを伝授され，創業 5 年から 10 年をかけて，自社技術を確立していき，自立化を果たした。国際化については，同業他社とのつながりがきっかけとなり，Born Again Global Company 的に C3 社は中国・昆山に直接投資しており，現地工場の従業員は 16 人に上る。2008 年頃，同業他社が上海に工場を投資した際，関東地区の有志十数社で 100 万円ずつ出資し現地に駐在員事務所を開設した。

以上，第 3 節においてはタイプ 4 の自立型国際化企業 8 社の事例として取り上げ論じてきたが，次のような諸点を指摘することができるであろう。

第一に従来の中核企業を確認すると，タイプ 4 の場合，重電向けを含むモーター，発電機を製作していた A1 社を例外として，日製那珂工場（A7 社，E1 社，B5 社），同佐和工場（E1 社，F1 社），同多賀工場（A3 社）というように，いわゆる弱電のカテゴリーの工場が多い。特に注目するべきなのは，A7 社，B5 社のように，早くも 1960 年代の段階で日製那珂工場を率いた牧野勇夫氏のアドバイスにより自社製品の開発を通した自立化や脱下請の方針をとった点であろう。

第二に以下にある通り，各社の自立化を支えるのは，加工技術の先鋭化や，競争力のある高度な技術の開発であるという点である。

①加工技術の先鋭化をテコに世界を目指す企業：

　A7 社：「黄綬褒章」を受賞するような匠の技を持つ高度技術者による高品質高付加価値製品の製作。

　E1 社：E1 社がドイツ企業との取引において当該企業が設計図面を更新するたびに難易度が上がり，競合他社は次々脱落する中，E1 社のみ残ったという事例。

　F1 社：自動車エアコン関連の熱交換器部品，コンデンサー，エバポレータの世界シェア 100％の企業である。

　C3 社：通常は製造が困難な D/d4 以下のばねの量産技術を実現。

②競争力のある高度な技術の開発により世界を目指す企業：

　A3 社：PCB 実装における目視検査装置である "Neoview（ネオヴュー）" が事実上の業界標準となっていること。

　A1 社：従来からのモーター技術にプラスして非常用LPガスエンジン発電装
　　　　置を開発したこと。
　B5 社：国産初の「滴加制御式滴定記録装置 RAT-1」を完成したこと。

　第三にタイプ4の企業の国際化の在り方については予想以上に多様なものが
あるという点である。本研究の第3章において DOI 指標・自立化指標の測定項
目を策定する議論を展開した際，特に DOI については先行研究として欧米の
論究を取り上げ，Uppsala Model や Born Global Company とその派生である
Born Again Global Company については，そのまま援用することについて否定
的な議論を展開した。すなわち，日立地域にみられる通り，中核企業の下請と
して存在した地域の企業城下町における中小外注企業が，中核企業との長期固
定的取引を経験して技術力を蓄積し，やがてこれをテコに国際展開を画策する
ためには大変な時間と労力がかかるのであり，国際化のテンポは極めて漸進的
であり一つ一つのステップもノッチの細かいものとなるはずであり，DOI 指標
はそうした修正が必要であるとしたのである。確かに先述したタイプ4の8企
業のうち，A3 社（PCB 量産の本業から安易に転換せず，PCB 検査装置を世界
展開することを狙う），F1 社（熱交換器部品等でシェア100%），B5 社（検査
装置，分析装置の世界展開を狙う），E1 社（設計図面変更に追従するうちに競
合脱落，国内市場寡少性ゆえに国際化は当然とみなす）といった4企業につい
て，それは該当する。

　A1 社は，開発と生産について，アジア投資はせず，引き続き国内を拠点と
し，国際化に関しては欧米先進国への輸出（当面は投資ではなく）を優先する
という。まさに Uppsala 理論にみる大股での海外投資ではなく，本研究にて修
正した通り，輸出実現に向けて漸進的に進むというよりノッチの細かい国際化
のステップがみてとれる。また日本企業たる A1 社は近隣のアジアではなく，
欧米市場というより「遠い」市場から国際化を開始しようとしている。この点
においても，心理的距離（Psychic Distance）の近い所から始まって，やがて
遠い所へと国際化の範囲が広がるという Uppsala 理論の前提が否定されるので
ある。このように A1 社の当初の国際化の方向性と Feasibility Study 後の修正
は，まさに Uppsala 理論への修正の必要性を裏付けているといえよう。

　しかし，その一方で，上記のような形で自立化と漸進的な国際化を進める企

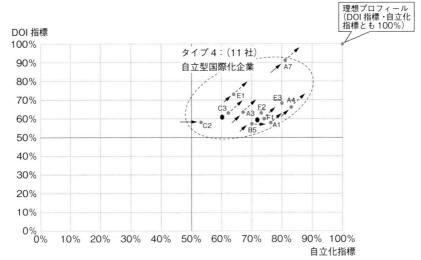

図6-6　分析枠組みにおけるタイプ4

業だけが存在するのではない。本節における意外な発見としては，以下の各社
が指摘できる。

① Born Again Global Company 的な A7 社：ノッチの細かい漸進的国際化想定
とは異なり，当初から在北京の販売拠点と生産拠点の実現を果たしている。
また北京進出は日本国内における危機的「出来事」がきっかけとなっている
点でまさに Born Again Global Company 的国際化である。

③ タイプ2からの変容を遂げた中小企業であるプレス加工の C2 社：C2 社の要
請によりヒヤリング内容の詳細記述は避ける。基本的に同社は元々日製某工

　場のリクエストに追従して某国の日系工場向け生産拠点を投資したものの，現地での発注数量が激減したため，大変な苦労を重ねてみずから現地市場を開拓したという。すなわちC2社はタイプ4ではあるものの，もとはタイプ2だったという点でこれもレアケースである。

　以上を踏まえ各社のベクトルを描くと図6-6のような方向性を示しているといえよう。

小括

　本章においては，タイプ3-C（国際化準備企業）とタイプ4（自立型国際化企業）の事例を取り上げ，その国際化と自立化の特徴について論じてきた。これまでの議論をまとめるとタイプ3-C（国際化準備企業）及びタイプ4（自立型国際化企業）については以下のような特徴を指摘することができよう。

　第一に中核企業との関係である。本章で扱った多くの中小企業は，日製の各工場の中でも弱電系の工場を中核企業とするところが多かった。その点，前章で論じたタイプ1やタイプ3-Aは重電系の日製傘下工場を中核企業としていることが多かったのとは対照的である。中村他（2012）は重電系の中小企業の方がより自立化に消極的であったと論じている[32]。実際，本章で扱ったA7社やB5社は早くも1960年代に日製那珂工場の設計部長であった牧野勇夫氏に自社技術の確立と自立化を促されていた。また，日製多賀工場を中核企業としていたA4社も1970年代に，日製佐和工場と取引していたE1社は2000年代に，自立化を進めたのである。一方，前章で取り上げた重電系の中小企業の場合，中核企業の製品が社会インフラを支えるという資質上，自立化についてはより慎重さが求められたのではないかということが推察されよう。しかし，重電と弱電の間でなぜこうした差異があるのか，十分な究明がされてはおらず，今後の研究課題の一つとして挙げておきたい。

　第二にタイプ3-C（国際化準備企業），タイプ4（自立型国際化企業）企業にみられる技術力向上と営業・マーケティングの重視である。加工技術をより「尖らせる」企業，大胆な設備投資を進める企業，自社技術の開発に力点を置

く企業が多い。また顧客や市場に対するアンテナを張ることの重要性を痛感した企業（D1社），展示会等により顧客に自社技術の卓越性や顧客に何をもたらすかを明確に伝えることを重視する企業（E1社，F1社，C1社，C6社等），人のつながりを重視する企業（各社）等，各社とも技術力と営業・マーケティングの双方を重視している点が特徴的である。

　第三に国際化については，技術力の先鋭化により国内のニッチ市場の寡少性を克服するべく国際化を進める企業（E1社等），輸出から初めて漸進的に国際化を進める企業（各社）が多い。ただし，これとは異なる国際化の在り方を示す企業もある。Born Again Global Company 的な国際展開を見せる C3社，A7社である。C3社は中国現地において自社で顧客を開拓し，躊躇なく中国現地生産を開始しており，インド投資の Feasibility Study も開始しようとしている。同社は Lateral Rigidity が低い（国際化に向けた硬直性が低く，柔軟）社長に率いられている。また，A7社は主要部材であるバルブの供給が停止されそうになるという危機的状況をきっかけとして，一気に北京での生産にまで行きついた。このように，あることがきっかけとなり一気に蛙飛び的な国際化が進展している点で両社は Born Again Global Company 的であり，こうした企業の発見は有意義である。

　以上のことから，日立地域における中小企業の中で，タイプ4やタイプ3-Cに分類される企業は，かつて中核企業との長期的取引関係の中で培った技術力をさらに高度化させ，加工技術を高度化するか，自社技術を保有することで顧客の多角化と自立化を進め，ひいては国際展開をダイナミックに臨もうとしていることが分かった。本章において取り上げた中小企業各社をまとめたのが表6-1である。

表6-1　タイプ3-C，タイプ4のまとめ

タイプ	業種	記号	国際化軸合計	自立化軸合計	備考
タイプ3-C	製缶・鈑金	G3	48%	63%	試作用鈑金の米粒大の精密加工。設備投資重視。
タイプ3-C	鋳造・鍛造	D1	47%	69%	ダイキャストのノウハウをテコに中国生産。
タイプ3-C	金型・治工具	F3	47%	70%	スタンド型ベル楽器の開発による欧州進出。
タイプ3-C	プレス加工	C1	46%	75%	顧客ニーズに沿うプレス加工技術で欧州輸出。
タイプ3-C	設計・開発・装置	B1	43%	71%	電力計測の独自技術（4章で紹介）。
タイプ3-C	設計・開発・装置	B4	41%	70%	研究開発や設計機能を構築し，先端技術と組立加工調整の製造技術を先鋭化。
タイプ3-C	電気・電子部品・機器	A2	30%	59%	自社製品の簡易発電装置Cappaによりネパール貢献。
タイプ3-C	プレス加工	C6	na	na	割裂技術をテコにグローバル展開。
タイプ3-C	設計・開発・装置	B7	48%	79%	―
タイプ3-C	プレス加工	C4	45%	60%	―
タイプ3-C	製缶・鈑金	G7	43%	68%	―
タイプ3-C	電気・電子部品・機器	A5	42%	78%	―
タイプ4	電気・電子部品・機器	A7	84%	81%	匠の技による特殊ランプ製造技術を有し北京生産も展開（BAGC）。
タイプ4	切削・研削	E1	73%	64%	ドイツ先端企業に認定される精密加工技術力で世界を目指す。
タイプ4	電気・電子部品・機器	A4	67%	83%	70年代より国際化。自社製品も展開。
タイプ4	電気・電子部品・機器	A3	63%	67%	New Viewを業界標準化。
タイプ4	プレス加工	C3	64%	62%	D/d4以下の技術をテコに中国生産＋インドFS（BAGC）。
タイプ4	金型・治工具	F1	57%	74%	自動車用熱交換機器で100%シェア。
タイプ4	プレス加工	C2	58%	53%	―
タイプ4	電気・電子部品・機器	A1	58%	76%	LPガス発電機により国内外防災市場。
タイプ4	設計・開発・装置	B5	57%	70%	60年代より自立化。分析装置・検査装置でベトナム進出へ。

（出所）筆者作成。

［注］

1　F3社へのヒヤリング記録資料（日時：2018年8月3日㊎13：00～14：30，場所：F3社専務室，対象：F3社代表取締役専務）及びF3社内提供内部資料に基づく。

2　F3社，同上。

3　C1社へのヒヤリング記録資料a（日時：2017年5月31日㊋10：30～12：30，場所：C1社会議室，対象：C1社代表取締役社長）及びC1社へのヒヤリング記録資料b（日時：2018年7月2日㊋16：00～17：30，場所：C1社会議室，対象：C1社代表取締役社長）に基づく。

4　C1社，同上。

5　C6社へのヒヤリング記録資料（日時：2017年5月30日㊋14：00～17：00，場所：C6社会議室，対象：C6社代表取締役社長）に基づく。

6　同上。

7　A2社へのヒヤリング記録資料a（日時：2017年6月6日㊋14：00～15：00，場所：A2社会議室，対象：A2社代表取締役会長）及びA2社へのヒヤリング記録資料b（日時：2018年6月29日㊎10：00～11：30，場所：A2社会議室，対象：A2社社員）に基づく。

8　A2社，同上。

9　D1社へのヒヤリング記録資料（日時：2017年6月26日㊊10：00～11：30，場所：D1社会議室，対象：D1社代表取締役会長）及びD1社内提供内部資料（社史）に基づく。

10　G3社へのヒヤリング記録資料a（日時：2015年6月17日㊌16：30～18：00，場所：G3社会議室，対象：G3社代表取締役社長），G3社へのヒヤリング記録資料b（日時：2017年8月3日㊍14：00～15：00，場所：G3社会議室，対象：G3社代表取締役社長），G3社へのヒヤリング記録資料c（日時：2018年7月2日㊊10：00～11：00，場所：G3社会議室，対象：G3社代表取締役社長）に基づく。

11　B4社へのヒヤリング記録資料a（日時：2017年6月1日㊍14：00～15：30，場所：B4社会議室，対象：B4社代表取締役社長）及びB4社へのヒヤリング記録資料b（日時：2018年7月1日㊌10：00～11：00，場所：B4社会議室，対象：B4社代表取締役社長）に基づく。

12　中村他（2012），146頁。

13　A7社へのヒヤリング記録資料（日時：2018年7月26日㊍14：00～15：00，場所：A7社会議室，対象：A7社代表取締役社長）に基づく。

14　A7社，同上。

15　Born Global Company理論，Born Again Global Company理論については，本研究の第1章1節4項の④に詳述した。また，日本の地域における企業城下町における中小企業の国際化と自立化を論じる上でBorn Global Company論，Born Again Global Company論を説明理論として用いることについての問題性については，本研究第3章2節2項の④の注37において補足説明してある。

16　E1社へのヒヤリング記録資料a（日時：2017年8月7日㊊10：00～11：30，場所：E1社会議室，対象：E1社代表取締役社長）及びE1社へのヒヤリング記録資料b（日時：2018年7月3日㊋15：30～16：30，場所：E1社会議室，対象：E1社代表取締役社長）に基づく。

17　E1社，同上。

18　A3社へのヒヤリング記録資料a（日時：2017年5月24日㊌10：00～12：00，場所：A3社会議室，対象：A3社代表取締役副社長）及びA3社へのヒヤリング記録資料b（日時：2018年6月25日㊊16：00～17：00，場所：A3社会議室，対象：A3社代表取締役副社長）に基づく。

19　なお，A3社は「一定納期までにものを製作して初めて下りるものであるため，補助金というものは資金それ自体を目的とするものではなく締め切りまでに製品を制作させるための圧力，動機づけとして活用するのが有効なのであり，補助金がないと製作できないというものではない」とする。

20　実装機ラインのブランドとしては，次のようなものである。ライン全体，実装（チップマウン

ター），印刷（ハンダ印刷）等の主要メーカーとしては，パナソニック（パナサート），ヤマハ発動機，JUKI，外観検査機，AOI，コンベアでは各種メーカーがあり，これらの各社を専門商社が A3 社に紹介し，商談が行われる。

21　A3 社，前掲資料。

22　F1 社へのヒヤリング記録資料（日時：2018 年 7 月 1 日(月) 13：00〜14：00，場所：F1 社会議室，対象：F1 社金型事業部長）に基づく。

23　F1 社，同上。

24　A1 社へのヒヤリング記録資料（日時：2018 年 7 月 26 日(木) 10：00〜12：00，場所：A1 社会議室，対象：A1 社代表取締役社長，顧問 A，顧問 B）及び同社より提要された企業紹介パンフレットに基づく。

25　仮に当該中小企業が長年の取引関係にある中核企業以外の顧客を開拓しようとしても当該新規顧客は，好況期には従来の中核企業からの発注が増加し，当該中小企業の生産能力がひっ迫した場合には，当該新規顧客の仕事の優先度が落ちることを恐れるため，発注を躊躇する。また，中小企業側としても市況低迷の際，当該他社が一定の仕事量を保証してくれるとは限らない。このようにして相互不信が生じるため，親企業対下請企業の関係が変化しづらくなるというのが「ロックイン」効果である。本研究第 5 章 2 節の G1 社の事例及び第 6 章 2 節における A2 社の事例においても両社とも抱いている懸念として言及している。

26　A1 社，前掲資料。

27　B5 社へのヒヤリング記録資料（日時：2018 年 7 月 11 日(木) 10：00〜11：00，場所：B5 社社長室，対象：B5 代表取締役社長）に基づく。

28　なお，牧野勇夫氏は 1963 年 2 月より那珂工場長を務めた他，1969 年 8 月にはパーキン・エルマー社との合弁である日立パーキンエルマー㈱社長に就任した他，同年 11 月には㈱日立製作所の理事にも就任している。元日製那珂工場の設計担当社員に聞いたところでは，牧野氏はその強力なリーダーシップと親分肌の気質で知られ，社員から尊敬され，慕われていたという。同氏の人望の高さは没後出版された『牧野さんの思い出』にみることができる。

29　なお，「滴加制御式滴定記録装置 RAT-1」は 2013 年に日本分析機器工業会（JAIMA：Japan Analytical Instruments Manufacturers' Association）及び（一社）日本科学機器協会より，日本国民の生活・経済・教育・文化に貢献した貴重な分析技術／分析機器や化学機器を文化遺産として後世に伝えることを目的とした「分析機器・科学機器遺産」として認定を受けた。詳細は日本分析機器工業会公式 HP 参照。URL：https://www.jaima.or.jp/jp/about/activities/heritage/introduction（最終確認：2019 年 8 月 29 日）

30　A4 社へのヒヤリング記録資料（日時：2018 年 6 月 26 日(火) 16：00〜17：30，場所：A4 社会議室，対象：A4 代表取締役社長）に基づく。

31　C3 社へのヒヤリング記録資料（日時：2018 年 6 月 19 日(火) 10：00〜12：00，場所：C3 社会議室，対象：C3 社代表取締役社長）に基づく。

32　注 14 参照のこと。

第7章

事例研究　転入企業

はじめに

　本研究においては，第5章ではタイプ1（従属的下請企業），タイプ3-A（従属的下請企業），タイプ3-B（国内志向自立化企業）を，第6章ではタイプ3-C（国際化準備企業），タイプ4（自立型国際化企業）の事例研究を行ってきたが，いずれの企業も企業城下町である日立地域において，創業時より同地域に所在したか，あるいは戦前戦後の早い時期に同地域に移転してきた中小企業であった。多くの中小企業は創業時に日製傘下の工場を中核企業とする下請企業として出発した。また，創業時から日立地域に所在したものの，日製からの誘いを断り端から取引関係をもたなかった中小企業（タイプ3-BのA8社）もあった。いずれの場合も，これらの中小企業は創業時から日立地域に所在し，取引するしないを問わず，何らかの形で日製と相対することになった。その一方で，日立地域には，1980年代以降に首都圏から移転してきた企業も存在する。これらの中小企業は日製傘下工場より技術や品質に関する指導・教育を受けたり，仕事量の調整をしてもらったり，人員の往来や情報・知識のやり取りを通じて，有機的なつながりを持って，長期固定的な取引関係にあったわけではない。しかし，21世紀に入ってから，中核企業たる日製自身によって護送船団方式が終焉を迎え，中小企業各社が自立化の道を模索する中，これら首都圏から移転しきていた企業は，いわば地元の中核企業の存在に拘らず事業展開できているという点で，一つのモデルケースとなりうるのである[1]。

　そこで本章においては，このように主として80年代以降，首都圏から日立地域に移転してきた企業を「転入企業」と称して事例研究として取り上げる。こ

れら転入企業はタイプ3-B（国内志向自立化企業）が1社，タイプ3-C（国際化準備企業）が1社，タイプ4（自立型国際化企業）が3社の合計5社である。

第1節　分析枠組みにおける転入企業の位置づけ

　図7-1はDOI測定指標・自立化測定指標のアンケート調査に基づく記述統計を散布図にした中で，転入企業に該当する4社を示したものである。F4社はアンケート調査結果を回収しておらず，データは不明であるため，図の中には記載していないが，ヒヤリング内容から考えて，明らかにタイプ4（自立的国際化企業）の企業である。次節においては，転入企業のうち，まずタイプ3-B（国内志向自立化企業）とタイプ3-C（国際化準備企業）に分類される2社をみていく。

第2節　転入企業のうちのタイプ3-Bとタイプ3-Cの事例

【製缶・鈑金：G4社】[2]

　G4社（DOI指標：15％，自立化指標：65％）は1923年に東京にて叩き鈑金の企業としてスタートした。二代目社長は精密鈑金事業を行い，三代目である父の後，現社長で四代目である。

　同社にとって，1973年が機械化元年であり，西独トルンプ社製のパンチングマシーンを導入した。当時，G4社は印刷機メーカーのA社と取引をしていて，大幅に同社に依存していた。しかし，1976年頃，不況の影響により，A社からの受注が激減し，これを機に，特定の中核企業1社に依存する事業は今後やめることとし，複数業種にわたって一業種一社の顧客と取引をすることを基本方針として定めた。その後，顧客層を広げ，現在では売上比率は，日立ハイテク4割，O社3割，H社1割，その他2割という形である。

　G4社が茨城県に移転してきたのは1988年である。その後，1999年に金型交

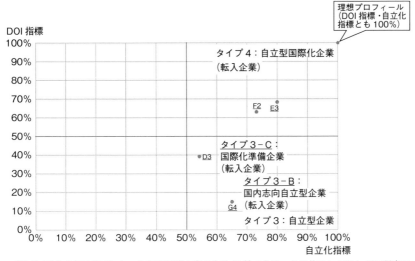

図 7 - 1　分析枠組みにおける転入企業の位置づけ

（注 1）図中の各社はアンケート調査回答企業の合計 41 社である。この他にヒヤリングに調査に
　　　応じた企業として，タイプ 1 が 3 社，タイプ 3 - B が 3 社，タイプ 3C が 1 社，タイプ 4 が
　　　1 社の合計 8 社あり，合計 49 社である。なお，タイプ分類はヒヤリング内容に基づき，筆
　　　者が判断した。
（注 2）図中の各社の内，下線が付してある G4 社，D3 社，E3 社，F2 社は「転入企業」である。なお，
　　　F4 社はタイプ 4 の転入企業であるが，アンケート回答はないため図中に示してはいない。
（注 3）各企業の DOI 指標及び自立化指標に関するアンケートへの回答結果を集計した合計得点
　　　を，理想プロフィールの満点の点数（DOI，自立化とも 100 点満点）で除した％が各社の
　　　DOI 指標，自立化指標となる。各々 100％に近いほど理想プロフィールに近い。
（注 4）--▶　将来的な方向性
　　　　─▶　過去の方向性
　　　　●　過去のスタート地点
（出所）筆者作成。

換装置付きの Amada 社のタレットパンチプレス機械を導入し，2000 年に塗装
工場を増設し，2002 年にプレス工場を増設した。2004 年には組立工場と第二の
塗装工場を増設，2012 年には溶接管理棟をつくり，2014 年には溶接治具を内製
化した。
　このように積極的な設備投資や増設が展開されるのは，G4 社にとって一貫
生産が重要な鍵となるからである。一般的に鈑金とは金属を切ったり，曲げた
りするものであり，G4 社も当初は鈑金工程が中心であったが，その後，チャン

スを逃さず，顧客を多角化するために顧客の要望や潜在的なニーズに応えるべく，自社の製造コンピタンスを垂直方向に伸ばしていったのである。例えばかつては塗装工程を持っていなかったために，東京まで往復の運搬を繰り返していた。しかし，塗装工程というものは，化粧同様，湿度や気候等が影響する。傷や変色を含む品質上の問題を回避するためにも，運送は非常に手間がかかり無駄であった。そこで塗装工程を内製化することで無駄を省くことができたのである。G4社にとって，顧客のニーズを掴むとは，すなわち顧客が困っていることを理解して，その問題を解決するために自社のコンピタンスを拡大するということである。

　かつて同社が所在した東京大田区の産業集積においては設計，鈑金，溶接，塗装等，各々専門の業者がいた。そのため，垂直統合による一貫生産の実現は，他社のテリトリーを侵すことにつながり，他社の仕事を奪うこととなるため，タブーであった。

　しかし，G4社は1）一社依存によるリスクを回避するため，親会社の独占的な下請という立場はとらず，複数企業に向けて生産販売するという姿勢をとる一方で，2）同時に同一業種内において競合関係にある複数顧客と取引をすることによる顧客同士の利害対立も避ける方針である。1）と2）の条件を満たすためには，一業種一社にて複数業種と取引する必要があり，これを実現するためにはone stop solutionを実現し，多様な業種の多様なニーズに対応するべく，コンピタンスを垂直方向に拡大する必要があった（図7-2参照）。したがって，垂直統合がタブーとされる東京大田区の産業集積地ではなく，茨城県において事業展開することが必要だったのである。茨城県においては，顧客の発注に対して，例えばデリバリー面でいえば，他社から制約を受けることなく，自社の意思で「今日中に完成する」ということが可能なのである。茨城県にてG4社は，あらゆる仕事を一気通貫にて可能な形とした。

　一社一業種の原則により，G4社は日立ハイテク向け（日立ハイテク＆マニュファクチャー：HMS），O社向け，その他向けをバランス良くミックスさせることで需要変動リスクを抑え，確実な売上確保を実現している。日立ハイテクは，2011年の震災の後，取引がスタートした。日立ハイテクより出向者を受け入れ，技術，ニーズをともに考えていった。日立ハイテクは洗浄機を神奈

（出所）ヒヤリング内容に基づき，筆者作成。

図7-2　G4社の考え方

川県まで運搬する必要があり，困っていたので，G4社で工程上対応すること
で仕事を引き受けることになった。日立ハイテクは，仕事量が拡大している。
G4社は関係が密になっており，転入企業として，あらためて日立地域の中核
企業と行動をともにしつつあるような形である。いうなれば他社の場合と全く
異なり，もともと日立地域にいたのではなく，東京から移転してきたG4社は，
偶然のきっかけで日製関連企業の仕事を請け負うこととなり，存在価値を発揮
することにつながったといえよう。なお，O社向けはドラフトチャンバーがメ
インである。O社は実験の環境をつくる会社であり，同社6割の製品はG4社
製であり，ドラフトチャンバーは，100%がG4社製となっている。

　昨今，基本設計は顧客が行うが，その後の詳細設計，組み立てはほぼ丸投げ
でG4社に依頼される。つまり，ユニット化が求められており，それゆえに一
貫生産が必要となり，多品種少量生産のために人員が増加中である。

　「設備と建物は仕事を呼ぶ」のであり，顧客はその点を重視しているという
のが現実であるとG4社は認識する。顧客にとって重要なのはG4社の生産キャ
パシティーである。例えば，先のドラフトチャンバー等を生産したあと，東京
大田区の工場では臨時に置いておく場所は確保不可能であるが，土地が広い茨
城県では可能なのである。また，例えば，テーブルスポット型自動スタット溶
接機という800万円程度の比較的「地味」とされるような装置があるが，この
機械を所有しないがゆえに仕事が入ってこない，導入することで顧客が安心し
て仕事を発注してくるということがある。あるいはロボットベンダー（自動的
に曲げる工作機械）は，大きな数量対応が可能ということを顧客も知っている
ため，そうした設備があると安心して頼めるのである。したがって良い設備の
導入，キャパ確保が重要なのである。また，変種変量に対応するためにはあえ

て設備を買って，これを使い，従業員がやめて仕事に穴があくのを防ぐ。設備を入れさせすれば，あれもできる，これもできるということで応用がきく。例えばG4社はステンレス加工が苦手といわれていたが，ファイバーレーザー溶接を導入することにより，そのようなことはいわれなくなった。

　G4社は基本方針としては，物理的に不可能でない限りは，背伸びをして積極的に仕事をとりにいく。その際，一業種一社の顧客と付き合うことで，バランスをとり，リスクを回避する。また機械設備を積極的に導入し，多品種少量生産，変種変量対応には人間ではなく，設備で対応することが重要であるとする[3]。

　G4社は日製を中核企業とする日立地域の多くの中小企業と大幅に異なるビジネスモデルで発展してきた。図7-2に示した同社の考え方に表現されている通り，同社は1970年代に中核企業に過度に依存することのリスクを体感し，複数業種にわたって一業種一社での取引体制を構築してきた。複数業種との取引関係を構築するためには多様な需要に対応する製造能力が求められ，このことによりG4社は製造コンピタンスを垂直方向に拡大し，付加価値を付ける背景となったのである。G4社の事例は，中核企業への一社依存からの脱却を模索する日立地域の中小企業にとって重要なヒントとなりうるのである。

【鋳造・鍛造：D3社】[4]

　D3社（DOI指標：39%，自立化指標：54%）は1954年創業，従業員51名の医療機器・液晶製造装置・重電機器・産業機械等のアルミニウム鋳物製部品を製造する企業である。現社長は二代目である。先代社長は静岡県御殿場市出身で農家の長男であったが農業を継ぐのを嫌い，戦前，古河金属に就職し，銅の鋳造作業を行っていた。やがて徴兵されて中国の北京，天津で陸軍自動車部隊の運転手をしていた。戦後帰国し，昭和20年代に横浜市鶴見区において，東芝の下請工場として創業した。この当時は東芝の重電部門と接点を持っていた。昭和30年代，同社は横浜市内の別の町に移転し，1965年に正式に設立された。1960年代〜1975年頃までは東芝の重電向けアルミ鋳物がD3社の主要事業であり，東芝京浜工場が中核企業であった。1975年頃，重電向け鋳物に追加して東芝の医療機器向けのアルミ鋳造の仕事が増えだした。その後，重電向け

は減少していき，入れ替わる形で医療用のアルミ鋳造が増えていく。なお，
1975年頃，東芝の医療機器は，栃木県大田原市の那須工場で生産されていた
が[5]，D3社は横浜から納入していた。

　当時，先代社長は鋳物製作に必要な砂を砂業者から買っていたが，当該砂業
者は，鹿島の企業であった。その業者は，霞ケ浦で飛行機の操縦士をしていた
人物で戦前は海軍航空部隊の予科練出身者であった。毎週1回10トン運んでき
ていた。この人物の紹介で日立地域に移転することになった。現在D3社が所
在する土地には元々中学校が存在したが廃校となり，横浜から移転しきてた
某企業の茨城工場がアルミホイルを作っていた。この企業が倒産し，3万坪の
土地が競売にかけられ，1985年D3社がこれを買収したのである。

　こうした経緯で転入してきたD3社は，1990年代前半以降，医療機器向けア
ルミ鋳造を主要事業としてきた。移転後も日製との取引はほぼなく，東芝（東
芝メディカルシステムズ）がメインであった。やがて同事業はキヤノンに買収
されたため，現在はキヤノンメディカルシステムズ向けがメインである。な
お，取引開始以降，東芝より技術指導や人員の派遣等の支援は特になかった。
なお，かつては東芝自体が鋳物生産をしており，同社の入船工場（JR鶴見線浅
野駅）に京浜鋳造部があり（東京芝浦電気株式会社，1963，pp. 779-780），ア
ルミ，銅，鉄の鋳造をしていたが，1990年代に閉鎖となった。設計図面は基本
的に貸与図面である。ただし，各種の擦り合わせの相談はあった。現在におい
ては，擦り合わせのための相談というものは一切なく，そもそも客先では関係
者以外一切立ち入り禁止となっている。医療機器用のアルミ鋳型製品は類似品
も多いため，むしろ設計の問題が起きることは少ない。

　現在D3社が製造しているのはCTスキャナ用の円形の大型部品である。CT
スキャナというものは，かつては円形の大型部品をベルトで回していたが，現
在は円形部品自体が回る。そもそもCTスキャナというものは，2000年以前は
1回転で1スライスずつ撮影していた。2000年以降は，マルチスライス化が進
み，1回転で4スライス撮影されるようになった。1回転当たりの撮影回数はそ
の後16スライス，32スライス，64スライス，256スライスと増加して行き，
現在は320スライスを実現している。1回転で320スライスということは，ピッ
チは0.5ミリであり，心臓の全体が動いているのが再現できる。D3社が製造す

（出所）筆者撮影。

写真7−1　D3社のアルミ鋳造製造現場及び同社が製作するCTスキャナー，MRI用の大型部品

るアルミ鋳造品はこうした撮影回数に耐えることが求められる。

　D3社の国際展開に関して，まず社長の個人的な国際経験が大きく作用している。現社長は，高校卒業後，1974〜1978年にかけて4年間米国サンフランシスコに留学し，F1ビザ（現地就労ビザ）も発給された。なお，現社長の娘は現在，メキシコに留学中である。このように同社長は海外に対する個人的抵抗感がない。

　2000年代前半，東芝が大連に大規模工場を投資した。大連工業団地内部では東芝のブラウン管や，医療機器も間借りして生産されていたが，同社からD3社に対して現地の鋳物工場を探してほしいとの依頼があった。現地では単発で物をつくる技術はあるが，高品質の量産継続は難しいという事情があった。また，D3社としても価格低下圧力を考慮して，2000年より中国における生産拠点を求めて工場見学を繰り返した。そもそも先代の時代，改革開放前に上海と横浜が姉妹都市関係を結んでいたため，1978年に上海にいく機会もあった。D3社は数十社に及ぶ工場視察の結果，アルミ鋳造に関しては日本国内の品質レベルに到達しているメーカーは見当たらず，自社による進出を2002年に決断した。進出に際して独資，合弁の二つの選択肢があったが，工場視察を繰り返す時期に日本向けダクタイル鋳鉄製品を製造している通州市の鋳造メーカー

にてアルミ鋳造の試作を行っており，アルミ鋳造に対する意欲も非常に強いことが分かり，合弁企業を設立することとし，2002年に設立した。2002年春からはD3社の技術指導のもと，日本の医療機器向けアルミ鋳造品の試作を開始し，日本での機械加工の結果，高い評価を得て，2003年からは量産品への適用がスタートした。

　スタート時は，医療機器用のアルミ鋳造品をつくっていたが，やがてD3社の中国JV企業は，日系某大手総合電機メーカーより重電向け圧力容器（タンク）を受注した。その結果，同JV企業は現在，当該重電向けの圧力容器（タンク）及び医療用機器（CTスキャナ用アルミ鋳造品）を生産しており，日系のみならず欧州系の大手企業から注文が殺到している。例えばドイツ某大手総合電機メーカーからは医療用CTスキャナとMRI用の医療機器部品の発注があり，スイス某大手総合建機メーカーからは重電用圧力容器（タンク）の発注を受けた他，これら企業の系列下にあるロボット製造企業からも受注しており，非常に需要が増大している。D3社は需要急増に対応するべく，2018年6月に新工場を拡大した[6]。

　D3社において特に特徴的なのは，第一に中核企業との長期取引関係の在り方であろう。本研究においてたびたび論じてきた通り，日立地域における多くの中小企業が中核企業である日製より技術，品質に関する指導や教育を受け，出向を伴う人的支援を受ける，あるいは設備投資に伴う数量保証を受ける等，様々な支援を受けた経験を有する。しかし，上述の通り首都圏において東芝を中核企業としていたD3社の場合，こうした支援は特になかったという。まさに長尾（1995）が論ずる通り，閉鎖的な企業城下町である日立地域において日製はかなり意図的に意志を持って中小下請企業の保護育成に努めねばならなかったのに対して，京浜工業地帯を含む首都圏ではそもそも中小企業が多く存在していたため，こうしたことは不要であった（長尾，1995，pp. 121-144），ということである。

　第二にD3社において特徴的なのは同社の大胆で柔軟な海外展開姿勢である。同社は東芝からの調査依頼を契機として，一気に合弁企業設立に至った。その背景の一つとしては，D3社現社長の若いころの4年間にわたる北米留学経験が影響していることが考えられる。すなわち，Lateral Rigidity（国際化に

対する硬直性）が低いということである。

　以上，本節においては，製缶鈑金の G4 社と鋳造の D3 社をみてきた。G4 は
タイプ 3-B（国内志向自立化企業）であり，D3 社はタイプ 3-C（国際化準備
企業）である。両社に共通している特徴は，両社とも転入企業であり，これま
でみてきた他の中小企業とは異なり，日製との関係性が薄いということであ
る。しかし，両社とも各々，企業として生存するための経営戦略が見受けられ
る。

　まず，G4 社の場合は日製のみならず，経営方針として一定の中核企業に依
存するということを避けてきた。すなわち，早くも1970年代半ばに売上依存度
の高い顧客の経営危機の影響により危機的状況を経験したことを踏まえ，G4
社は取引先を一業種一社として，複数業種と取引する方針を取り，これを今日
まで堅持してきた。一業種一社×複数業種ということは，需要の内容はバラエ
ティーに富み，あらゆる加工要請に対応することが必要となる。したがって，
G4 社は鈑金加工に限定せず，塗装工程や組立工程を含むあらゆる工程に対応
可能となる必要があり，いわば製造コンピタンスを垂直方向に伸ばして行く必
要があったのである。これは他業種を取り込むことがタブーとされる大田区の
産業集積地では実現不可能なことであり，茨城県への移転が理にかなっていた
ということになる。また G4 社は多様な需要に応える必要性から設備投資と場
所（生産キャパシティー）の確保にも熱心に取り組む必然性がある。

　一方で D3 社は日製ではなく，東芝が中核企業として存在していた。ただし，
ここに日製と東芝の外注下請政策の差異がうかがえる。東芝の場合は本研究で
これまでみてきたような日製の外注下請企業の扱い方と大きく異なり，各種の
支援や指導，教育などが存在しないということである。そのため，D3 社の場
合，本社工場を横浜から日立地域に移転する場合も，大きな問題とならず円滑
に実現したのであろうと推察できる。また D3 社特有の国際化に対する抵抗感
の低さも特徴的であるといえよう。今後，D3 社は中国における合弁企業も売
上が拡大しており，タイプ4の方向に向かっていくものとみられる。

第 3 節　転入企業のうちのタイプ 4 の事例

【金型・治工具：F4 社】[7]

　F4 社は，従業員 55 名，資本金 1000 万円の精密刃物・微細プレス加工とユニット治具・金型等の製作を行う企業である。1970 年創業の同社は，平行・直角の精度が 10,000 分の 5 mm という超精密加工の技術を強みとして，刃物製作事業を 50 年，微細プレス加工事業を 30 年続けてきた。その経験と実績を背景に立ち上げたのが，精密打抜き・切断治具・金型を設計，製作，販売し，顧客にソリューションを提供するユニット事業であり，2015 年現在で 15 年目となる。同社は 2009 年 4 月に経済産業省「元気なモノづくり中小企業 300 社」に選定され，2011 年 11 月には日刊工業新聞「超ものづくり大賞」機械部品賞を受賞し，2013 年 4 月には，りそな中小企業振興財団「中小企業優秀技術・新製品賞」奨励賞を受賞した他，2017 年 12 月には経済産業省により「地域未来牽引企業」に選定される等，数々の受賞歴があり，国内外，業界内外で高く評価されている。

　会長である現社長の父は茨城県の高校卒業後，東京目黒区にある大手電機メーカーの下請金型企業に勤めていた。当時はたがねややすりで仕事をしていた時代であったが，この下請工場に親企業払下げの研削盤が置かれていた。研削盤を使ったことのある社員はおらず，当時同社の従業員であった同会長はこの研削盤を預けられ，マニュアルも説明書もないまま，自分で触って徹底的に追求し始めた。その結果，1/1000 mm の精度でものをつくれるようになったのである。その後，現会長は測定器も自ら製作し，徹底的にプロとして精度を追究していった。その後，現会長は目黒にて独立した後，1987 年に同社は茨城県に移転してきた。

　同社の経営理念は「こだわりと誠意あるモノづくりで価値ある製品とサービスを創造し社会に貢献する」である。同社では，戦略，戦術，ビジネスモデルなどの展開や，マーケティングや事業の国際展開に至るまで，軸がぶれることなく徹底的に必要な行動を遂行するための指標として，経営理念を重視している。F4 社は，超精密研削加工技術をベースとした技術力のみならず，経営の要

諦としての「伝える力」の技術とそのための人材育成を重視している。「伝える力」とは，同社の技術を自ら顧客に訴求する力である。方法論的にはWebを使った情報発信なども含め，同社の技術を伝え，同社が提供できる付加価値を顧客に伝える力を持つ人材を育成することも重視している。F4社は，モノを作る力：伝える力＝5：5であるとする。同社は，顧客の創造のためには，まず知られる必要があり，いくら技術があっても知られないのであれば，存在しないのと同じであるとする。F4社を知ってもらい，提供できる価値を，しっかりと訴求することを重視する同社は，「伝える力」は奥深いものと考えており，スポット的な活動ではなく，継続的な手段を講じ，その技術を追求し続けることが肝要であると考えている。F4社は，ものづくりの高度な技術力＋「伝える力」の技術力を戦略的に展開し，自らのコンピタンスを構築しようとしているのである。

　F4社の現社長が事業承継するに際して，同社長は刃物という強みを活かした差別化を徹底するべく，単なるプレス加工ではなく，プレス加工のノウハウから派生する形で金型設計と超精密組み立てを強化した。当時，金型設計については，会長の友人がプレス金型専門の事務所を経営しており，同人物に金型設計を依頼した。また，超精密組み立て技術については直角水平5/10000 mmの超精密駆動品，金型，ユニット品をつくる能力が必要であったが，自社内に組み立て技術の名人がおり，自分で金型を組み立て，プレスをみて金型を調整することができた。こうした支援や自社内の能力を契機としてF4社は「精密部品製造」と「精密プレス部品製造」の事業を発展させた。その際，社内における人材育成として現場でものづくりを行っている従業員には入社して最初の3か月は必ず研削加工の経験をさせ，まずは1/1000 mmの感覚を体感させる。ただし，F4社が行っているのは伝統工芸ではなくビジネスなのであり，こうした超精密加工技術を効率よく実現しなければプロフェッショナルとはいえないのであり，単に加工するだけではなく，精密性と効率性（システマティックに，正確に）により加工を価値にすることが重要であるとする。

　現在，F4社は刃物50年，プレス加工30年の経験をテコに，事業領域を拡大し，打ち抜きと，切断に関する高付加価値コンサル業務へと事業を展開し，研削加工技術を活かした「精密部品製造（刃物・金型）」「精密プレス部品製造

（プレス）」「打ち抜き・切断技術ソリューション提供（コンサルティング）」の三つの事業を柱としている。

　刃物事業は，図面をもらい，材質，熱処理の方法，精密度等，すべてのスペックが決まった状態でものをつくるのであり，図面によって正解が分かっている。

　プレス加工事業は，投入する材料は分かっており，最終的な Output である当該部品の仕様も図面によって分かっている。しかし，当該部品を作り出すためのプロセス設計が知識集約的なのである。例えば鉄板が Input であり，Output がワイヤーハーネスのかしめ部品とする。Input と Output をつなぐプレス加工において，どのような金型を用いるか，どのような工程を経るか，いかなる塑性加工手順を経るか，工程は 10 工程か，5 工程か等々の諸事項について精査が必要になる。プレス工程をやることによって，金型を作り込むことになり，プレスの工程設計能力を持つことになる。プレス工程を事業とするということは，すなわち設計，機構設計，順送金型の工程を設計することを意味するのである。

　F4 社の「打ち抜き・切断技術ソリューション提供」は刃物事業と刃物を使ったプレス工程の在り方に関する知識と経験の蓄積がベースとなる。具体的には，顧客企業が生産ラインを立ち上げる際，最初の計画段階から，金型の導入もしくは金型の改善・改造につき，F4 社がサポート業務を行う形で展開される。これにより顧客企業は金型を含む自社生産ラインのメンテナンスコストを低減させるとともに，歩留り向上と品質確保を実現し，生産の効率化も達成することが可能となるのである。実際，F4 社の提供する超ロングライフ金型は他社製に比べメンテナンスライフが 30 万ショットから 720 万ショットへと 24 倍に向上し，年間のランニングコストを 66.6％削減することに成功した実績がある。

　従来，顧客側で金型や製法を決め，構想を決定後，装置メーカーに委託したり，金型メーカーに競争させたりしていたため，良質の金型メーカーが埋もれていた。こうしたプロセスのため，顧客は試作プロジェクト後半の段階でつくり方の間違えに気づき，最初からやり直しということも起こっていた。一方，多くの金型メーカーは量産の経験がなく，金型を売り切りしてしまうため，量産過程で金型がどのように傷むか等ノウハウの蓄積がない。しかし，F4 社は

単なる金型メーカーではない。プレス事業を通じた量産経験も豊富であり，金型の痛み方，修理の要諦等，すべて把握しておりノウハウも提供できるのである。実際，同社は刃物技術を使ったプレス（打ち抜き，曲げ）を行う一方，プレス加工用金型の設計能力も構築し，量産加工を行って30年が経つ。このように金型メーカーとしてもプレス加工業者としても事業を行ってきたところは少ない。同社は研削加工，刃物（材料選定，表面処理，刃先形状）の技術を極めているため，単に加工を行うだけでなく，顧客の製品や生産ラインつくりに設計段階から関与することで，顧客価値を最大化する力をためてきたといえるのである。F4社は，打ち抜きと切断に関しては，R&Dから量産に至るまでのトータルソリューションを提供し，コンサルテーションをビジネス化している。例えば，R&Dでは材料特性に関連して材料の加工性を分析したり，打ち抜きのやり方としてはレーザーと金型を比較分析したり，条件出しを行うなど，比較を請け負うことも可能である。最終商品を生産する顧客企業（セットメーカー）といえども，難しい打ち抜きは素人なのである。

　また，同社は量産品を生産する顧客に対しては，長寿命金型の提供（もしくは供給）のみならず，高品質かつ，高効率生産を行うための定期点検や保守サービスを提供している。現在は，さらなる価値を提供するため，金型モニタリングサービスの開発に着手している。そのシステムは，金型にセンサーを搭載し，遠隔による金型刃物の摩耗状態の監視や，予兆診断によるトラブル発生防止など，顧客に変わって金型の監視，管理を行う。これにより顧客製品の品質改善，コストダウンにつながるソリューションを提供したいとしている。

　F4社が目指すところは，顧客価値の提供である。そのためにコンサルテーションサービス，ソリューションサービス，R&Dを提供し，ノウハウを売り，顧客の作業を診断もする。例えば，顧客企業に行くと，金型を乱雑に扱い，平然と地面を引きずって運んでいるようなところもある。こうした金型の扱い方により擦り傷がつき，精密さや品質は実現しない。こういう場合，生産ラインの組み方，生産環境の整え方，金型の扱い方を含めコンサルテーションすることも可能であるし，ライン診断や，金型センサーをつけて販売することも可能である。例えば部品をみると一切バリがでていないが，システム上，金型に問題ありというデータがあるとする。この間の矛盾はどこからくるか，という真

因を解明することも可能なのである。F4社は実際，顧客企業に依頼されて，当該企業の金型やプレス加工ラインを診断した報告書を提出し，ソリューションを提供している。

　最後にF4社の国際展開について言及する。2007〜08年頃，対外直接投資ブームがあった際，F4社も対中投資を検討し，30社近くと話した。確かに市場規模もビジネスチャンスも大きいが，ローカル企業とのコスト競争が難しく，勝てるはずがないとして直接投資は断念した。一方，同社は日本国内でいいものをつくって輸出するべきであるという方針をとった。そして，2012年，JETROに相談したところ，輸出先は，品質を重視する欧米が最良ではないかとのアドバイスもあり，ビジネス案件を進め，二つのドイツの展示会に出展し，各社と情報交換も行い，顧客を開拓した。現在ではドイツを含めた欧米諸国の企業と取引をしている。

　同社は日本国内では打ち抜きの技術が知られているが，海外企業にも知ってもらう必要があり，従来の金型からF4社に変えることによって，数倍から十数倍まで金型の生産能力が上がる例が潜在的にたくさんあるはずであると考える。ラインが止まらないことやメンテナンス費用が下がることで顧客企業に利益をもたらすことが可能であり，そこに国際展開のチャンスがある。海外は距離が遠くても，空輸にて対応は可能である。顧客サイドで金型をメンテしたいという企業は多いが，実際には困難である。通常，海外顧客とのビジネスでは海外現地での金型メンテがネックとなることが想定されるが，実はF4社によるメンテがしっかりすることでむしろ品質と効率が改善する。このことをきちんとアピールできれば，あくまでも国内でやる意味を訴求できるのである。無論，数が増えてきたあとは，ちょっとしたメンテナンスは海外現地で行えることができた方が良いが，完全なOver hallはあくまでも日本に送り返すことで完璧なサービスを提供できるのである。

　そもそもF4社は国内市場だけでは市場がニッチであるため，先進国を中心に世界に事業を拡大しないともったいないと考える。また世界中に認めてもらうことは社員の内発的動機付けにつながる。既に電池業界においては，量産，試作，研究開発含め，国内でも海外でもビジネスを展開している。またコンサルテーションの依頼も海外から広く受けており，米国からも試験やコンサル

テーションの依頼があり納入したばかりである。F4社は，打ち抜き，切断，加工技術分野における国内外のすべてのUserに対して価値を提供し，「打ち抜き，切断，加工技術といえば，F4社」といわれるようにする。同社の仕事をブランドとして確立し，認識してもらうためにこそ，社内にR&Dセンターを設け，50種類の金型を保有し，全世界の難しい材料に対応できるようにしている。

　同社は欧米の超優良大手企業との取引があるが，特にドイツ，アメリカの顧客は仕様書がしっかりしており，目的やロードマップも明確であり，契約書もしっかりしている。なお，日本の組立メーカー，装置メーカーは，何をやりたいのか分からないことが多い。形式的な仕様書を作り，複数の金型メーカーから相見積もりをとり，低価格の企業のものを買おうとするというようなやり方は日本のものづくりを支える金型業界のみならず，ひいては日本のものづくり全体を足下から溶解させるものである。組立メーカーにも装置メーカーにも金型，刃物のプロはいないのであり，F4社に任せてもらう方が顧客にとってもよい。

　国際化に関しては，F4社はドイツ，アメリカに代理人をおいており，販売代理店契約を結んでいる。回収リスクをおそれ前払いを前提としていたが，ノウハウがたまってきたので，緩めている。なお，F4社にとって，商社経由の輸出はありえない。顧客とのやり取りが極めて重要であり，顧客の顔が見えない商社経由のビジネスはせず，必ず顧客と直接技術的やり取りをする[8]。

　F4社は刃物・金型製作と，それを使った超精密プレス加工により，水平直角5/10000 mmという超越的な精度を実現するのみならず，こうした経験とノウハウを活用したコンサルテーションをビジネス化している点が従来型のものづくり企業と全く異なる。いうなればF4社はものづくりにおける緻密さ，精密さ対する徹底的なこだわりを経て，ものづくりを突き抜けたビジネスモデルを構築したとさえいえよう。

　またF4社の国際化の在り方は，第6章において事例として取り上げたA1社同様に，早い段階からアジア投資はすべきではないと見切りをつけた点で共通している。F4社は国内生産を維持しつつ，欧米向けの輸出（投資ではなく）を展開する。すなわちF4社もA1社同様に従来のUppsala理論で想定されたような輸出→販売拠点投資→生産拠点投資という国際化Stageを踏む方向ではな

いのである。さらに F4 社は端から躊躇なく欧米先進国の一流企業を顧客とする。この点においても，F4 社は先述の A1 社同様に Uppsala 理論のいう「国際化は心理的距離（Psychic Distance）の比較的小さな諸国（例えばアジア諸国）から始めて，少しずつ，Liability of Foreignness（外国企業であるがゆえの不案内，制約）の大きな国へと進む」という前提に対する反証材料を提示している。

【切削・研削：E3 社】[9]

　1992 年創業の E3 社（DOI 指標：68％，自立化指標：80％）は細物加工を得意とし，自動車計器部品やシャフト，ピンなどを製造・販売する企業である。同社では切削，熱処理，めっき，バレル，曲げ加工等の全工程を自社工場で一貫製造することで高い加工精度を維持している。1996 年に医療機器製造業の許可を取得し，歯科用医療機器の分野への参入を開始した。現在，歯科医療機器類を製造販売しており，医療機器の売上は全体の 6 割を超えるようになっている。また，宇宙ビジネスへの参入も視野に入れている。同社は 2018 年には経済産業省「はばたく中小企業・小規模事業者 300 社選」を受賞している。

　現社長の父親が経営する切削の会社が埼玉県にあり，NC 旋盤を使って部品の後工程加工を行っていた。茨城県の E3 社はもともと埼玉の当該会社の下請としてスタートした企業であり，会社の目の前にあるゴルフ場でゴルフをやるために建てた小屋を工場として独立した。父の会社は自動車の部品メーターの針をつくっており，これは 1/1000 mm の精度を求められる非常に難しい部品であった。このメーター軸は世界中のメーカーに納入され，スウェーデンのVOLVO 以外は世界中の車に搭載されていた。従来は茨城県の E3 社において前工程（金属を削って形をつくる）→埼玉の工場において後工程（熱処理，メッキ，研磨）→各国の自動車用メーター企業という分業であった。売上の1/3 が海外で残りが日本国内である。自動車メーターは，高品質を実現するのが非常に難しい。ほとんどのメーカーでつくることは不可能である。E3 社は高品質を維持し，何百万本に一本でも品質問題があれば，現地に飛んで行って対応し，説明することが求められる業種である。この E3 社においてのみつくれるものであった。ところが，1990 年代に業界において根本的な設計変更があ

製品のサイズ比較

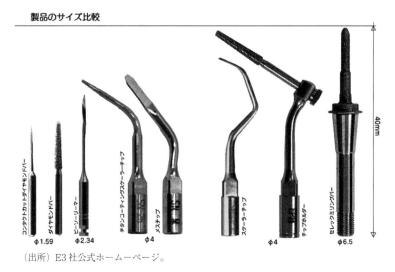

（出所）E3 社公式ホームーページ。

写真 7 - 2　E3 社の製作する歯科医向けスケール

り，誰でも作れるようになり，価格が 1/10 となってしまった。そこで E3 社で
は以前より保険として取り組んでいた歯科医向けのスケール（歯科医用治療器
具部品）（写真 7 - 2 参照）をメインとするようになった。

　E3 社は国際化に向けて動いている。そもそも親会社であった父の会社もイ
ンド，中国，台湾，ポーランドに直接輸出していたため，直接，間接にノウハ
ウは理解している。E3 社は国際化に向けて販路開拓に取り組んでいる。まず
JETRO，経済産業省が主催する海外企業向け医療機器展示会に直近 4〜5 年連
続で出展している。そのため JETRO の展示会用のカタログに掲載されるよう
になった。現在，インドネシアの某医療機器の企業が顧客となりそうである。
また，インドネシア政府が運営する BtoB の E コマースサイトがあり，これに
掲載されるための準備を進め，インドネシア向け輸出を開拓しようとしてい
る。また，インド向けの開拓も行っている。インドは顧客である歯科医が是非
使いたいと言っているが，高価格のため，インド内でもバンガロールなどの限
定された地域への売り込みとなりそうである。欧米向け輸出も検討したが，大
手の競合がおり，日本からの輸出は難しそうである[10]。

　E3 社の場合，中核企業が同社の経営者の肉親の父親が経営する企業であっ

た点がユニークである。経営陣が本物の親子関係にあり，後工程と前工程で分業しつつ，技術・品質のノウハウを継承してきたといえる。E3社の現社長の父が率いた企業は全世界の自動車企業向けの計器用針を生産販売していた。その影響もあり，国際的なビジネス展開について，E3社は抵抗感が薄いようであり，今後，同社はビジネスドメインを歯科医用のスケールに変えて，国際的に進出しようとしており，注目される。

【金型・治工具：F2社】[11]

　F2社は（DOI指標：63%，自立化指標：73%）は創業45年の精密金型部品を加工する企業である。F2社は日本で最初の金型部品メーカーである。金型のパンチ（＝雄刃），ダイ（＝雌刃）は100〜400個の部品からなる。その部品を製作しているのがF2社である。同社は超精密特殊バイスを自社開発し，2015年に特許を取得した。加工物をクランプ加工（固定して加工）する際，従来のバイスでは，「直角度がでてない」，「サイズが合わない」，「締めた時に浮き上がる」等の問題が発生していた。F2社はくさび型バイスを開発し，加工物の浮き上がりを極限まで落とし込むことに成功したのである。

　F2社はもともと東京大田区で操業していた。現社長は独立前に高校卒業後，機械加工の工場に入社し，大田区の工場に勤務していた。最初，鉄が鉄を切るのをみて驚いたという。見習いの頃，仕事は見て盗んだ。上手な先輩がいかなる段取り，いかなる作業手順でどういうものをいくつつくっているか，盗み見て，トイレに行くふりをして，先輩の生産物の数量を確認し，時計を見てタクトタイムを測り，こっそりメモをとったりしていた。夜，自宅でそのメモとにらめっこをしながら仕事の組み立てや段取り数の減らし方などを考え抜いたりしたという。

　F2社はもともと東京都大田区で事業を行っていたが，1991年に客先が倒産したあおりを受けて売掛金を回収できず，7億円の負債をもって倒産した。しかし，同社は2年で負債を完済した。その後，工作機械も含め茨城県に移転した。リーマンショックの頃，自社開発のバイスをつくった。これは2ミクロン，3ミクロン単位の精度を持つ自社製品である。バイスは精確につくらないと精度を高めることはできない。バイスで製作物をはさむとき，締める際に，製作

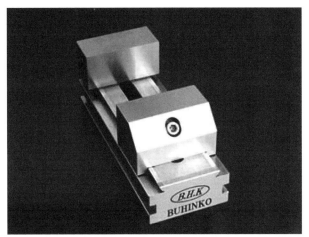

（出所）F2社公式ホームーページ。

写真7-3　F2社による自社開発超精密特殊バイス

物が浮き上がる。そこで，この浮き上がりを防止するために，従来はコンコンと叩くなどして調整が必要になっていた。そこで，バイスで締めた場合でもそもそも浮き上がらないようなものをつくることにした。つまり，従来のバイスを使った場合の製作物が浮き上がるという欠点を直した究極の自社製品バイスである。

　同様に海外進出もリーマンショック後である。F2社は2011年1月にタイに進出した。ある研磨機メーカーが金型部品をつくる工場をタイに持っていた。F2社社長は，依頼を受けて当該タイの金型部品工場に行き，バンコクの洪水で水につかった顧客の金型をひきあげ，洗浄した。F2社社長は何とか助けることに必死でカネ勘定を無視して当該金型部品工場を助け，これが縁でタイ現地法人設立の支援を得たのである。

　F2社社長の「ものづくり哲学」において重要なポイントがいくつかある。そもそもF2社社長は，「土から出てくるもの，すなわち農作物以外はすべて金型からつくられ，金型に関連する。金型は工業界のコメである」とする。

　そして金型部品を作る研削加工について，現在ではNC旋盤が普及しているが，刃物と対象物がぶつかり研削がなされるのであり，物質同士がぶつかる箇所で変化が起きることに変わりはない。したがって，図面の想定通りにものが

つくられない場合，NC 旋盤のプログラムにも問題がないのに，何が問題なの
だろうと迷い，困り果てる人がいるが，これではただのオペレータである。
NC 旋盤の動作がコンピュータで制御されていても，物資同士のぶつかりあい
の中で起こる変化を理解し，対応できるのが本物の職人技である。現在におい
ては CNC，CAD/CAM のせいでオペレータばかりが増えて，職人がいない。

　職人の場合，そもそも，加工をする際，機械が出す音を聞くと何が問題なの
かすぐに分かる。工作機械には魂が宿っており，作業によっては機械が痛がっ
たりする。職人の作業は，機械の音，振動など，五感を使って，機械と会話し
ながら進めるものである。機械は職人の腕次第であり，その腕の良し悪しがそ
のまま機械のくせとして移るのでハンドルを触っただけでそれを普段使用して
いる職人の力量が分かる。

　F2 社の社長は雑音の中で機械が出す音を聞いて作業の上手下手を聞き分け
ることができるし，工場に入っただけで，全体が写真のように脳裏に焼き付
き，何が問題で何が強みかすぐ分かるという。

　人材育成についていえば，人種や性別は関係がない。新しいものは取り入
れ，古い物は大事にするというのが本物のプロであり，伝統に新しい何かを付
け加えていく必要がある。本物のプロは自分に厳しいし，人の話，若手の話も
きちんと聞く。人の見ていないところで，人の見ているところの何倍も努力す
ることが重要であり，考えて考え抜いて一発で作ることに男女の能力の差や人
種の差はない。考え方は，刃物，使い方，やり方，工程，段取りを含め考え抜
き，経験を活かす必要がある。日本人的モノ作りは世界に通じる。簡単な A と
難しい B を出してみて，どちらをとるか決めさせる。B をとったら偉いと言っ
て褒める。B は難しいのだから，一生懸命やる分には一切叱らない。その代わ
り A を取って，失敗した場合は厳しく叱る。加工の教育では，やって見せて，
いかにも簡単な風にみせる。いろいろと理屈はいわない。ただし手本は絶対に
失敗はゆるされないので慎重にやる[12]。

　以上，第3節においては金型・治工具の F4 社，切削・研削の E3 社，及び金
型・治工具の F2 社の事例をみてきた。3 社ともタイプ4 の自立的国際化企業で
あり，転入企業である。

　3社に共通している点としては，まず高度な技術力とその徹底的な追究を指摘することができる。F4社は金型製作とプレス加工及びその経験を生かしたコンサルティングサービス，E3社は先代から続く研削切削技術による先端歯科医用部品の製作，F2社は特許も取得した俊逸な金型部品の製作，こうした「尖った」技術力を決定的な強みとしてバックボーンに持つ点で共通しているのである。また，3社に共通する第二の点としては，果敢な国際化を挙げることができる。F4社は国内外の大手基幹産業（自動車，電気，半導体，医療，化学，金属，樹脂，繊維等）との取引実績を有している。E3社は歯科医用治療器具部品の顧客開拓を積極的に行っている。さらにF2社はタイに工場を持ち，金型部品製作を展開している。このように，転入企業たるF4社，E3社，F2社は中核企業たる日製に一切依存することなく，堂々たる自立型国際化企業として発展しているのである。

小括

　本章においては，転入企業の事例を取り上げ，その国際化と自立化の特徴について論じてきた。これら転入企業は，タイプ3–B（国内志向自立化企業：G4社），タイプ3–C（国際化準備企業：D3社），タイプ4（自立型国際化企業：E3社，F2社）であり，タイプ1，タイプ2のような中核企業に対する依存性を示す企業は皆無である。これまでの議論をまとめると日立地域の転入企業については以下のような特徴を指摘することができよう。

　第一に中核企業との関係である。本章で扱った転入企業は繰り返し述べている通り，前章まで扱った多くの中小企業とは異なり，日製との間に長期固定的な取引関係をもたないまま発展してきた企業である。ただし，5社の中核企業との関係をみると三つの在り方を看守できるのである。すなわち，①日製ではなく，他の中核企業と長期的な取引関係を有したD3社，②特定の中核企業に深く依存することを回避すること自体が経営方針となっているG4社，③「尖った技術力」をテコに特定の中核企業への依存を不要としている（あるいは不要となるよう努めている）F4社，E3社，F2社，以上の三つ在り方であ

る。以下これら ①〜③ の在り方について考察する。

①日製以外の中核企業との長期取引関係を経験：D3 社は長年東芝向けに医療用アルミ鋳造部品を生産してきた。ただし，これまでみてきた日製を中核企業として取引してきた日立地域の中小企業と，もともとは首都圏に所在し，京浜工業地帯にある東芝の工場に納入していた D3 社では中核企業との取引関係に大きな差異がみられる。すなわち，日製は中核企業として，日立地域の中小企業に対して，技術・品質面での指導・教育を手厚く行い，人材を派遣して，あるいは出向者として中小企業の人材を受け入れ，仕事量（数量）調整等を通して売上損益への悪影響を排除し，あるいは設備投資を回収できるように手当をするなど，あらゆる手立てを講じて保護育成政策を展開した歴史がある（長尾，1995）。それはあたかも雌鶏が卵を温めて孵化させた上に，生まれてきたひよこと行動をともにするような姿に似ている。これに対して，D3 社の東芝との取引関係においては，こうした有機的やり取りは存在しない。その背景としては，長尾（1995）の指摘にある通り，京浜工業地帯にみられるような都会的な産業集積地においては中小企業の企業数も業種も数多く，いわば参入も退出も「出入り自由」な空間が広がっているため，中核企業側も意図的に中小外注企業を保護育成する必要がなかったことに由来すると考えらえるのである。

②特定中核企業への依存回避：G4 社の場合は日製のみならず，あらゆる中核企業への依存を回避している。先述の通り，同社は1970年代半ばに売上高構成比率の高い上得意客の倒産により大幅な売上利益減という危機的状況に直面した。この経験を経て，G4 社は経営方針として取引先は一業種一社に絞り，複数業種と取引すると定めたのである。そうであるがゆえに同社は多種多様な顧客の多種多様な要望に対応可能となるよう，製造コンピタンスを垂直方向に拡大していく必要があった。また同様の理由により，常日頃からの新規設備投資と生産キャパシティー（場所）の確保が必須であったのである。そうであるがゆえに G4 社にとっては，他業種の仕事を取り込むことがタブーであり，かつ場所の確保が困難な首都圏大田区の産業集積地での操業よりも，そうしたタブーによる拘束がなく，場所確保の制約がない茨城県の開けた大地に移転することが必要だったのである。この生き方は日製の重電機向けに製缶・鈑金作業を行ってきた中小企業とは極めて対照的なものであり，一つのモデルケースたり

表7-1　転入企業（タイプ3-B，タイプ-C，タイプ4）のまとめ

位置づけ	タイプ	業種	記号	国際化軸合計	自立化軸合計	備考
転入企業	タイプ3-B	製缶・鈑金	G4	15%	65%	一業種一社x複数業者と取引関係構築。設備投資と生産キャパ確保を通じた製造コンピタンス垂直拡大。
転入企業	タイプ3-C	鋳造・鍛造	D3	39%	54%	医療用機器（CTスキャナ）用大型アルミ鋳造部品製造。中国JV投資にて欧州企業より注文多数。
転入企業	タイプ4	金型・治工具	F4	na	na	超精密打ち抜きの専門業者（金型製作xプレス加工の経験と蓄積を背景としたコンサルティング）。
転入企業	タイプ4	切削・研削	E3	68%	80%	歯科医用スケール部品の製作。
転入企業	タイプ4	金型・治工具	F2	63%	73%	金型部品とものづくりのエキスパート。

（出所）筆者作成。

うる。

③「尖った技術」による中核企業依存不要：F4社，E3社，F2社の場合には上記2社とはまた異なり，そもそも特定の中核企業に依存する必要のない先端技術を開発，生産，販売し，これを維持し続けることが企業としての生命線となっているといえる。

　このうち特に注目するべきはF4社である。F4社は金型製作とプレス量産加工の複合的な経験に裏打ちされたノウハウの蓄積が強みとなっている。どのような金型を作り，これをどのように管理し，取り回し，どのようなプレス工程を組み，どのようなプレス加工を実行するのかという経験とノウハウがあり，この知識を試作量産を行う顧客向けのコンサルテーションに活用するということである。F4社のようなやり方であれば，顧客毎に異なるソリューションと金型本体を提供することになる。顧客は金型やプレス加工のプロフェッショナルではない。この分野のプロフェッショナルはあくまでもF4社である。それゆえにこそ，顧客はF4社に金型を発注するのであり，かつまた，F4社は専門家集団として，金型とプレス加工に関するコンサルテーションサービスが可能となる。それが可能であるがゆえに，顧客側からの部材発注にみられるような

買い叩きは不可能となるため，同社の事業は新時代の最先端 BtoB 型ものづくりビジネスモデルの好例と評することが可能であろう。

　以上，5 社の DOI 指標と自立化指標を取りまとめたものが表 7-1 である。

[注]

1　実際 49 社にヒヤリングした際，多くの企業の経営者が同社のようになりたいものであると発言していた。

2　G4 社へのヒヤリング記録資料 a（日時：2017 年 6 月 19 日㈪10：30〜14：00，場所：G4 社社長室，対象：G4 社代表取締役社長），G4 社へのヒヤリング記録資料 b（日時：2018 年 7 月 23 日㈭14：00〜15：00，場所：G4 社社長室，対象：G4 社代表取締役社長）に基づく。

3　G4 社，同上。

4　D3 社へのヒヤリング記録資料（日時：2018 年 7 月 12 日㈭14：00〜16：00，場所：D3 社会議室，対象：D3 代表取締役社長）に基づく。

5　東芝メディカル㈱（1998）巻頭見開きページ写真参照。なお，東芝メディカル㈱（1998）によると，同社が頭部診断用 CT スキャナ（MK-1）を発売したのは 1975 年であり，その後 1977 年に全身診断用 CT スキャナ（CT-5005）を発売したとのことである（東芝メディカル㈱（1998），p. 139）。

6　D3 社，同上。

7　F4 社へのヒヤリング記録資料 a（日時：2015 年 6 月 24 日㈬10：00〜11：30，場所：F4 社会議室，対象：F4 社代表取締役社長），F4 社へのヒヤリング記録資料 b（日時：2017 年 8 月 18 日㈮10：00〜12：30，場所：F4 社会議室，対象：F4 社代表取締役社長）に基づく。

8　F4 社，同上。

9　E3 社へのヒヤリング記録資料（日時：2018 年 7 月 13 日㈮10：00〜11：00，場所：E4 社社長室，対象：E3 社代表取締役社長）に基づく。

10　E3 社，同上。

11　F2 社へのヒヤリング記録資料（日時：2018 年 7 月 5 日㈭13：00〜16：30，場所：F2 社応接室，対象：F2 社代表取締役社長）に基づく。

12　F2 社，同上。

終　章

第1節　本研究より得られる示唆

　本研究においては，地域における企業城下町的産業集積地において，中小企業はいかにして国際化するのか，自立化を絡ませながらその特徴について分析と考察を行ってきた。その際，本研究においては閉鎖的な産業空間としての企業城下町的産業集積地の典型として日立地域に焦点をしぼり，この地域における中小企業を取り上げた。本章においてはこれまで論じてきたことについて，角度をかえたアプローチを交えつつ概括する。

①本研究の全体像の概括

　本研究においては，第1章の先行研究の検討を経て，第2章において日立地域の中核企業である日製傘下の工場による外注管理政策の史的展開過程を振り返った上で，第3章において国際化と自立化の分析枠組みを整えた。その上で第4章においては，実際に行った日立地域の中小企業に対するアンケート調査を活用して，理想プロフィール手法に基づき，記述統計による定量的分析を行った。その結果，全体としては少なくとも本研究の調査分析対象となった企業に関する限り，もはや旧来型の下請企業は少数派となっており，圧倒的多数の企業は何らかの形で自立化して存続していることが判明した。そして，このうち，約2割の企業が輸出や投資といった形にて国際化を展開し始めていることが判明したのである。

　第5章〜第7章にかけては事例研究を進めた。本研究の第4章に行った定量分析において示した調査対象企業はいくつかのタイプに分類された。第5章で

は，タイプ1（従属的下請企業）・タイプ3-A（従属的下請企業）及びタイプ3-B（国内志向自立化企業）の事例研究を行った。その結果，タイプ1及びタイプ3-Aといった従属的下請企業は，長年の日製との長期固定的取引関係の中で蓄積した技術をテコに，今やタイプ3-Bの方向に向かおうとしているということが判明した。また，タイプ3-Bの企業の中には単に日製から「自立している」というだけではなく，如何なる中核企業にも依存することなく，数多くの企業に対して通常は製造困難な加工サービスを提供している企業や，日製とはそもそも親企業対下請企業の関係に位置づいたことがなく，対等なパートナーとして部材を提供するような企業も存在することが判明したのである。

　続く第6章では，タイプ3-C（国際化準備企業），タイプ4（自立型国際化企業）の事例研究を行った。これらの企業の中には世界を目指していることを隠さない企業も多々存在した。これら中小企業のうち，多くはかつての中核企業が重電系ではなく，弱電系あるいは精密計測機器を製作する中核企業が多く，早い段階から自立化を促され，しかもそれが比較的円滑に促進されたことが特徴の一つとして挙げられる。また，タイプ3-Cやタイプ4の企業の多くはもはや技術一本やりという発想はなく，営業やマーケティングの重要性も重々認識している企業が多いことも特徴的である。

　第7章においては，第5章，第6章で取り扱った中小企業とは異なり，主として1980年代以降に茨城県日立地域に転入してきた中小企業を取り上げた。基本的に第5章，第6章のいずれも事例研究の対象となった企業は創業当初から，もしくは戦中戦後の頃に日立地域に立地した企業ばかりである。従来，いわゆる日製を中核企業とする下請外注企業として創業した企業が多いが，中にはあえて日製とは取引をせずに今日まで操業し続けてきた企業もある。一方，第7章において取り上げた企業は，これとは全く異なり，いずれも1980～1990年代まで首都圏で操業していた転入企業である。転入企業の理論的位置づけやその存在の意義については後述する。

　図8-1は第4～7章まで論じてきた日立地域の中小企業のうち，アンケート調査に回答した41社のDOI指標・自立化指標を散布図に示し，タイプ別に点線で囲んだ全体図である。図中にある通り，「従属的下請企業」は第三象限と第四象限の左下にみえる企業であり，タイプ1の3社とタイプ3-Aの2社の

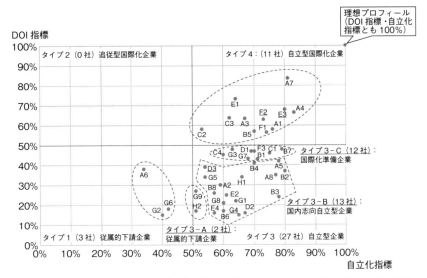

（注1）図中の各社はアンケート調査回答企業の合計 41 社である。この他にヒアリングに調査に
応じた企業として，タイプ 1 が 3 社，タイプ 3-B が 3 社，タイプ 3C が 1 社，タイプ 4 が
1 社の合計 8 社あり，合計 49 社である。なお，タイプ分類はヒアリング内容に基づき，筆
者が判断した。

（注2）図中の各社の内，下線が付してある G4 社，D3 社，E3 社，F2 社は「転入企業」である。なお，
F4 社はタイプ 4 の転入企業であるが，アンケート回答はないため図中に示してはいない。

（注3）各企業の DOI 指標及び自立化指標に関するアンケートへの回答結果を集計した合計得点
を，理想プロフィールの満点の点数（DOI，自立化とも 100 点満点）で除した％が各社の
DOI 指標，自立化指標となる。各々 100％に近いほど理想プロフィールに近い。

（出所）筆者作成。

図8-1　日立地域中小企業 41 社の国際化と自立化（DOI 指標と自立化指標）

合計 5 社である。「国内志向自立化企業」は第四象限の中央下方に 13 社がプ
ロットされている。一方，自立性が高くかつ，これから国際化に向かおうとす
る「国際化準備企業」は 12 社あり，同象限の上方に位置づく。さらに国際展開
を介している「自立型国際化企業」が第一象限の 11 社あり，合計 41 社となっ
ている。

　以上，本項においては本研究の全体像を今一度概括的に振り返ったが，以下
② 項においては日立地域の中小企業における国際化と自立化をより動態的に
分析するための下準備として，本研究において行った史的展開の論考と分析枠
組みの在り方について概括したい。

②**史的展開を論じる意義と分析枠組みとしての「国際化と自立化」設定の意義**

　企業城下町における中小企業は，中核企業との関係史を抜きに語ることはできない。なぜならば，中小企業は中核企業による家父長的温情主義とでもいうべき対応により成長し，この長期固定的取引関係が疑似的な制度としての階層的下請組織となり，中小企業の技術蓄積を促したからである（長尾，1995，pp. 129–145）。その証左として，本研究は第2章において，日立地域の中核企業である日製傘下工場毎にその外注政策の史的展開過程を跡付け，中小企業が技術力を蓄積するに至った背景を浮き彫りにした。

　このような中核企業と中小企業の間にみられる企業間関係は，浅沼（1997）にある通り，中核企業と中小企業を結ぶネットワークを形成し，長期継続的取引関係を構築してきた（pp. 143–235）。こうした取引関係は水平分業的な市場を介した取引でもなく，指揮命令に沿った社内垂直統合でもないという意味で「中間組織」とも捉えられる（名和，2010，pp. 1–49）。そうであるがゆえに日本における中小企業の国際化を分析するための分析枠組みを整えるにあたっては，単に欧米流の "International Entrepreneurship Orientation" 論[1] 等をもって説明しようとしても木に竹を添えるような形となり，説明力が不十分となる。中核企業と中小企業の関係が市場を媒介する売り手・買い手の対等な水平分業ではなく，かといって原材料から完成品に至るまでの一社内垂直統合でもない，企業城下町を含む産業集積地における中核企業と中小企業（下請企業）が，全体として中間組織として発展してきた事実が前提となる。中間組織としての歴史の中で中核企業の保護育成，支援・指導・教育も受けて，中小企業が技術力を蓄積し，自立化の基礎を固めてきたことを踏まえた場合，日本の地域の企業城下町的産業集積地における中小企業の国際化というものは，自立化という横糸を通して初めてダイナミックに理解が進むのである。

　したがって，第2章の歴史的経緯の振り返りの意義は二つある。第一に日本の地域における中小企業が自立化と国際化を準備する時期としての意義を確認するという意義である。第二に，欧米において支配的な IEO 等の議論とは異なり，日本の地域における中小企業の国際化については，国際化と自立化という二重の座標軸を分析枠組みとして採用するという方法論の必要性を裏打ちするという意義である。

　以上を踏まえた上で，第3章においては，主として欧米諸国における先行研究を参照しつつも，これらを日本の地域の中小企業の現実により良く適合するよう説明理論として修正し，日本の地域における中小企業のDOI指標の測定，自立化指標の測定を可能とするための分析枠組みとして設定したのである。これは日立地域の中小企業の国際化と自立化の現状について分析するための視点を提供し，なおかつ定量的分析を可能とするための枠組みである。

③タイプ毎の中核企業の種類とその組み合わせの特徴

　中小企業の国際化について論ずるに際しては，前項に論じたことからも明らかな通り，日本においては中核企業と中小企業の密接な関係を度外視することはできない。それゆえに中小企業の国際化と自立化の両軸よりなる分析枠組みが要求されるとしたが，本節③項においては具体的に本研究にて明らかにした各タイプの中小企業が，いかなる種類の中核企業とかつて密接な関係にあったかをみていくことで，中核企業の特徴が中小企業の国際化や自立化に与えた影響についてみておきたい。

　表8-1は，中小企業のタイプ別に中核企業を種類別に列挙し，その中核企業と主として取引していた中小企業の数とそのタイプ内における構成比率を示している。中核企業は，その生産分野が重電か，弱電か，その中間か，あるいは域外の中核企業かによって腑分けしてある（中核企業をもたないケースもある）。重電とはタービン，モーター，発電機，制御盤，配電盤，変圧器等のインフラ関係を指し，日製傘下の日立工場，国分工場，大みか工場が含まれる。弱電とは，家電，自動車部品，電子顕微鏡・測定器等を指し，日製傘下の多賀工場，那珂工場，佐和工場が含まれる。中間とは重電と弱電の中間に位置づくものとし，エレベータ・エスカレータのような昇降機，電気機関車を製作する日製水戸工場である。

　表8-1にある通り「従属的下請企業」計8社についてみると，日製の重電系工場を中核企業としていた中小企業が4社（50％）と最も多い。その一方で，「国内志向自立化企業」16社の場合，中核企業なしが6社（38％），日製の弱電系工場を中核企業とする中小企業が5社（31％）となっている一方，重電系工場は3社（19％）と少数派に転じている。同様の傾向は「国際化準備企業」（計

表8-1　タイプ毎の中核企業分類

中小企業のタイプ	当該タイプに属する中小企業のかつての中核企業	中小企業数	構成比率
従属的下請企業 タイプ1 及び タイプ3-A	重電（日立・国分・大みか）	4	50%
	弱電（多賀）	2	25%
	中間（水戸）	1	13%
	地域外中核企業	1	13%
	なし	0	0%
	合計	8	100%
国内志向自立化企業 タイプ3-B	重電（日立・国分・大みか）	3	19%
	弱電（多賀，那珂，佐和）	5	31%
	中間（水戸）	1	6%
	地域外中核企業	1	6%
	なし	6	38%
	合計	16	100%
国際化準備企業 タイプ3-C	重電（日立・国分）	3	23%
	弱電（多賀，那珂，佐和，東海）	6	46%
	中間（水戸）	2	15%
	地域外中核企業	1	8%
	なし	1	8%
	合計	13	100%
自立型国際化企業 タイプ4	重電（日立・国分）	1	8%
	弱電（多賀，那珂，佐和）	7	58%
	中間（水戸）	0	0%
	地域外中核企業	2	17%
	なし	2	17%
	合計	12	100%
総合計企業数		49	

（注）カッコ内は日製傘下工場名（かつての工場名）
　　なお，製造カテゴリーは以下。
　　日立工場：タービン，発電機，モーター
　　国分工場・大みか工場：変電所，配電盤
　　多賀工場：家電（掃除機，洗濯機等）
　　那珂工場：電子顕微鏡，測定器等
　　佐和工場：自動車部品
　　東海工場：AV機器
　　水戸工場：機関車，エスカレータ，エレベータ
　　域外中核企業：日製以外の企業
　　なし：特定の中核企業なし
（出所）筆者作成。

13社中，弱電系が6社，46%に対して重電系が3社，23%），「自立型国際化企業」（計12社中，弱電系が7社，58%に対して，重電系が1社，8%）にもみてとれるのである。

　このように日製の重電系工場を中核企業としていた中小企業は現代においても従属的下請企業である傾向が強く，反対に日製の弱電系工場を中核企業としていた中小企業，あるいは中核企業が存在していなかった中小企業は自立性が高く，国際化も進んでいる傾向にあるといえる。

　なぜ重電系の中核企業と長期的な取引関係にあった中小下請企業は，自立化ひいては国際化が進まないのか。中村他（2012）は，日立地域の中小企業においては弱電系の中小企業は独立志向＝自立化志向が強いが，重電系の中小企業は自立化の取り組みが弱電系に比べると積極的ではないとし，その理由として，重電部門は景気動向に左右されにくく，オンリーワンの技術を要求される製品が多いことを挙げ，それゆえにこれまでと同様に日製（重電系工場：筆者補足）との取引関係を経営の基盤とする中小企業が多くみられるとする（pp. 146-147）。要するに中小企業側に，自立化に向かう必要性への認識が乏しいというのである。

　一方，中核企業側の事情はいかなるものであろうか。そもそも日製が事業をスタートさせた重電分野においては，創業当初，外注の活用は極力避けられてきた。すなわち日立工場は設立当初は下請企業を使おうとはしなかったが，これは日立製品が高度の精密さを必要とする重電関係であり，わずかの外注部品のために全体の品質を害するようなことを極度に警戒していたからである（藤本，1991，pp. 113-125）。実際，日製の社長を務めた川村隆氏が披露するエピソードにみられる通り，電力供給等の重電分野における品質トラブルがいかに深刻なものか，その長年の歴史の中で日製は骨身にしみて認識してきたのである（川村，2016，pp. 159-161）[2]。電力供給や交通等，ひとたび問題が起れば自社のみならず，社会全体に多大な影響をもたらしうる基幹インフラ製品を製作しているがゆえに，日製においては，品質に対しては常に高度な緊張感を持って対応することがいわば企業文化であり続けたとみられる。例えば日製創業時のメンバーでもあり後年専務取締役となった馬場粂夫博士は戦後，製品開発や技術上の失敗や品質トラブルを看過することなく，徹底的にその原因を追

及する活動「落穂拾い」を開始し，これを社内に根付かせた[3]。また日製においては，自社において生起した製品の事故・故障，品質トラブル等につき，あえてその記録を残し，「内史」として共有する文化もある[4]。こうした背景の下，戦後から高度経済成長期にかけて，重電分野を中心とする日立工場は高品質を維持するためにも中小下請企業の技術，品質に関する指導・教育を徹底したことは既に第2章において論じた通りである。そのため，いくら日製本社がグローバル競争に備えるべく，経営の軽量化をはかるために中小企業の自立化を促しても，現場における品質責任を担う日製日立工場のような重電系工場としては，長年の付き合いがあり，信頼のおける中小企業を手放し，他の中小企業にシフトすることは容易にはできないということになるのである。

さらに中核企業が抱える競合関係の影響も指摘できよう。すなわち，第5章において紹介したG1社の証言にもある通り，本社や工場の資材部等が中小外注企業に自立化を促すとしても，様々な技術的ノウハウの流出を恐れる製造部は他社開拓に否定的な立場をとるということが起きるのである。

以上を背景として，タイプ1・タイプ3-Aのような「従属的下請企業」の間では中核企業が重電系の日製傘下工場である傾向が強いのである。

一方，タイプ1・タイプ3-A以外の比較的自立性や国際性が高い中小企業の間では中核企業が弱電系の日製傘下工場である傾向が強い。その背景としては中村（2012）が論じる通り，弱電部門において，日製グループの事業再編や協力企業との外注関係の変化や淘汰が進行していたことも挙げられよう。しかし，弱電部門の日製傘下工場が果たしたより積極的な側面も見逃すべきではない。すなわち，本研究第6章の事例研究にて取り上げたB5社の証言にある通り，早くも1965年の段階において，日製傘下の那珂工場（測定器，電子顕微鏡等）の経営者自らが，B5社を含む中小企業各社に対して，技術力の向上と独立性確保を奨励したことを典型的な証左としたい。たしかに，中小企業が自立化に向かうに至る背景として，中核企業によるコスト競争力追求のための生産海外展開や，事業再編に伴う事業縮小の影響があったことを否定することは難しいかもしれないが，その一方で，中小企業における根源的な技術力の向上と自立化の促進にとって中核企業が果たした積極的な側面（技術・品質指導のみならず経営マインドの持ち方も含めて）も重要と考えるからである。

　以上，日立地域における中小企業のタイプ別の中核企業の種類を概観した。
その結果，重電系の中核企業の場合，中小企業の自立化は比較的進んでおら
ず，弱電系の中核企業の場合，中小企業の自立化が進んでいることが分かっ
た。ただし，いずれの場合でも，中核企業が中小企業の技術的な蓄積に深くか
かわり，その自立化に重要な役割を果たしていることが背景として浮かび上
がってきたのである。しかし，地域における企業城下町的産業集積地における
中小企業の自立化の今後の在り様，その展望を検討する際，常に，必ず中核企
業との長期にわたる深いつながりが必須条件となるのであろうか。実は日立地
域の中小企業を注意深く分析していくと，決してそのようなことはなく，首都
圏等，地域外からの転入企業が新たなる Role Model を果たしうるという展望
もあるということを，次項 ④ において論じる。

④転入企業の示唆と理論的位置づけ

　転入企業は本研究において調査した49社中5社であり，各社の DOI 指標及
び自立化指標は第7章の表7-1において示した通りである（ただし，F4社は
アンケート回答を得ていない）。アンケートへの回答を得た転入企業4社の
DOI 指標・自立化指標の平均値を出し，全体平均と比較したものが表8-2で
ある。

　表8-2から転入企業について次のような特徴が読み取れる。まず DOI 指標
全体は全体平均値比でプラス5ポイントと高い。項目別にみると特に「国際化
段階」のプラス8ポイントと「経営者の認識」のプラス14ポイントが大きく影
響している。一方，自立化指標に目を転じると，「製造能力」がプラス9ポイン
トと高く，これが「営業力」（プラス8ポイント）と「業態」の自立性（プラス
11ポイント）の裏付けとなっている。その一方で，「R&D力」は▲2ポイント
と平均より低く，「対中核企業関係」の数値も▲15ポイントと非常に低いため，
自立化指標全体は全体平均値比でプラス3ポイントと平均並みとなっているの
である。すなわち，転入企業は自社の研究開発能力や設計能力によって，独自
製品や独自の生産技術を開拓しているのではなく，そうした領域は中核企業[5]
の判断を活用する。ただし，転入企業は中核企業では実現できない製造能力
（独自の製造技術・加工技術，生産性や高品質を高める設備導入，低コスト生産

表8-2　転入企業と全体平均の DOI 指標・自立化指標の差異

				全体平均	転入企業平均	差異
DOI軸	記述的測定	国際化成果（パフォーマンス）		16%	19%	3%
		国際化段階（Stage）		35%	43%	8%
	動因追究的測定	経営者の認識		56%	70%	14%
		対外能力		71%	69%	−2%
				41%	46%	5%
自立化軸	R&D力	研究開発		71%	71%	0%
		設計能力		56%	52%	−4%
				63%	61%	−2%
	営業	マーケティング	価格決定権	68%	69%	1%
			競合は少ない。	53%	63%	9%
		顧客対応能力	物流上の問題解決するため顧客と協力する力持つ。	66%	63%	−4%
			商品開発のため顧客と協力する力持つ。	81%	75%	−6%
		売上依存		49%	88%	39%
				63%	71%	8%
	業態			69%	80%	11%
	製造能力			75%	83%	9%
	対中核企業関係			40%	25%	−15%
				65%	68%	3%

（出所）筆者作成。

　の仕組み，短納期の仕組み等）を持ち，これをテコに営業力や業態としての自立性を確保し，ひいては企業としての自立化を高め，国際化を進めているとみられるのである。

　以上のような転入企業の特徴から，中小企業の国際化と自立化を実現する道は多様であることが分かる。企業城下町である日立地域の多数派の企業は，創業時から日立地域において中核企業たる日製傘下工場に「R&D力」を育まれた経験を持ち，これをテコとしている。しかし，転入企業のように中核企業が日製に非ず，また滋養された自立化要素が「製造能力」であって，「R&D力」

ではない企業であっても，企業城下町的産業集積地において堂々たる事業の自
立性の確立と国際化を進めることができるのである。こうした特徴を有する転
入企業ではあるが，仔細にみていくと，中核企業の判断を活用する企業は2社
に限られるのであり，残り半数の企業は中核企業の判断を待たずに事業展開す
る点は注意を要する。また，上記の特徴は定量分析の側面からみえてくる特徴
についての論究にとどまる。むしろ重要なのは第7章の事例研究において取り
上げたアンケート調査未回収のF4社の事例である。

　同社はプレス加工と金型製作を行うもともとは東京で創業した企業であり，
刃物事業，プレス加工事業により5/10000 mmという超精密加工技術を徹底的
に追求することによる付加価値を実現する企業である。F4社は自らの超精密
加工技術を追求し「打ち抜き・切断技術ソリューション提供」というコンサル
テーション業務を通じて，これを顧客価値に転化している点が極めて重要であ
る。すなわち，同社の顧客である組立産業（電子・電機機器，精密機器等）は，
金型やプレス加工については素人である。それにも拘らず，従来これら顧客企
業は，金型企業，プレス加工企業から相見積もりを取り，加工技術上の要諦を
承知しないまま発注をしていた。その結果，受注側は「買い叩かれ」，発注側
（顧客）も最適な金型・プレス加工のソリューションを得ることがなく，原価低
減や品質向上の機会を逃してきた。これに対して，F4社は金型・プレス加工の
専門家として，自社の超精密加工技術により顧客に最適なソリューションを提
供し，顧客のコストダウンと品質向上を実現することで顧客価値を創造する。
こうした価値の提供のため，F4社の技術は「買い叩かれる」ことがなく，むし
ろ顧客が実現しようとする生産の在り方のリードを取るのである。

　このようにF4社は従来の企業城下町的産業集積地にみられた下請企業では
全くなく，むしろ主客が逆転し，超精密加工技術の専門性を活かすことで顧客
企業のビジネス実現をリードする新しい形のビジネスモデルを示しているので
ある。前項③までは中小企業の自立化の礎となる技術的蓄積において中核企
業が果たした史的役割の重要性を指摘してきたが，本項④においては，これ
とは対照的な議論を展開した。すなわち，護送船団方式の時代が終焉し，かつ
ての下請であった中小外注企業に自立化することを中核企業たる日製が盛んに
促し，中小企業側も自立化を暗中模索する中，転入企業の在り方は，多くの日

立地域の中小企業にとって，次世代の生存モデルを提示しているということである。

　次に本研究において確認した41社の定量分析の結果導出した上記四つのタイプにつき，そのDOI指標項目と自立化指標項目の平均値と全体平均との差異からみえてくる相関について述べる。そのことにより，これまで論じてきた中核企業と中小企業の密接な関係に基づくものであれ，中核企業との関係を度外視した新しいビジネスモデルの在り方に基づくものであれ，DOI指標と自立化指標の両軸にまたがる相関を確認することでみえてくる国際化と自立化の結節点を浮き彫りにしたい。

⑤ DOI指標・自立化指標の相関

　本研究における日立地域中小企業の国際化と自立化に関する全体像を再構成するに際して，今一度，定量的測定に用いたDOI指標と自立化指標の各項目間の相関について，タイプ別の相違を関連づけつつ，以下に示す表8-3を参照しながら，確認しておきたい。

　表8-3は各タイプのDOI指標と自立化指標の項目毎の平均値を示したものである。なお，タイプ1（従属的下請企業）は3社，タイプ3-A（従属的下請企業）は2社しか存在しないためまとめて集計する。タイプ3-B（国内志向自立化企業）は13社，タイプ3-C（国際化準備企業）は12社，タイプ4（自立型国際化企業）は11社である。

　表8-3の最も左側の列にはアンケート調査対象企業41社全体のDOI指標・自立化指標の明細項目毎の全体平均値及び合計値の全体平均値がある。いずれもアンケート調査によって得られた得点の平均値を理想プロフィール得点（満点）で除した結果得られるパーセンテージである。なお，当然のことながら，理想プロフィールは100％である。次の4列はタイプ毎のDOI指標・自立化指標の項目毎の平均値である。さらに右の4列はタイプ毎DOI指標・自立化指標の平均値と全体平均値との差異である。タイプ別に明細項目毎のDOI指標・自立化指標を見比べることにより，いかなる相関関係が導き出せるか，以下検討したい。

　まず表8-3をみると，タイプ1，タイプ3-A（従属的下請企業）→タイプ

表8-3　タイプ別DOI指標・自立化指標と全体平均値との差異、タイプ間の差異(1)

DOI軸／自立化軸		全体平均	DOI指標及び自立化指標				全体平均との差異				タイプ間の差異		
			従属的下請企業 タイプ1及びタイプ3-A	国内志向自立化企業 タイプ3-B	国際化準備企業 タイプ3-C	自立型国際化企業 タイプ4	従属的下請企業 タイプ1及びタイプ3-A	国内志向自立化企業 タイプ3-B	国際化準備企業 タイプ3-C	自立型国際化企業 タイプ4	タイプ1→タイプ3-B	タイプ3-B→タイプ3-C	タイプ3-C→タイプ4
DOI軸 記述的測定	国際化成果（パフォーマンス）	16%	0%	4%	20%	34%	-16%	-12%	3%	18%	4%	15%	15%
動因追究的測定	国際化段階（Stage）	35%	17%	13%	33%	70%	-17%	-21%	-2%	35%	-4%	19%	37%
	経営者の認識	56%	25%	33%	65%	86%	-31%	-22%	9%	31%	8%	32%	21%
対外能力		71%	64%	64%	73%	80%	-7%	-7%	2%	9%	0%	9%	8%
		41%	23%	25%	43%	66%	-18%	-16%	2%	25%	2%	19%	22%
自立化軸 R&D力	研究開発能力	71%	20%	71%	81%	84%	-51%	0%	10%	13%	51%	10%	3%
	設計能力	56%	20%	57%	63%	64%	-36%	1%	7%	8%	37%	5%	1%
営業・マーケティング	価格決定権	63%	20%	64%	71%	73%	-43%	1%	8%	10%	44%	8%	2%
	競合は少ない。	68%	55%	75%	58%	75%	-13%	7%	-9%	7%	20%	-17%	17%
顧客対応能力	物流上の問題解決するため顧客と協力する力持つ。	53%	40%	52%	65%	48%	-13%	-1%	12%	-5%	12%	13%	-17%
	商品開発のため顧客と協力する力持つ。	66%	65%	65%	67%	68%	-1%	-1%	0%	2%	0%	1%	2%
売上依存		81%	65%	81%	81%	89%	-16%	0%	0%	8%	16%	0%	7%
		49%	40%	42%	44%	66%	-9%	-6%	-5%	17%	2%	1%	22%
業態		63%	53%	63%	63%	69%	-10%	0%	0%	6%	10%	0%	6%
製造能力		69%	54%	67%	68%	78%	-15%	-2%	-1%	10%	13%	1%	11%
		75%	61%	74%	76%	80%	-13%	0%	2%	5%	13%	2%	3%
対中核企業関係		40%	32%	44%	44%	36%	-8%	3%	4%	-4%	12%	0%	-8%
		65%	44%	65%	68%	71%	-21%	0%	3%	6%	21%	3%	3%

（出所）筆者作成。

3−B（国内志向自立化企業）→タイプ3−C（国際化準備企業）→タイプ4（自立的国際化企業）の順で DOI 指標も自立化指標も高まっていることが分かる。同表において興味深いのは，DOI 指標に関して，タイプ1・タイプ3−A（従属的下請企業）よりも，タイプ3−B（国内志向自立化企業）の方が多くの DOI 項目で点数が高いことである。DOI 指標に関していえば，タイプ3−B（国内志向自立化企業）よりもタイプ3−C（国際化準備企業）の方が高いことは当然といえるが，タイプ1・タイプ3−A（従属的下請企業）も，タイプ3−B（国内志向自立化企業）も双方ともに国内志向であるにも拘わらず，自立性の上昇とともに，DOI が高まっているのである。その一方で，タイプ3−B（国内志向自立化企業）よりもタイプ3−C（国際化準備企業）の方は DOI 指標が高いことは当然ということになるが，それのみならず，自立性指標も高い数値となっている。以上の諸点から，国際化と自立化を裏打ちするイノベーションは相互に影響し合い，イノベーションが進むと国際化が進み，その逆も然りであるとする Golovko & Valentini（2011）の議論が裏付けられるのである（Golovko & Valentini, 2011, pp. 362−380）。

　次に DOI の項目別指標と，自立化指標の相関についてさらに細かくみていく。表8−4は，表8−3における各 DOI 指標項目，各自立化指標項目の全体平均値との差を簡素化して示したものである。すなわち，全体平均地からの差異が，▲5ポイント以下は，「L（Low の略）」，▲4ポイント以上，プラス10ポイント未満は「M（Middle の略）」，プラス10ポイント以上は「H（High の略）」として示した。

　同表から明らかな通り，DOI 指標を構成する各項目の殆どがタイプ1，タイプ3−A（従属的下請企業）→タイプ3−B（国内志向自立化企業）→タイプ3−C（国際化準備企業）→タイプ4（自立的国際化企業）の順序で，L→L→M→H となっている。一方，自立化指標をみると，全体的には L→M→M→M となっているが，自立化指標を構成する項目のうち「R&D 力」と「業態」に関しては L→M→M→H となっており，タイプ3−C（国際化準備企業）→タイプ4（自立的国際化企業）にかけて，M→H と上昇する動きが DOI 指標全体と共通している。すなわち，タイプ3−C（国際化準備企業）→タイプ4（自立的国際化企業）にかけて DOI 指標の各項目と自立化指標の「R&D 力」と

表8-4　タイプ別DOI指標・自立化指標と全体平均値との差異、タイプ間の差異(2)

DOI軸／自立化軸	中分類	項目	全体平均	DOI指標及び自立化指標 従属的下請企業及びタイプ3-A（タイプ1及びタイプ3-A）	国内志向自立化企業（タイプ3-B）	国際化準備企業（タイプ3-C）	自立型国際化企業（タイプ4）	全体平均との差異 従属的下請企業（タイプ1及びタイプ3-A）	国内志向自立化企業（タイプ3-B）	国際化準備企業（タイプ3-C）	自立型国際化企業（タイプ4）
DOI軸	記述的測定	国際化成果（パフォーマンス）	16%	0%	4%	20%	34%	L	L	M	H
		国際化段階 (Stage)	35%	17%	13%	33%	70%	L	L	M	H
	動因追究的測定	経営者の認識	56%	25%	33%	65%	86%	L	L	M	H
		対外能力	71%	64%	64%	73%	80%	L	L	M	M
			41%	23%	25%	43%	66%	L	L	M	H
自立化軸	R & D力	研究開発	71%	20%	71%	81%	84%	L	M	H	H
		設計能力	56%	20%	57%	63%	64%	L	M	M	M
	営業	マーケティング力　価格決定権	63%	20%	64%	71%	73%	L	M	M	H
		競合は少ない。	68%	55%	75%	58%	75%	L	M	L	M
		顧客対応能力　物流上の問題解決するため顧客と協力する力を持つ。	53%	40%	52%	65%	48%	L	M	H	L
		商品開発のため顧客と協力する力を持つ。	66%	65%	65%	67%	68%	M	M	M	M
		売上依存	81%	65%	81%	81%	89%	L	M	M	M
	業態		49%	40%	42%	44%	66%	L	L	L	H
	製造能力		63%	53%	63%	63%	69%	L	M	M	M
			69%	54%	67%	68%	78%	L	M	M	M
			75%	61%	74%	76%	80%	L	M	M	M
			40%	32%	44%	44%	36%	L	M	M	M
	対中核企業関係		65%	44%	65%	68%	71%	L	M	M	M

（注）
マイナス5ポイント以下：L
マイナス4ポイント以上プラス10ポイント未満：M
プラス10ポイント以上：H
（出所）筆者作成。

「業態」の項目が相関していると推察されるのである。換言すれば国際化準備段階にある企業が自立型国際化企業へと変貌する上では研究開発能力や設計能力を向上させ，二次下請けや三次下請ではなく，より上位の立場を確保することで，国際化が進むということである。これは「R&D力」を含むイノベーションの推進と国際化の推進が表裏の関係となっているということを意味し，再度，上記 Golovko & Valentini（2011）の議論を支持することになる。なお，DOI 指標と自立化指標のうち，他の項目については，ここまで同期化する項目はない。

　このように国際化と自立化は相関しているということが分かったが，それは具体的に何を意味するのか，次項においてより詳細に検討する。

⑥国際化・自立化をもたらす製造工程付加価値の重要性

　中小企業の国際化と自立化において，自社製品・自社ブランド品を有することが肝要であるという見解がある。例えば松本（1993）は日立地域の下請構造の変化を論ずるにあたり，同地域の中小企業のうち受注先の多元化を進める企業や，自社製品開発への関心が高い企業が増加しているというアンケート調査結果を踏まえ，自立化への関心が高まっているとして，自社製品の保有と自立化を同一線上の事柄として論ずる（p. 88）。同様に小山他（2000）も日立地域の中小企業の方向性を論じる中で，自社製品開発型企業へと発展していく必要があるとするのである（pp. 5-6）。他にも植田（2016）は中小企業は「脱下請」のため自社製品開発，自社ブランド製品の開発を進める必要があり，そのために中小企業の社内外の資源を戦略的に活用するべきと論じる（p. 116）。また，Jansson and Hilmersson（2009）は，低コスト生産と特定顧客への高依存の「罠」から脱するためには自社製品の付加価値を高め，マーケティング能力を開拓することにより，単なる下請企業の領域を超えて，付加価値を上げることで，より依存度を低くする必要があると論じる（pp. 243-244）。さらに山本（2016）は，日本の中小企業にとって，国際化が事業継続上の要諦の一つとなりつつあることを踏まえ，中小企業の国際化志向の有無や実現の可否を分かつものは何かを問う。そして複数の事例分析を通じて，国内の専門的な顧客向けに開発，供給した差別化された製品が，やがて海外の専門家顧客に知られると

ころとなり，これが海外からの引き合いをもたらすとのモデルを提示している（p. 76）。

このように中小企業の自立化や国際化にとって，自社製品・自社ブランド品を保有することがあたかも当然の必要用件であるかのような議論が見受けられるし，これは確かに分かりやすい議論であるともいえよう。

しかし，これらの議論には自社製品や自社ブランド品を保有する（抱え込む）ことに伴うリスクが看過されているか，あるいは十分に議論されていない。実際，水野（2015）は，中小企業がイノベーションを進めていく在り方として自社製品（B2B）開発がありうるとし，事業のリスク分散や事業の立て直し，安定的事業収益を上げるためのイノベーションは一般的であり，数多く確認されるものの，事業化まで至る確率が低いことや，BtoB の自社製品開発に伴う研究開発コストが財務状況を悪化させるリスクが高いこと，それにも拘らず，開発終了後に上市せず，一定期間貸し出し等によるデータ収集と改善点の収集が必要なこと等を指摘している（pp. 122-127）。またリスクを克服するだけの力を有する中小企業であったとしても，自社の「製品」を支える技術力（R&D 力や製造力）が肝要なのであり，自社製品・自社ブランド品を保有すること自体が中小企業の国際化と自立化にとっての必要条件とまではいえない。実際，本研究の調査によれば，タイプ 3 - C（国際化準備企業），タイプ 4（自立型国際化企業）合計 25 社（アンケート未回収企業も含む）のうち，自社製品を有する企業は 10 社に過ぎない。むしろ，自社製品を持つことそれ自体ではなく，あえて外注加工に徹することにこそ付加価値が高まるポイントがあるという考え方もありうる。実際，前出の F4 社等はそうした企業である。すなわち，最終製品を所有するにせよ，外注加工サービスに徹するにせよ，加工プロセス技術（製造技術）とそれを支える設計力，及び礎としての研究開発力においてこそ付加価値が高まるという考え方である。前項において分析した「R&D 力」と DOI 指標の相関関係はそれを裏付けていると考えられる。

実際，中小企業の国際化が進む原動力としては，外国顧客より与えられる高度な技術的課題に挑戦することへの従業員のモチベーション向上や，その課題を克服し成果を得るという達成感が挙げられよう。例えば，第 6 章にて取り上げた E1 社の場合，顧客であるドイツの最先端企業が次々と設計図面を更新し，

難易度が上がったため，競合する中国等の外注加工業者が次々脱落し，最後に
E1社が勝ち上がった形となる。すなわちより高度な技術的課題への挑戦が同
社の国際化を駆り立てている側面がうかがえるのである。また第7章で取り上
げたF4社の場合，そもそも刃物製作，金型製作とプレス加工の実績を有機的
に関連付け，超精密加工に徹し，自社の専門家としてのノウハウそれ自体を付
加価値の源泉としているのである。同社は自社製品・自社ブランド品といった
「物体」としての商品ではなく，超精密加工の専門性それ自体に付加価値を生
み出し，結果としてこれが同社そのもののブランド力となっている。さらに
F4社は「国際化は従業員にとって誇らしいことであり，大いに励みになり，モ
チベーションを引き上げることになる」と証言している[6]。ただし，これらの企
業は，もはや技術一本やりという発想でもなく，営業やマーケティングの重要
性も重々認識している点は注意を要する。

　以上2社の事例からも明らかな通り，中小企業の国際化は，本研究の分析枠
組みとして設定した横軸＝自立化軸の構成要素である「R&D力」に含まれる
技術力や，加工，組み立てを含めた製造力によって牽引される。自社製品・自
社ブランド品の有無それ自体は等閑視されうるのであり，決定的な要素ではな
い。

　以上，本節においては本研究より得られる示唆として，以下のような諸点を
確認した。

　第一に日本の地域における中小企業の中核企業との有機的で密接な歴史的関
係が中小企業の技術蓄積をもたらし，これが中小企業の支えとなっているとい
う点である。それゆえに，本研究においては，中小企業の国際化を論ずるにあ
たり，こうした技術的蓄積に立脚する自立化という概念を横軸として導入する
必要があったという点である（本節②項）。

　第二に，上記第一の史的関係とも関連するが，中核企業のタイプと中小企業
のタイプには一定の傾向的共通性がみられる，という点である。すなわち，重
電系の工場が中核企業である場合，当該中小企業の自立化は相対的に緩慢であ
り，弱電系の中核企業の場合には比較的早い段階から積極的な自立化が模索さ
れているという点である（本節③項）。

　第三に，上述の中核企業の存在の重要性とは全く対照的に，今後は転入企業

が企業城下町の中小企業にとって重要な Role Model となりうるとういう点である（本節④項）。

　第四にこうした転入企業であれ，中核企業との長い取引関係を経験した企業であれ，タイプ別に DOI 指標と自立化指標の項目別の相関をみた場合，DOI 指標＝国際化は，「R&D 力」（＝研究開発力や設計力）と相関があることが判明した（本節⑤項）。

　第五に，中小企業の国際化や自立化を牽引する力は自社製品・自社ブランド品の保有にあるという一般的な見解とは異なり，むしろ上記の「R&D 力」を基底とする製造工程付加価値にあるという点である。事例研究にもある通り，外国顧客より与えられたより困難な技術的課題への挑戦と克服が強力なドライビングフォースとなるのである。ただし，タイプ3－Cやタイプ4の企業の多くはもはや技術一本やりという発想ではなく，営業やマーケティングの重要性も重々認識している企業が多いことも特徴的である（本節⑥項）。

　以上の視点を含め，今一度本研究の全体像を以下において再構成したい。

⑦全体像の再構成

　前出の図8-1を援用して，史的背景（本研究第2章参照）と，ヒヤリングを通じて把握したこれまでの各社の動向（第5〜7章までの事例研究）や現状（第4章の定量分析）を複合して同地域中小企業の国際化と自立化のダイナミズムを比喩的に表現したのが図8-2である。

　図8-2の左下に雌鶏が卵を温める絵柄がある。雌鶏が中核企業たる日製，卵が地元の中小零細下請外注企業である。本研究第2章において論じた通り，戦中戦後から高度経済成長期にかけて，この絵柄が象徴しているように，中核企業日製は意図的にかつ戦略的に日立地域の中小企業を保護育成してきた。すなわちそれは技術指導・品質管理指導，設備投資に関する指導あるいは仕事量の調整や出向者の派遣や受け入れを含む人材育成と日頃の頻繁なやり取りといった有機的なつながりを含む長期固定的な取引関係である。またこうした政策は日製各工場と中小企業の間において直接展開されただけでなく，工業協同組合といった組織もチャネルとして活用された。このような活動を通じて疑似的な制度としての階層的下請制度が形成された。こうした日製による外注政策を受

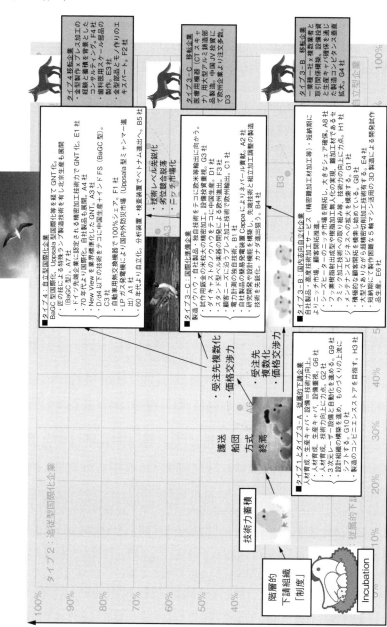

図8-2 日立地域中小企業の国際化と自立化の方向性と特徴

け，中小企業は技術力，経営力を蓄積して行った。図8-2左下にある卵が割れてひよこが孵化する様子がこれを象徴している。

　2000年代以降，護送船団方式はもはや通用しなくなり，各中小企業は自立化を促されることになるが，基本的にそれ以降，2010年代末の昨今においても基本的に中核企業である日製への依存度が高い企業が，図中の雌鶏に追従して前進するひよこで表現されたタイプ1とタイプ3-A（従属的下請企業）の企業群である。ただし，これら各社は人材育成・生産キャパ・設備投資を通じた技術力向上を志向しているのみならず，もはや中核企業に依存するのではなく，独自技術の確立と顧客の多角化により自立化する方向に向かおうとしていることは第5章において論じた通りである。

　かつてタイプ1・タイプ3-Aの位置づけにあった中小企業は，蓄積された技術力をテコにして，受注先複数化と価格交渉力の向上をはかり，自立化する。これがタイプ3-B（国内志向自立化企業）である。タイプ3-Bの中小企業は，例えば高度な加工技術サービス（精密難加工材加工等）を短納期で提供し，国内のニッチ市場で顧客開拓を推進する。すなわち，図8-2の中央下にある絵柄の通り，これまで雌鶏について行く形で進んでいたひよこが国内において雌鶏から離れ，独り立ちして自ら歩んでいくのである。また，タイプ3-Bの中小企業においては首都圏から転入してきた中小企業（一匹狼）もみられる。例えばG4社がこれに該当するが，同社は一定の中核企業にのみ売上を依存することのリスクを回避するため，取引先を一業種一社として複数業種と取引関係を構築する方針をとる。同社は設備投資と生産キャパ確保を通じてあらゆる業種のニーズに対応可能となるよう製造コンピタンスを垂直拡大する。このようなことは，G4社がもともと所在した首都圏では実現困難であったという。なぜならば，首都圏大田区のような産業集積地においては，中小企業各社1社ずつが各々自らの加工分野を決め，1社が各々一つずつコンピタンスを保有しているからである。1社が突出して製造コンピタンスを垂直拡大するようなことは，他社の存続を危機に陥れることになるため，実現困難であったという[7]。しかし，日立地域においてはこれが実現可能であり，同地域の他の企業にとっても参照モデルとなる。

　タイプ3-Cは自立性の高い中小企業であり，国内事業が中心であるが，国

際展開に向けて準備段階にある中小企業である。タイプ1・タイプ3−A から，あるいはタイプ3−B からタイプ3−C に発展しうる。タイプ3−C は，単なる高度技術ではなく，「独自技術」をテコに欧米等への輸出実現に向かう。図8−2中央付近に飛び立とうとする鳥の絵柄があり，これを象徴する。タイプ3−C においても転入企業が存在する。D3 社はかつて東芝を中核企業とした CT スキャナー用のアルミ鋳造大型部品を製造するが，既に中国において合弁事業を軌道に乗せ，欧州各国の大手メーカーから発注を受けている。同社の中国展開は，もともと中核企業である東芝の依頼に基づく Feasibility Study がきっかけとなっているが，その後の受注先は多様である。このように中核企業の利害などに振り回されすぎることなく，自由に顧客開拓していく在り方は日立地域の中小企業にとって参照に値するであろう。

　タイプ4は自立型国際化企業である。タイプ1，タイプ3−A〜C の企業は顧客の要求する技術水準が上がっていく中で，技術を先鋭化させる。やがて競合は追従できなくなり，競争から脱落していく。先鋭化した技術に対する国内需要は寡少となり，海外の顧客を開拓することとなる。このような力学により中小企業はタイプ4となる。D/d4 以下の技術をテコに中国生産を展開し，インド生産の Feasibility Study を開始する C3 社や，特殊ランプ製造のためのバルブ供給が途絶えそうになり，北京生産を展開した A7 社がこれに該当するであろう。またその他にも LP ガス発電機により国内外防災市場の開拓を進める A1 社も挙げられる。図8−2の右上にある空高く飛翔する鳥が，このように自立化し，国際展開を進めるタイプ4である。なお，タイプ4においても転入企業は大いに参考となる。F4 社は金型製作とプレス加工の経験と蓄積を背景として，水平直角 5/10000 mm の精度で超精密打ち抜き技術を極めた企業である。同社は技術を極めるのみならず，極めた技術を顧客に知らしめるマーケティングを重視し，さらに顧客のものづくりに対するコンサルティングサービスも事業化している。F4 社はもはや旧来の「下請外注」では全くありえず，顧客企業による「買い叩き」という現象も生じえないようなビジネスモデルを構築しており，日立地域のみならず，すべての中小企業にとって重要な参照事例といえる。

第2節　本研究の結論

　本研究においては，日立地域を取り上げ，日本の地域における企業城下町的産業集積地における中小企業の国際化について，自立化概念を絡ませながら論じてきた。そもそもこの問題を取り上げることの重要性は何処にあるか。経済のグローバル競争は一時的な退潮をみることはあったとしても，長期的には前進するとみられる。そうした中，大手中核企業の世界的な競争は今後も続く。かつて戦後・高度経済成長期にみられたような護送船団方式にて中核企業が中小企業の保護育成を行う時代はもはや戻ってこない。かつて中小企業は技術指導を仰ぎ，仕事量を保証され，営業やマーケティングによる顧客開拓の努力も不要であったが，中核企業による保護育成に頼れる時代に戻れない以上，中小企業は自立化する必要があり，自ら市場を開拓する力を自ら培うことが必要となる。しかも，その市場は国内に留まるものではなく，技術が先鋭化すればするほどニッチ化が進み，国際化に転じていくことになる。したがって，中小企業の国際化について自立化を絡ませながら論ずることは重要なのである。しかし，このような国際化と自立化の概念を分析枠組みとした議論は従来の国際経営論の領域においても，また中小企業論の領域においてもみられなかったのであり，ここに本研究の新規性がある。

　中小企業の国際化に関して，例えば従来の欧米の議論では国際ベンチャー企業に関するIEO（International Entrepreneurship Orientation：国際起業家志向）論及びこれに含まれる各種の理論（Born Global/Born Again Global論，International New Venture論等々）が存在した。しかし，これら欧米の中小企業国際化に関する論究においては，現実の日本における地域の中小企業の実際にみられるような中核企業と中小企業の長期固定的な取引関係によって構成される中間組織（市場における水平分業と同一組織内における垂直統合の中間という意味における）が視野に入ってこない。すなわち，欧米流の中小企業国際化論においては，長期継続的な取引関係によって結ばれた地域における中核企業と中小企業の有機的な関係性が前提されていない。それゆえ，中核企業との関係が中小企業における技術蓄積や人材育成に果たした役割の歴史的重要性に

対する認識も欠けているのである。そのため，日本の地域における中小企業の国際化を説明するには，上記のごとき欧米流の理論を適用することには無理がある。したがって，日本の地域における中小企業の国際化を考察するにあたっては，中小企業の中核企業へのかつての依存からの自立化という概念を導入する必然性が生じるのである。

　また，中小企業の国際化に関連した従来の欧米の議論として有名な Uppsala 理論も本研究の第3章で論じたように修正が必要であるといえよう。すなわち，実際に国際化を進めている中小企業の証言に耳を傾けてみると，当初中国・東南アジア等への生産拠点投資を検討したものの，国内生産を維持して欧米向け輸出を行う方針をとった企業が多々存在するのである（例えば，長尺物精密加工の E1 社，LP ガス発電機製作の A1 社，顧客ニーズをつかむプレス加工の C1 社，超精密加工の F4 社）。従来 Uppsala 理論が描くような輸出→販売拠点投資→生産拠点投資というような国際化の拡大 Stage の在り方は歩幅が大きすぎる。そのため Pre-Export 段階から始まり，定常的な輸出にまで至るというようなよりノッチの細かい Stage を想定する必要があるということである。さらにこのように国際化を進める中小企業は欧米顧客向け輸出を行う企業が多々あり，この点でも Uppsala 理論のいう心理的距離（Psychic Distance）の比較的小さな近隣諸国から初めてより遠方の諸国へと国際化が進むという前提も否定されるであろう。

　一方，日本の中小企業論の領域においては，地域の中小企業の国際化について，これを測定する指標を策定し定量的分析を試みることはなかった。本研究にいては，理論枠組みとしての国際化と自立化を設定した上で，より具体的な指標として，DOI 指標と自立化指標を整備し，これを組み合わせて定量的な分析を行ったのである。

　本研究の独自性の一つは，このように中小企業の中核企業とのつながり，地域とのつながりに着目した上で，その国際化を論じた点にある。その結果，従来の中核企業への依存の度合が減り，中小企業が自立性を高めていること，これが中小企業の国際化をもたらす前提となることが判明した。また，今後は，中核企業にかわって転入企業が重要な Role Model となっていくであろうことも見えてきた。

　またDOI指標と自立化指標の構成項目の相関関係をみていくと、「R&D力」が高いことが「DOI指標」の高さと相関することも分かった。「R&D力」はイノベーションをもたらす技術力であり、自立化を担保するものである。実際、「R&D力」や「製造力」によって実現する尖った高度技術によりニッチ化が進むため国内市場が手狭となり国際化を進めざるを得なくなるという側面と、そもそも難易度の高い技術を実現し、これを国際化することが従業員のモチベーションを引き上げ、誇りとなるがゆえに国際化が進むという側面がみられる（E1社，F4社等）。したがって、中小企業の国際化は、自立化あっての国際化ということができる。実際、自立化をともなわない国際化、すなわち追従的国際化企業（タイプ2）は圧倒的少数派であると考えらえる。実際、本研究において行った調査では、タイプ2に該当する中小企業は存在しなかったのである。

　最後に、本研究における方法論は、歴史的アプローチ（第2章）、定量的アプローチ（第4章）、定性的アプローチ（第5〜7章）を組み合わせたものである。すなわち本研究においては、DOI指標と自立化指標を策定し、定量的分析を行った。また工場史を参照し、ベテラン社員・職員へのヒヤリングを通じて史的分析を行った。そして個別企業へのヒヤリングを通じて定性的分析を実施した。これらの複合的アプローチによって、本研究は展開されたのである。日立地域における中小企業の国際化と自立化について、その背後にある史的積み重ねを掘り起こし、生々しい現実を浮かび上がらせ、未来への展望を開くために、こうした複合的な方法を採用し、動態的な分析を進めることが可能となったのである。

第3節　今後の研究課題

　最後に今後の研究課題について述べる。

　第一に本研究では日立地域を取り上げたが、今後は他の地域や首都圏も取り上げ、その産業集積地における中小企業の国際化と自立化について比較していくことが必要である。例えば、㈱東芝を中核企業とした京浜工業地帯である横浜市鶴見区の中小企業の国際化と自立化について、日立地域と比較するという

視点も重要と考えられる。同様に他の地域の企業城下町的産業集積における中小企業の国際化と自立化を，日立地域と比較分析することも今後の課題であろう。

　第二に，日立地域の中小企業の業種別の深掘りである。例えば本研究において最も企業数が多い業種は「製缶・鈑金」（9社）である。しかし，一部例外を除き，同業種の国際化・自立化は進んでいない。製缶業，鈑金業，あるいはその基盤技術である溶接について，より深く立ち入り，国際化や自立化の制約をもたらす背景や原因，あるいは可能性と限界について分析することが必要である。また，本研究において，その存在を確認できなかったタイプ2（追従型国際化企業）についても，なぜこうした企業が海外から撤退することになったのか，あるいはいかなる努力によってタイプ3（国内志向自立化企業）やタイプ4（自立型国際化企業）へと変貌したのか，究明する必要があろう。

　第三に本研究における国際化と自立化の理論枠組みについては精緻化，洗練化が必要である。第3章で論じた DOI 指標・自立化指標の策定に関して，DOI測定指標を構成する項目として，今後より一層の研究が必要となりそうな項目が散見される。例えば，輸出や国際化を忌避する経営者の認識に関する“Lateral Rigidity”（国際化に向けた硬直性）である。国際化に向かわない経営者の認識を分析し，国際化に向かう中小企業経営者の認識を逆証明したものとして，Luostarinen（1979）に依拠しつつ，Tan & Liesch（2014）が論じたものである。Lateral Rigidity の実際例をより精緻に分析することで，なぜ経営者は国際化に躊躇するのか明らかにしていくことは，地域中小企業の国際化の制約を捉える上で重要であろう。

　以上のような研究課題を見据えつつ，今後ますます中小企業の国際化と自立化について考察を進めていくことにより，日本のものづくりの底力と可能性の広がりをさらに探求していきたい。

［注］
1　例えば，Zucchella & Magnani（2016）は，INV（International New Ventures），BG（Born Globals），BAG（Born-Again Globals），MM（Micro-Multinationals），IM（Infant/Instant Multinatonal）等々，これまで論じられてきた各種の国際起業家志向を有するベンチャー企業の在り様に関する論究をまとめ，国際経営論，戦略経営論，起業家論が交錯する領域としての International Entrepreneurship 論を整理する。しかし，ここには日立地域のような日本の地域にみ

られる中核企業と下請企業の長期継続的取引関係，すなわち単なる商取引に終始しないその関係性（技術指導，品質指導，人材育成等々）による中小企業における技術力，経営力の蓄積や，自立については論じられていない。

2 　川村（2016）において，著者である元日立製作所会長の川村隆は1970年代初頭に関西電力姫路第2発電所に納入した火力発電機の部品が運転中に不均一な変形を起こすため回転軸が振動してしまい稼働が安定しないという問題に直面した際のエピソードを披露している。当時，電力供給インフラが停止するリスクを目の当たりにして，背筋の凍る思いをしながら主任技師であった川村と部下達が昼夜を問わず対応し，なんとか難を逃れたものの，責任をとわれることになった顛末が書かれている。

3 　失敗を繰り返さないために品質問題を徹底的に追及する「落穂ひろい」のコンセプトについては，その創始者である馬場粂夫の著作（馬場，1981）に詳しい。

4 　例えば日製においては，『日立工場内史』『水戸工場内史』といった社内向けまとめた社史を通して，製品の作り込みや失敗やその克服等について克明に記録している。詳しくは兼先他編（1977），阿部編（1980），㈱日立製作所水戸工場（1981），㈱日立製作所水戸工場（1982）。2000年代の昨今においてこそ「失敗学」としてもてはやされているこの概念が，日製においては，戦前の頃から根付いている点は称賛に値するといえよう。

5 　なお，ここにいう転入企業の「中核企業」とは，日製とは限らない。

6 　F4社へのヒヤリング記録資料a（日時：2015年6月24日㈬10：00〜11：30，場所：F4社会議室，対象：F4社代表取締役社長），F4社へのヒヤリング記録資料b（日時：2017年8月18日㈮10：00〜12：30，場所：F4社会議室，対象：F4社代表取締役社長）に基づく。

7 　G4社へのヒヤリング記録資料a（日時：2017年6月19日㈪10：30〜14：00，場所：G4社社長室，対象：G4社代表取締役社長）に基づく。

参考文献

1. 日本語文献

相沢一正 (1982).「軍需生産の実態と推移」『日立戦災史』日立市の戦災と生活を記録する市民の会編 (pp. 134-147), 日立市役所.

青山和正 (2011).『精解 中小企業論：変容する中小企業問題を解読する』同友館.

明山邦雄 (1996).「パーキン エルマー社との提携」『牧野さんの想い出』㈱日立製作所計測機器事業部, pp. 167-168.

阿部忠正 (1980).『日立工場内史 第Ⅱ編 回転機の発展時代』日立製作所日立工場.

雨宮昭一 (1993).「日立市の歴史的形成：二つの平準化・同質化」『企業城下町日立の「リストラ」』帯刀治編 (pp. 23-37), 東信堂.

浅沼萬里 (1997).『日本の企業組織 革新的適応のメカニズム：長期取引関係の構造と機能』東洋経済新報社.

足立裕介・楠本敏博 (2017).「中小企業における輸出継続の要因」『日本政策金融公庫論集』37, pp. 29-49.

池田潔 (2007).「自立型下請企業のビジネスモデル分析」『都市政策研究所紀要』(北九州市立大学都市政策研究所) vol.1. pp. 17-29.

池田潔 (2012).『現代中小企業の自律化と競争戦略』ミネルヴァ書房

一般財団法人常陽地域研究センター (2015).『JOYO ARC』(2015 年 8 月号), pp. 14-33. 茨城県中小企業振興公社 (2015).『茨城県ものづくりガイド』.

岩間英夫 (2009).『日本の産業地域社会形成』古今書院.

植田浩史 (2004).『戦時期日本の下請工業』ミネルヴァ書房.

植田浩史, 桑原武志, 本多哲夫, 義永忠一, 関智宏, 田中幹大, 林幸治 (2016).『中小企業・ベンチャー企業論：グローバルと地域のはざまで』有斐閣.

上野紘 (2003).「下請分業の流動化と『自立型経営』の課題：下請企業のイノベーション対応を視点にして」『研究季報』13(4), pp. 1-12

海上泰生 (2014).「海外展開に成功した中小ものづくり企業にみられる国際的生産体制の構築：海外進出顧客の調達姿勢の変化に対応した現地生産拠点運営事例の考察」『日本政策金融公庫論集』25, pp. 1-28.

太田一樹 (2011).「国際化への取組みが企業成長を促す」『商工金融』3 月, pp. 1-2.

太田智之・辻隆司 (2008).「中堅・中小企業の価格交渉力と標準化・モジュール化：収益力改善に向けて中堅・中小企業は何をすべきか」『みずほ総研論集』3, pp. 1-39.

小山高一・橋本治 (2000).「日立市の工業と日立地区産業支援センター」『日立地域の現状と未来』茨城大学地域総合研究所年報別冊 (pp. 1-12), 茨城大学地域総合研究所.

加藤秀雄 (2011a).『日本産業と中小企業：海外生産と国内生産の行方』新評論.

加藤秀雄 (2011b).「中小企業の国内生産と海外生産の行方」『商工金融』2011. 12, pp. 1-2.

兼先覚二郎, 小林徳太郎, 岡野繁, 東海進蔵編 (1977).『日立工場内史 第Ⅰ編 回転機の創業時代』日立製作所日立工場.

川村隆 (2016).『100 年企業の改革：私と日立』日本経済新聞社.

北沢康男 (1971a).「中小企業の自立化と技術：下請制との関連で」『経済学論集』10(4), pp. 277-289.

北沢康男 (1971b).「中小企業の自立化と技術 (Ⅱ)」『経済学論集』11(3), pp. 182-199.

久慈鉄工協同組合（1966）.『久慈鉄工団地』.

久保田典男（2007）.「生産機能の国際的配置：中小企業の海外直接投資におけるケーススタディー」『中小企業総合研究』6, pp. 43-61.

経済産業省大臣官房調査統計グループ構造統計室（2019）.『平成29（2017）年工業統計表地域別統計表』.

高慶元（2013）.「中小企業のグローバル化に関する考察：関西の中小企業の海外進出を中心に」『環日本海研究年報』20, pp. 65-90.

越村惣次郎（2010）.「中小企業の質的な成長：価格決定権の有無による自立化の要因分析」『産関研論集』22, pp. 1-11.

小林伸生（2014）.「中小企業の海外展開を国内産業活性化に結び付けるために」『商工金融』, pp. 67-68.

齋藤幸生, 美谷薫, 大島規江（2000）.「ひたちなか市における都市的土地利用の拡大と都市機能の集積」『地域調査報告』22（筑波大学地球科学系人文地理学研究グループ）, pp. 1-37.

櫻井敬三（2015）.「日本の下請型中小製造企業の実態調査結果に基づく考察」『日本経済大学大学院紀要』3(2), pp. 67-82.

櫻井敬三（2017）.「中小製造業の海外進出はメリットがあるか？」『成功に導く中小製造企業のアジア戦略』櫻井敬三・高橋文行・黄八洙・安田知絵著（pp. 1-14）, 文眞堂.

笹倉貞夫（1982）.「付録　資料」『日立戦災史』日立市の戦災と生活を記録する市民の会編（pp. 223-309）, 日立市役所.

常陽銀行（2010）.「調査：日立, ひたちなか地域の製造業の構造変化とこれからの方向性」『ARC』9月号, pp. 20-39.

常陽銀行（2015a）.「調査：日立グループをめぐる取引構造変化と日立・ひたちなか地域の中小製造業」『ARC』8月号, pp. 14-33.

常陽銀行（2015b）.「調査：日立グループをめぐる取引構造変化と日立・ひたちなか地域の中小製造業」『ARC』9月号, pp. 12-51.

柴原友範（2017）.「中小企業の急速な国際化における外部専門家の役割：日本の中小企業の先進事例にみられる急速な国際化の新たな成功要因」『国際ビジネス研究』9(1, 2), pp. 55-71.

菅田浩一郎（2016）.「茨城県県北中小製造企業の事業国際化への取組み："Born-again Global Company"の萌芽」『常磐国際紀要』第20号, pp. 33-72.

菅田浩一郎（2018）.「地域中小企業国際化の研究」『経済科学論究』15, pp. 51-61.

鈴木直志（2019）.『中小企業の技術経営』同友館.

精密工学会（1997）.『生産システム便覧』コロナ社.

関智弘（2015）.「中小企業の国際化研究に関する一考察：その射程と分析課題」『同志社商学』67(2, 3), pp. 21-35.

高橋美樹（1997）.「下請中小企業の新技術・新製品開発, 組織の『慣性』と学習能力：平成9年版『中層企業白書』を題材に」『国民金融公庫　調査季報』43, pp. 37-57.

高橋美樹（2003）.「下請企業の「自立化」戦略」『中小公庫マンスリー』12月, pp. 6-13.

丹下英明（2016）.『中小企業の国際化経営：市場開拓と撤退にみる海外事業の変革』同友館.

中央大学経済研究所（1976）.『中小企業の階層構造：日立製作所下請企業構造の実態分析』中央大学出版部.

中小企業基盤整備機構（2017）.『平成28年度中小企業海外事業活動実態調査報告書』中小企業基盤整備機構.

中小企業庁（2017）.「平成28年度において講じた中小企業施策」『中小企業白書（2017）Web版』。（http://www.chusho.meti.go.jp/pamflet/hakusyo/H29/h29/index.html, 2017年11月15日最終確認）.

中小企業庁（2017）．『中小企業白書』．

東京芝浦電気株式会社（1963）．『東京芝浦電氣株式會社八十五年史』東京芝浦電気株式会社．

東芝メディカル㈱（1998）．『21世紀への懸橋：お客さまと共に歩んだ東芝医用機器開発の歴史』東芝メディカル㈱．

遠原智文（2012）．「企業の国際化理論と中小企業の国際化戦略」『中小企業の国際化戦略』額田春華，山本聡，遠原智文，山本篤民，久保田典男，張又心Barbara『中小企業の国際化戦略』同文館，pp. 10-28.

遠山恭司（2002）．「「企業城下町・日立地域」における中小企業の自立化と地域工業集積」『中央大学経済研究所年報』33, pp. 121-144.

長尾克子（1995）．『日本機械工業史：量産型機械工業の分業業構造』社会評論社．

中道眞（2018）．『グローバル市場を志向する国際中小企業』晃洋書房．

中村精（1982）．「分業と下請制」『国際化と地域中小企業』同友館．

中村文宣，神谷隆太，大谷麻里絵，鈴木将也，福井一喜，山下清海（2012）．「日立市の機械金属工業における中小企業の自立化」『地域研究年報』34（筑波大学人文地理学・地誌学研究会），pp. 137-160.

名和隆央（2010）．『日本型産業組織の制度分析』泉文堂．

日本政策金融公庫総合研究所（2016）．「輸出への取り組みを契機とした中小企業の変革」『日本公庫総研レポート』2016-3，日本政策金融公庫．

日本政策投資銀行（2001）．『地域レポート：企業城下町の挑戦；技術集積地域日立地区における変化の胎動』日本政策投資銀行．

日本分析機器工業会公式HP。
（https://www.jaima.or.jp/jp/about/activities/heritage/introduction, 2019年8月29日最終確認）．

長谷川英伸（2015）．「中小企業のグローバル化に関する一考察」『玉川大学経営学部紀要』24, pp. 45-53.

馬場粂夫（1981）．『落穂拾い（新装版）』日立辺仁会．

浜松翔平（2012）．「中小企業の国際化における事業選択：新規事業の国際化の意義」『国際ビジネス研究』4(1), pp. 35-48.

林幸治（2016）．「歴史から見た中小企業の海外進出」『中小企業のアジア展開』坂本恒夫・境睦・鳥居陽介編著（pp. 99-114），中央経済社．

日立製作所（1960）．『日立製作所史　第2巻』．

日立製作所（2010）．『日立製作所史　第5巻』．

日立製作所工業協同組合（1980）．『三十年の歩み』．

日立製作所工業協同組合（1999）．『五十年の歩み』．

日立製作所水戸工場（1981）．『水戸工場内史　電気機関車編　第I集』．

日立製作所水戸工場（1982）．『水戸工場内史　昇降機編　第I集』．

日立製作所水戸工場（1982）．『水戸工場史　第1巻』．

日立製作所水戸工場（1992）．『水戸工場史　第2巻』．

日立製作所水戸工場（2002）．『水戸工場史　第3巻』．

日立製作所水戸工場（2012）．『水戸工場史　第4巻』．

日立製作所多賀工場（1973）．『多賀工場史　第3巻』．

日立製作所多賀工場（1982）．『多賀工場史　第4巻』．

日立製作所多賀工場（1990）．『多賀工場史　第5巻』．

日立製作所多賀工場（1999）．『多賀工場史　第6巻』．

日立製作所日立工場（1961）．『日立工場五十年史』．

日立製作所日立工場（1985）．『日立工場七十五年史』．

平沢照雄（2017）．「企業城下町日立における自立指向型中小企業の産学官連携と海外事業展開：スターエンジニアリング社の取り組みを事例として」『国際日本研究』9，pp. 63-81.

廣江彰（1987）．「『技術革新』と下請制：下請中小企業『自立化論』の検討」『商経論集』3(3)，pp. 1-27)

藤井辰紀（2013）．「中小企業における海外直接投資の効果」『日本政策金融公庫論集』21，pp. 49-66.

藤田敬三・竹内正巳（2003）．『中小企業論』有斐閣.

藤本隆宏（2007）．『ものづくり経営学：製造業を超える生産思想』光文社.

藤本隆宏（2003）．「Field-Based Research Methods（FBRM）：実証研究の方法論」『赤門マネジメントレビュー』2(5)，pp. 177-204.

藤本隆宏・キム B. クラーク（2009）．『製品開発力』ダイヤモンド社（Clark, Kim.B. & Fujimoto, Takahiro (1991) Product Development Performance, Boston, HarvardBusiness School Press）.

藤本義治（1991）．「集積形態の分析手法とその応用」『放送大学研究年報』8，pp. 113-125.

古山幹雄（2000）．「日立地域下請企業群の現状と展望：タテ型組織からヨコ型へのネットワーク組織へ」『日立地域の現状と未来』茨城大学地域総合研究所年報別冊（pp. 13-22），茨城大学地域総合研究所.

細谷祐二（2014）．『グローバル・ニッチトップ企業論：日本の明日を拓くものづくり中小企業』白桃書房.

松本治郎（1993）．「日立市の産業構造特性」『企業城下町日立の「リストラ」』帯刀修編（pp. 71-103），東信堂.

水野由香里（2015）．『小規模組織の特性を活かすイノベーションのマネジメント』中央経済社.

三井逸友（1991）．『現代経済と中小企業：理論・構造・実態・製作』青木教養選書.

港徹雄（2006）．「グローバル化の20年と中小企業の進路」『商工金融』2006. 12，pp. 35-50.

森嶋俊行（2018）．「企業城下町型集積：茨城県日立地域」『産業集積地域の構造変化と立地政策』松原宏編（pp. 149-171），東京大学出版会.

山本聡（2013）．「茨城県日立地域における中小サプライヤー企業の国際化と地域公的機関：事例の提示と探索的検討」『東京経大学会誌』280，pp. 103-114.

山本聡（2016）．「国内中小企業の海外市場参入プロセスにおける差別化された製品と専門家としての顧客」『東京経大学会誌』290，pp. 67-79.

山本聡（2017）．「国内中小製造業の国際化プロセスにおけるグローバル・マインドセットと企業行動の変化：金子製作所と野上技研の事例から」『商工金融』2月，pp. 4-19.

山本紗矢佳（2014）．「中小企業の海外事業展開とイノベーション」『現代中小企業の海外事業展開：グローバル戦略と地域経済の活性化』佐竹隆幸編著（pp. 137-159），ミネルヴァ書房.

Roche 公式 HP（https://www.roche.com/，2019年8月31日最終確認）.

渡辺幸男・小川正博・黒瀬直弘・向山雅夫（2013）．『21世紀中小企業論：多様性と可能性を探る（第3版）』有斐閣.

渡辺幸男（1997）．『日本機械工業の社会的分業構造』有斐閣.

渡辺幸男（2003）．「「グローバル経済」下での国内製造業中小企業の存立展望と中小企業政策への含意」『大原社会問題研究所雑誌』No. 540，pp. 1-13.

2.　外国語文献

Acedo, F. J., & Florin, J. (2006). An Entrepreneurial Cognition Perspective on The Internationalization of SMEs. *Journal of International Entrepreneurship*, 4(1), pp. 49-67.

Andersen, P. H., Christensen, P. R. & Blenker, P. (1997). Generic Routes to Subcontractors' Internationalisation. In Björkman, I. & Forsgren, M. (eds.), *The Nature of the International*

Firm (pp. 231–255). Copenhagen, Copenhagen Business School Press, Copenhagen.

Balboni, B., Bortoluzzi, G., & Grandinetti, R. (2013). On The Relationship between Size, Capabilities and Internationalisation: An Explorative Analysis of Italian Subcontracting SMEs. *International Journal of Globalisation and Small Business*, 5(1-2), pp. 114–132.

Balboni, B., Bortoluzzi, G., & Vianelli, D. (2014). The Impact of Relational Capabilities on The Internationalization Process of Industrial Subcontractors. *Transformations in Business & Economics*, 13(2), 21–40.

Baldegger, Rico J., & Wyss, P. (2007). *Profiling the Hybrid: Born-Again Global Firms. A Case Study on The Internationalisation Behaviour of Mature Firms in Switzerland*. Friebourg, Growth Publisher.

Baum, M., Schwens. C., Kabst, R., (2015). A Latent Class Analysis of Small Firms' Internationalization Patterns. *Journal of World Business*, 50, pp. 754–768.

Bilkey, W. J., & Tesar, G. (1977). The Export Behavior of Smaller-sized Wisconsin Manufacturing Firms. *Journal of International Business Studies*, 8(1), pp. 93–98.

Bell, J., R. McNaughton & S. Young (2001). Born-Again Global Firms: An Extension to the "Born Global" Phenomenon. *Journal of International Management*, 7(3), pp. 173–189.

Boter, H., & Holmquist, C. (1996). Industry Characteristics and Internationalization Processes in Small Firms. *Journal of Business Venturing*, 11, pp. 471–487.

Cassiman, B., & Golovko, E. (2011). Innovation and Internationalization through Exports. *Journal of International Business Studies*, 42(1), pp. 56–75.

Caughey, M., & Chetty, S. (1994). Pre-Export Behaviour of Small Manufacturing Firms in New Zealand. *International Small Business Journal*, 12(3), pp. 62–68.

Cavusgil, S. T. (1980). On The Internationalisation Process of Firms. *European Research*, 8, pp. 273–281.

Cavusgil, S. T. (1984). Differences among Exporting Firms Based on Their Degree of Internationalization. in Buckley, Peter. J. & Ghauri, Pervez. N. (1993) (eds.), *The Internationalization of The Firm: A Reader* (pp. 53–63). San Diego, Academic Press.

Cavusgil, S. T., & Knight, G. (2009). *Born Global Firms: A New International Enterprise*. New York, Business Expert Press.

Clark, K. B., & Fujimoto, T. (1991). *Product Development Performance*, Boston, Harvard Business School Press. [藤本隆宏＋キム B. クラーク (2009)『製品開発力』ダイヤモンド社]。

Drnovšek, M., Slavek, A., & Cardon, M. S. (2014). Cultural context, passion and self-efficacy: Do entrepreneurs operate on different 'planets'. In Mitchell, J. R., Mitchell, R. K., Randolph-Seng, B., (eds.), *Handbook of Entrepreneurial Cognition*, (pp. 227–253). Cheltenham (UK), Edward Elgar Publishing.

Dunning, J. H., & Lundan, S. M. (2007). *Multinational Enterprises and The Global Economy (2nd ed)*, (p. 3). Cheltenham (UK), Edward Elgar Publishing.

Eriksson, Kent., Hhenthal, Jukka., & Lindbergh, Jessica. (2006). Factors Affecting SME Export Channel Choice in Foreign Markets. In Solberg, Carl Arthur (ed.), *Relationship Between Exporters and Their Foreign Sales and Marketing Intermediaries* (pp. 1–22). Oxford, Elsevier.

Etemad, H. (2013). 2. Internationalization theories and international growth of smaller firms from emerging markets. In Etmad, H. (ed.), *The Process of Internationalization in Emerging SMEs and Emerging Economies* (pp. 39–67). Cheltenham (UK) Edward Elgar.

Fischer, E., & Reuber, A. R. (2008), *Survival of the Fittest: Which SMEs Internationalize Most Extensively and Effectively?*, Conference Board of Canada.

Ford, David. (eds.), (2002). *Understanding Business Marketing and Purchasing: An Interaction Approach, 3rd ed.*, London, Thomson Learning.

Giovannetti, G., Marvasi, E., & Sanfilippo, M. (2015). Supply chains and the internationalization of small firms. *Small Business Economics*, 44(4), pp. 845–865.

Golovko, E., & Valentini, G. (2011). Exploring the Complementarity Between Innovation and Export for SMEs Growth. *Journal of International Business Studies*, 42(3), pp. 362– 380.

Grossman, G. M., & Helpman, E. (2005). Outsourcing in a Global Economy. *The Review of Economic Studies*, 72(1), pp. 135–159.

Gubik, A. S., & Bartha, Z. (2014). SME Internalisation Index (SMINI) Based on The Sample of the Visegrad Countries. In Gubik, A. S. & Wach, K. (eds), *International Entrepreneurship and Corporate Growth in Visegrad Countries* (pp. 23–40). Mickolc: University of Miskolc.

Håkansson, H. (ed.), (1982). *International Marketing and Purchasing of Industrial Goods.* Chichester (UK), John Wiley & Sons.

Håkansson, H., & Östberg, C. (1975). Industrial marketing: an organizational problem?. *Industrial Marketing Management*, 4(2–3), pp. 113–123.

Hirschman, A. O. (1970). *Exit, Voice, and Loyalty: Responses to Decline in Firms, Organizations, and States*, Harvard University Press, Cambridge, Massachusetts.

Hsu, W. T., Chen, H. L., & Cheng, C. Y. (2013). Internationalization and Firm Performance of SMEs: The Moderating Effects of CEO Attributes. *Journal of World Business*, 48(1), pp. 1–12.

IMP Project group (1982). An International Approach. In Håkansson, Håkan (ed.), *International Marketing and Purchasing of Industrial Goods: An Interaction Approach* (pp. 10–27). Chichester (UK), John Wiley & Sons.

Jansson, H., & Hilmersson, M. (2009). Escaping the Trap of Low–Cost Production and High Dependency: A Case Study of The Internationalization Networks of Small Subcontractors from The Baltic States. In Larimo, J. & Vissak, T. (eds.), *Research on Knowledge, Innovation and Internationalization*, (pp. 225–247). Bingley, Emerald Group Publishing.

Jansson, H., & Sandberg, S. (2008). Internationalization of Small and Medium Sized Enterprises in The Baltic Sea Region. *Journal of International Management*, 14(1), pp. 65–77.

Johanson, J., & Vahlne, J. E. (1977) . The Internationalization Process of The Firm—A Model of Knowledge Development and Increasing Foreign Market Commitments. *Journal of International Business Studie*s, 8(1), pp. 23–32.

Johanson, J., & Vahlne, J. E. (2015). The Uppsala Internationalization Process Model Revisited: From liability of Foreignness to Liability of Outsidership. In Buckley, J. Peter. & Ghauri, Pervez. N. (eds.), *International Business Strategy: Theory and Practice* (pp. 33–59). Oxon (UK), Routledge.

Jones, Marian V. (2007). Should High–Technology SMEs Expect to Internationalize by Passing Through a Sequence of Development Stages That Affect Choice of Export Market and Entry Mode? In Sussman G. (ed.), *Small and Medium–Sized Enterprises and the Global Economy*, (pp. 182–203). Cheltenham (UK), Edward Elgar Publishing.

Knight, G. A., & Cavusgil, S. T. (1996a). Innovation, Organization Capabilities, and The Born– Global Firm. *Journal of International Business Studies*, 35(2), pp. 124–141

Knight, G. A., & Cavusgil, S. T. (1996b). The Born Global Firm: A Challenge to Traditional Internationalization Theory. In Cavusgil, S. T., & Madsen T. K. (eds.), *Advances in International Marketing*, Vol. 8, (pp. 11–26). London, Jai Press.

Korsakienė, R., & Tvaronavičienė, M. (2012). The internationalization of SMEs: An Integrative

Approach. *Journal of business economics and management*, 13(2), pp. 294–307.

Lindqvist, M. (1991). *Infant Multinationals: The Internationalization of Young, Technology Based Swedish Firms*. Dissertation, Stockholm School of Economics, Institute of International Business.

Luostarinen, R. (1979). *Internationalization of the firm: an empirical study of the internationalization of firms with small and open domestic markets with special emphasis on lateral rigidy as a behavioral characteristics in strategic decision making*. Helsinki School of Economics.

Majocchi, A., & Zucchella, A. (2003). Internationalization and Performance: Findings from A Set of Italian SMEs. *International Small Business Journal*, 21(3), pp. 249–268.

Milanov, H., & Maissenhälter, B. (2015). Cognition in international entrepreneurship. In Fernhaber, S., & Prashantham S. (eds.), *The Routledge Companion to International Entrepreneurship*, (pp. 47–69). London, Routledge.

OECD (2009). Top Barriers and Drivers to SME Internationalisation. Report by the OECD *Working Party on SMEs and Entrepreneurship* (pp. 5–35), OECD.

Olson, H. C., & Wiedersheim-Paul, F. (1978). Factors Affecting The Pre-Export Behaviour of Non-Exporting Firms. In Ghertman, M, Leontiades, J. (eds.), *European Research in International Business* (pp. 283–305). Amsterdam, North-Holland Publishing Company.

Pangarkar, N. (2008). Internationalization and Performance of Small and Medium-Sized Enterprises. *Journal of world business*, 43(4), pp. 475–485.

Reid, S. D. (1981). The Decision-Maker and Export Entry and Expansion. *Journal of International Business Studies*, 12(2), pp. 101–112.

Rennie W., Michael (1993). Born Global. *The McKinsey Quarterly*, Vol. 4. pp. 45–52.

Reuber, A. R., & Fischer, E. (1997). The Influence of The Management Team's International Experience on The Internationalization Behaviors of SMEs. *Journal of International Business Studies*, 28(4), pp. 807–825.

Riahi-Belkaoui, A. (1998). The Effects of The Degree of Internationalization on Firm Performance. *International Business Review*, 7(3), pp. 315–321.

Rialp, A., & Rialp, J. (2001). Conceptual Frameworks on SMEs' Internationalization: Past, Present and Future Trends of Research. In Axinn, Catherine N., & Matthyssens, Paul (eds.), *Reassesing the Internationalization of The Firm* (pp. 49–78). Oxford, Emerald Group.

Ruzzier, M., Antoncic, B., & Hisrich, R. D. (2007). The Internationalization of SMEs: Developing and Testing a Multi-dimensional Measure on Slovenian firms. *Entrepreneurship and Regional Development*, 19(2), pp. 161–183.

Shearmur, R., Doloreux, D., & Laperrière, A. (2015). Is The Degree of Internationalization Associated with The Use of Knowledge Intensive Services or with Innovation? *International Business Review*, 24(3), pp. 457–465.

Sheppard, M., & McNaughton, R. (2012). Born Global and Born-Again Global Firms: A Comparison of Internationalization Patterns. In Gabrielsson, M. & Kirpalani, V. M. (eds.), *Handbook of research on born globals*, (pp. 46–56). Cheltenham (UK), Edward Elgar Publishing.

Simmonds, K., & Smith, H. (1968). The First Export Order: A Marketing Innovation. European *Journal of Marketing*, 2(2), pp. 93–100.

Simpson, C. L., & Kujawa, D. (1974). The Export Decision Process: An Empirical Inquiry. *Journal of International Business Studies*, 5(1), pp. 107–117.

Sommer, L. (2009). Degree of Internationalization-A Multidimensional Challenge. *The Journal of Applied Business Research*, 25(3), pp. 93–109.

Stewart, D. B. (1997). Domestic Competitive Strategy and Export Marketing Strategy: The Impact of Fit on The Degree of Internationalisation of SMEs. *Journal of Marketing Management*, 13 (1-3), pp. 105-117.

Sullivan, D. (1994). Measuring The Degree of Internationalization of A Firm. *Journal of International Business Studies*, 25(2), pp. 325-342.

Tan, A., Brewer, P., & Liesch, P. (2014). Causes of Rigidity in SMEs' Export Commencement Decision. In Drogendijk, Rian (ed.), *40th Annual Conference of the European International Business Academy (EIBA): The Future of Global Organizing*, 11-13 December 2014, Uppsala University, Stockholm, Sweden. (https://eprints. qut.edu.au/78820/3/__staffhome.qut.edu.au_staffgrouph$_hollambc_Des ktop_78820.pdf, 2018 年 7 月 21 日最終確認).

Van de Ven, A. H., & Drazin, R. (1984). *The Concept of Fit in Contingency Theory* (No. SMRC-DP-19). Minnesota Univ Minneapolis Strategic Management Research Center.

Wiedersheim-Paul, F., Olson, H. C., & Welch, L. S. (1978). Pre-export Activity: The First Step in Internationalization. *Journal of International Business Studies*, 9(1), pp. 47-58

Wilson David T., & Möller, K. (1995). Dynamics Of Relationship Development. In Möller, K. and Wilson, David T. (eds.), *Business Marketing: An Interaction and Network Perspective* (pp. 54-69). Boston, Kluwer Academic Publishers.

Yuha, Bernadine Zhang (2015). SME Internationalization and Measurement. *APEC Policy Brief*, 12 (March) (https://www.apec.org/Publications/2015/03/SME-Internationalization-and-Measuremen, 2018 年 6 月 12 日最終確認).

Zucchella, Antonella, Magnani, Giovanna (2016). *International Entrepreneurship: Theoretical Foundations and Practices；Second Edition*. Basingstoke, Palgrave Macmillan UK.

3. ヒヤリング資料

久慈鉄工協同組合へのヒヤリング記録資料（日時：2017 年 6 月 5 日㈪, 10：00〜12：00, 場所：久慈鉄工協同組合事務所）。

日立製作所工業協同組合へのヒアリング記録資料（日時：2017 年 5 月 2 日㈫ 10：00〜11：00, 場所：日立製作所工業協同組合事務所）。

A1 社へのヒヤリング記録資料（日時：2018 年 7 月 26 日㈭ 10：00〜12：00, 場所：A1 社会議室, 対象：A1 社代表取締役社長, 顧問 A, 顧問 B）及び同社より提要された企業紹介パンフレット。

A2 社へのヒヤリング記録資料 a（日時：2017 年 6 月 6 日㈫ 14：00〜15：00, 場所：A2 社会議室, 対象：A2 社代表取締役会長）。

A2 社へのヒヤリング記録資料 b（日時：2018 年 6 月 29 日㈮ 10：00〜11：30, 場所：A2 社会議室, 対象：A2 社社員）。

A3 社へのヒヤリング記録資料 a（日時：2017 年 5 月 24 日㈬ 10：00〜12：00, 場所：A3 社会議室, 対象：A3 社代表取締役副社長）。

A3 社へのヒヤリング記録資料 b（日時：2018 年 6 月 25 日㈪ 16：00〜17：00, 場所：A3 社会議室, 対象：A3 社代表取締役副社長）。

A4 社へのヒヤリング記録資料（日時：2018 年 6 月 26 日㈫ 16：00〜17：30, 場所：A4 社会議室, 対象：A4 社代表取締役社長）。

A6 社へのヒヤリング記録資料（日時：2018 年 8 月 7 日㈫ 10：00〜11：30, 場所：A6 社会議室, 対象：A6 社常務取締役）。

A7 社へのヒヤリング記録資料（日時：2018 年 7 月 26 日㈭ 14：00〜15：00, 場所：A7 社会議室, 対象：A7 社代表取締役社長）。

A8 社へのヒヤリング記録資料（日時：2018 年 8 月 24 日㈮ 10：00〜11：00, 場所：A8 社会議室, 対

象：A8 社代表取締役社長）。

B1 社へのヒヤリング記録資料（日時：2015 年 6 月 23 日㈫，2017 年 7 月 27 日㈭，2018 年 6 月 22 日㈮，場所：B1 社社長室，対象：B1 社代表取締役社長）

B4 社へのヒヤリング記録資料 a（日時：2017 年 6 月 1 日㈬ 14：00〜15：30，場所：B4 社会議室，対象：B4 社代表取締役社長）。

B4 社へのヒヤリング記録資料 b（日時：2018 年 7 月 1 日㈬ 10：00〜11：00，場所：B4 社会議室，対象：B4 社代表取締役社長）。

B5 社へのヒヤリング記録資料（日時：2018 年 7 月 11 日㈭ 10：00〜11：00，場所：B5 社社長室，対象：B5 社代表取締役社長）。

C1 社へのヒヤリング記録資料 a（日時：2017 年 5 月 31 日㈫ 10：30〜12：30，場所：C1 社会議室，対象：C1 社代表取締役社長）。

C1 社へのヒヤリング記録資料 b（日時：2018 年 7 月 2 日㈫ 16：00〜17：30，場所：C1 社会議室，対象：C1 社代表取締役社長）。

C3 社へのヒヤリング記録資料（日時：2018 年 6 月 19 日㈫ 10：00〜12：00，場所：C3 社会議室，対象：C3 社代表取締役社長）。

C6 社へのヒヤリング記録資料（日時：2017 年 5 月 30 日㈫ 14：00〜17：00，場所：C6 社会議室，対象：C6 社代表取締役社長）。

D1 社へのヒヤリング記録資料（日時：2017 年 6 月 26 日㈪ 10：00〜11：30，場所：D1 社会議室，対象：D1 社代表取締役会長）及び D1 社提供内部資料（社史）。

D3 社へのヒヤリング記録資料（日時：2018 年 7 月 12 日㈭ 14：00〜16：00，場所：D3 社会議室，対象：D3 社代表取締役社長）。

E1 社へのヒヤリング記録資料 a（日時：2017 年 8 月 7 日㈪ 10：00〜11：30，場所：E1 社会議室，対象：E1 社代表取締役社長）。

E1 社へのヒヤリング記録資料 b（日時：2018 年 7 月 3 日㈫ 15：30〜16：30，場所：E1 社会議室，対象：E1 社代表取締役社長）。

E3 社へのヒヤリング記録資料（日時：2018 年 7 月 13 日㈮ 10：00〜11：00，場所：E4 社社長室）。

E4 社へのヒヤリング記録資料（日時：2018 年 8 月 16 日㈭ 10：00〜11：00，場所：E4 社会議室，対象：E4 社代表取締役社長）。

E6 社へのヒヤリング記録資料（日時：2017 年 6 月 14 日㈬ 10：00〜12：00，場所：E6 社会議室，対象：E6 社代表取締役社長）。

F1 社へのヒヤリング記録資料（日時：2018 年 7 月 1 日㈪ 13：00〜14：00，場所：F1 社会議室，対象：F1 社金型事業部長）。

F2 社へのヒヤリング記録資料（日時：2018 年 7 月 5 日㈭ 13：00〜16：30，場所：F2 社応接室）。

F3 社へのヒヤリング記録資料（日時：2018 年 8 月 3 日㈮ 13：00〜14：30，場所：F3 社専務室，対象：F3 社代表取締役専務）及び F3 社提供内部資料。

F4 社へのヒヤリング記録資料 a（日時：2015 年 6 月 24 日㈬ 10：00〜11：30，場所：F4 社会議室，対象：F4 社代表取締役社長）。

F4 社へのヒヤリング記録資料 b（日時：2017 年 8 月 18 日㈮ 10：00〜12：30，場所：F4 社会議室，対象：F4 社代表取締役社長）。

G1 社へのヒヤリング記録資料 a（日時：2017 年 6 月 13 日㈫ 10：00〜12：00，場所：G1 社応接室，対象：G1 社代表取締役社長）。

G1 社へのヒヤリング記録資料 b（日時：2018 年 6 月 21 日㈭ 10：00〜11：00，場所：G1 社応接室，対象：G1 社代表取締役社長。

G2 社へのヒヤリング記録資料（日時：2017 年 6 月 13 日㈫ 15：00〜16：30，場所：G2 社社長室，対象：G2 社代表取締役社長）。

G3 社へのヒヤリング記録資料 a（日時：2015 年 6 月 17 日㈬ 16：30〜18：00，場所：G3 社会議室，対象：G3 社代表取締役社長）。

G3 社へのヒヤリング記録資料 b（日時：2017 年 8 月 3 日㈭ 14：00〜15：00，場所：G3 社会議室，対象：G3 社代表取締役社長）。

G3 社へのヒヤリング記録資料 c（日時：2018 年 7 月 2 日㈪ 10：00〜11：00，場所：G3 社会議室，対象：G3 社代表取締役社長）。

G4 社へのヒヤリング記録資料 a（日時：2017 年 6 月 19 日㈪ 10：30〜14：00，場所：G4 社社長室，対象：G4 社代表取締役社長）。

G4 社へのヒヤリング記録資料 b（日時：2018 年 7 月 23 日㈪ 14：00〜15：00，場所：G4 社社長室，対象：G4 社代表取締役社長）。

G6 社へのヒヤリング記録資料（日時：2018 年 7 月 31 日㈫ 16：00〜17：00，場所：G6 社応接室，対象：G6 社代表取締役社長）。

G8 社へのヒヤリング記録資料（日時：2018 年 8 月 10 日㈮ 14：00〜16：00，場所：G8 社会議室，対象：G8 社代表取締役社長）。

G9 社へのヒヤリング記録資料（日時：2018 年 8 月 22 日㈬ 10：00〜11：00，場所：G9 社応接室，対象：G9 社代表取締役社長）。

G10 社へのヒヤリング記録資料（日時：2017 年 6 月 12 日㈪ 13：30〜14：30，場所：G10 社会議室，対象：G10 社代表取締役社長）。

H1 社へのヒヤリング記録資料（日時：2018 年 7 月 10 日㈫ 16：30〜18：00，場所：H1 社会議室，対象：H1 社代表取締役専務）。

H3 社へのヒヤリング記録資料（日時：2018 年 8 月 6 日㈪ 10：00〜11：30，場所：H3 社会議室，対象：H3 社代表取締役社長）。

参考資料

地域中小企業の国際化と自立化に関するアンケート

平素より大変お世話になっております。

この度は、無記名アンケート回答へのご協力を賜りまして、誠にありがとうございます。

アンケートへのご回答前に、下記１）～６）につき内容をご確認の上、ご回答にお進みください。

■本アンケートの趣旨：

　本アンケートは、「地域中小製造企業の国際化と自立化の研究」において、現状において日立・ひたちなか地域の中小企業の国際化や自立化がどのように位置づいているのか、どのように動いてきたのかを定量的に分析するために行われるものです。

　　各種の質問は、主として日米欧の大学・研究機関において国際経営論や中小企業経営論を専門とする研究者の先行研究も参照しつつ、日本の日立・ひたちなか地域の現実に適合するよう修正したものを挙げています。

■本アンケートの手法と情報の取り扱いについて：

１）本アンケートは、貴社の「国際化」と「自立化」に関する理想プロフィール値を測ることにより、貴社の「国際化」と「自立化」に関する座標軸上の位置づけを探るものです。

２）理想プロフィールとは、「国際化」もしくは「自立化」が理想的に（完全に）達成されている状態に対する現状（％や絶対値にて表示）を示すものです。下記アンケートの１．貴社の属性についての質問にご回答の後、２．国際化、及び３．自立化につき、様々な質問が用意されております。これらの質問には、yes/no の二択式の質問や、選択肢を選んで頂く質問、さらには、％（直感的な数値で結構です）を記載して頂く質問があり、それぞれ一定の点数配分がなされております。満点に占める合計数値の％により「理想プロフィール値」が算出されます。

３）特に貴社より社名公表のご依頼がない限り、企業名は匿名（Ａ１社、A2 社等）とします。

４）本アンケートに基づく貴社の「国際化」と「自立化」に関する理想プロフィール値は、座標軸上に位置づける必要があるため、論文内で記述・表示されますが、あくまでも企業名は伏せた状態にて「国際化」と「自立化」の合計値や度合（％）のみの表示となります。（個々の質問への貴社の回答内容は極秘とします）

５）本アンケート内の個々の質問に対する各企業の個別の回答内容については、有名・匿名を問わず一切公表せず、極秘とします。ただし、全ての企業の回答は集計、分析され、属性毎にその合計値や平均値は統計データとして論文中に言及・表示されます。

６）各種の合計値や平均値と貴社の比較、もしくは全体の中での貴社が位置づく順位については、後日、アンケート回答結果集計後、Feed Back いたします。

【アンケート】

１．貴社の属性についてご教示ください。

１）貴社の従業員数規模はどれくらいですか？（該当する方にチェックマークをお入れください。）

　　□　20人以下、　　　　□　300人以下

２）貴社の業種は何ですか（複数回答可。該当する□にチェックマークをお入れください。）

　　【製品を作っている企業】

　　□鉄鋼・非鉄金属・金属製品　　　□金型製造　　　　　□一般機械器具

　　□電気機械器具　　　　　　　　　□情報通信機械器具

　　□電子部品・デバイス　　　　　　□輸送機器器具　　□精密機械器具

　　□プラスチック製品　　　　　　　□その他製品

　　【加工を業とする企業】

　　□切削　　　□研削・研磨　　　□プレス　　□熱処理　　□製缶・鈑金・溶接

　　□表面処理（めっき・塗装）　　　□レーザー・放電加工　　□その他加工

3) 貴社の業態に関してお聞きします。

　a. 上記２）の質問で売上の最も多い業種に関して、貴社の業態は以下のいずれですか？

　　（該当する□にチェックマークをお入れください。）

　　□１. 自社製品を持つ製造販売メーカー

　　□２. 製造販売兼下請メーカー

　　□3. 1次下請

　　□4. 2次・3次下請

　　□5. その他

　b. 貴社の業態は、この１５～２０年の間に変化がありましたか。

　　（該当する□にチェックマークをお入れください。）

　　□１.自社製品を持つようになった。

　　□２．２次下請だったのが１次下請になるなど、下位から上位にあがった。

　　□３．１次下請だったのが２次下請になるなど、上位から下位にさがった。

　　□４．変化なし

４）最近の売上高伸び率に関してお聞きします。

　　貴社の最近の売上高伸び率は、同業他社と比較して以下のいずれだったと推測しますか？

　　（該当する□にチェックマークをお入れください。）

　　□１．同業他社よりかなり高い伸び率を示している。

　　□２．同業他社よりやや高い

　　□３．同業他社とほとんど同じ

　　□４．同業他社よりやや低い。

　　□５．同業他社よりかなり低い。

5) 過去と現在における貴社の日製（日立製作所）への依存度、日製との関係についてお聞きします。

a. 今から 15 年〜20 年前時点での日製の特定工場への売上依存度は各々何%程度でしたか？
（複数回答可）

海岸工場＿＿＿%　　山手工場＿＿＿%　　多賀工場＿＿＿%

水戸工場＿＿＿%　　那珂工場＿＿＿%　　国分工場＿＿＿%

大みか工場＿＿＿%　　佐和工場＿＿＿%　　その他日製工場＿＿＿%

日製以外＿＿＿%

b. 2017 年現在の日製の特定工場への売上依存度は各々何%程度でしたか？（複数回答可）

MHPS＿＿＿%　　　　　　　　　　　　日製工場（旧山手工場）＿＿＿%

日立アプライアンス（旧多賀工場）＿＿＿%　　日製水戸工場＿＿＿%

日立ハイテクノロジーズ（旧那珂工場）＿＿＿%　　国分工場＿＿＿%

大みか工場＿＿＿%　　　　　　日立オートモーティブシステムズ＿＿＿%

その他日製工場＿＿＿%　　　　　　　　日製以外＿＿＿%

c. 今から 15 年〜20 年前時点における日製（もしくは特定顧客）との関係についてお聞きします。
Yes ／ No のいずれかを選択してください。

①設備投資は日製（あるいはその他特定顧客）の指導に基づいて行われていた。→ Yes ／ No

②品質改善活動は日製（あるいはその他特定顧客）の指導に基づいて行われていた（日製の場合：落穂ひろい等の活動）。→ Yes ／ No

③日製から出向者を受け入れたり、当社より日製に出向したりして人材育成を図った。
→ Yes ／ No

④日製から各種の技術指導を受けた。→ Yes ／ No

⑤部材は無償支給もしくは常備品購入であった。→ Yes ／ No

⑥日製とは特別の関係なし。→ Yes ／ No

d. 2017 年現在の日製（もしくは特定顧客）との関係についてお聞きします。Yes ／ No のいずれかを選択してください。

①設備投資は自社の判断で行っている。→ Yes ／ No

②品質改善活動は自社の判断で行っている。→ Yes ／ No

③日製から出向者のやり取りはない。→ Yes ／ No

④日製から技術指導を受けることはない。→ Yes ／ No

⑤部材は自社調達である。→ Yes ／ No

6）貴社が所属する工業組合はいずれですか？（該当する□にチェックマークをお入れください。複数回答可。）

参考資料

□特になし　　　□久慈鉄工協同組合　　　□日立鉄工協同組合
□日立製作所工業協同組合　　　□国分協同組合　　　□日立南工業団地協同組合
□日製水戸工業協同組合　　　□新利根工業団地協同組合
□配電盤茨城団地協同組合

２．貴社の「国際化（輸出もしくは投資）」についてご教示ください。
■国際化の段階について：Yes ／ No のいずれかを選択してください。
１）輸出に興味はなく、国内志向、海外に対しては消極的。→ Yes ／ No
２）海外からの不意の発注や照会には応じるが、あくまでも臨時のものとして、輸出開拓はしない。
　　　→ Yes ／ No
３）海外からの不意の発注・問合せ・照会を受け、輸出業務の必要性を感じる（もしくは輸出しないこ
　　とはマズイと考える。）。→ Yes ／ No
４）輸出開始のために必要な情報やその収集方法検討している。　→ Yes ／ No
５）顧客探索活動の可能性を探る。→ Yes ／ No
６）外部機関・専門家のアドバイスを得る。→ Yes ／ No
７）海外顧客への輸出を魅力的であるとみる。→ Yes ／ No
８）同業他社と連携して行動する。→ Yes ／ No
９）現地調査（とにかく現地に行ってみる）→ Yes ／ No
10）展示会に出展する。→ Yes ／ No
11）輸出しようとする製品は、詳細な説明ややり取りが不要である。→ Yes ／ No
12）輸出開始の意思を持つ。→ Yes ／ No
13）輸出のイメージを持つ。→ Yes ／ No
14）輸出の計画を作る。(海外売上高、顧客毎の計画等が明確）→ Yes ／ No
15）商談を開始する。→ Yes ／ No
16）提案書作成依頼・見積書作成依頼の受領と回答がある。→ Yes ／ No
17）試作売買契約成立→ Yes ／ No
18）試作（サンプル）品の製造と販売を実施する。→ Yes ／ No
19）量産契約（又は顧客の試作用の部材生産本契約）締結。→ Yes ／ No
20）量産品生産と輸出（試作用本体部材の生産と輸出）→ Yes ／ No
21）近隣諸国顧客に試験的に輸出する。→ Yes ／ No
22）限定的な輸出による経営者・企業としての経験蓄積があった。→ Yes ／ No
23）試験的輸出の成果を良好と評価する。（採算が取れそうである）→ Yes ／ No
24）輸出業務を試験的・限定的なものではなく、定常的なものとするよう努力する。→ Yes ／ No
25）特定の顧客を得て、輸出業務が定常化する。→ Yes ／ No
26）海外顧客開拓活動の組織的な積極化を模索する。→ Yes ／ No

27) 必要な資源（人、カネ）の投入を決める。→ Yes / No
28) 現地の仲介業者や卸売業者に対する訓練、販促支援を行っている。→ Yes / No
29) 本社の従業員に対する営業訓練を行っている。→ Yes / No
30) 遠方の国への輸出可能性も模索する。→ Yes / No
31) 輸出業務のノウハウを蓄積し、為替や関税の対応になれる。→ Yes / No
32) 国際ビジネスの機会を視野に入れた予算配分を行う。→ Yes / No
33) 国際的なマーケティングの成果を出す（長期的な取引先顧客が複数つく）→ Yes / No
34) 海外販売拠点を設立する。→ Yes / No

■国際化の業績について：
35) 貴社において、海外事業に専任する従業員数は、以下のうちどれが該当しますか？
　　　a. 0人　　　b. 1人～3人　　　c. 4人以上
36) 輸出しようと意思決定してから海外売上が立つまでかかった年数はどのくらいですか？
　　　a. 1年未満　　b. 1年以上　　　c. 2年以上
37) 海外売上高比率が10%に達するまでにかかった年数は何年ですか？
　　　a. 5年未満　　　b. 5年以上～10年未満　　　c. 10年以上
　　　d. 未達だが売上は立っている。
38) 売上高輸出額比率(輸出額／売上高）はどの程度ですか？
　　　＿＿＿＿%程度
39) 製品数輸出比率（輸出製品数／売上製品数）はどの程度ですか？
　　　＿＿＿＿%程度

40) 輸出のタイプは以下のうち、いずれが該当しますか？
　　　a. 輸出なし　　b. 暫定的に輸出あり　　c. 定常的に輸出あり
41) 国際化範囲について。以下の各地域への輸出や投資はありますか？（複数回答可）
　　中国・台湾・韓国　　　　　　　→ Yes / No
　　東南アジア・南西アジア・オセアニア　→ Yes / No
　　北米　　　　　　　　　　　　　→ Yes / No
　　欧州　　　　　　　　　　　　　→ Yes / No
　　その他　　　　　　　　　　　　→ Yes / No
42) 国際化の様態について。以下のいずれが該当しますか？（複数回答可）
　　部品輸入を行っている。　　　　　→ Yes / No
　　製品を輸出している。　　　　　　→ Yes / No
　　下請企業から半製品を輸入している。→ Yes / No
　　戦略的提携を行っている。　　　　→ Yes / No

　　合弁事業を行っている。　　　　　→　Yes ／ No
　　直接投資を行っている（販売、生産等）　→　Yes ／ No

■国際化に関連する対外能力について：以下の各問につき、a〜e のうちからもっとも当てはまる選択肢を選んでください。

43）当社は新商品開発活動につき、積極的にサプライヤ（含：同業他社）と協力する。
　　→　a. 強くそう思う、　b. そう思う、　c. 何とも言えない、
　　　　d. あまりそう思わない、　e. 全くそう思わない
44）当社はサプライヤ（含：同業他社）との間に長期にわたる関係を構築しようとする。
　　→　a. 強くそう思う、　b. そう思う、　c. 何とも言えない、
　　　　d. あまりそう思わない、　e. 全くそう思わない
45）当社は品質を重視する少数のサプライヤ（含：同業他社）との関係を重視する。
　　→　a. 強くそう思う、　b. そう思う、　c. 何とも言えない、
　　　　d. あまりそう思わない、　e. 全くそう思わない
46）サプライヤ選定（協力する同業他社選定）における当社の主要な認定基準は「品質」にある。
　　→　a. 強くそう思う、　b. そう思う、　c. 何とも言えない、
　　　　d. あまりそう思わない、　e. 全くそう思わない
47）当社の売上は、地元の多国籍企業との取引関係に依存する。
　　→　a. 強くそう思う、　b. そう思う、　c. 何とも言えない、
　　　　d. あまりそう思わない、　e. 全くそう思わない
48）当社は国際化を志向する地域ネットワークに積極的に参加する。
　　→　a. 強くそう思う、　b. そう思う、　c. 何とも言えない、
　　　　d. あまりそう思わない、　e. 全くそう思わない
49）当社は長期にわたる地元多国籍企業とのビジネス関係がある。
　　→　a. 強くそう思う、　b. そう思う、　c. 何とも言えない、
　　　　d. あまりそう思わない、　e. 全くそう思わない
50）当社は長期にわたる海外顧客とのビジネス関係構築を重視する。
　　→　a. 強くそう思う、　b. そう思う、　c. 何とも言えない、
　　　　d. あまりそう思わない、　e. 全くそう思わない

■国際化に関する貴社の意識について：Yes ／ No のいずれかを選択してください。

51）海外への輸出は心理的負担が大きい。→　Yes ／ No
52）経営者は国際経験（旅行、留学、出張など）がある。→　Yes ／ No
53）経営者は、国際化する動機が強い。→　Yes ／ No
54）経営者は外国顧客に関する知識がある。→　Yes ／ No

55）経営者は外国顧客との取引経験がある。→　Yes　/　No

56）経営者は国際化へのリスクは低いと認識している。→　Yes　/　No

57）経営者は国際化が必要であると認識している。→　Yes　/　No

58）当社の資源は全て既に国内向けに配分されており、輸出商機に対応することはできない。
　　　→　Yes　/　No

59）当面、国内事業に脅威はないとみており、輸出を開始する必要を感じない。→　Yes　/　No

60）当社の当面の目標は国内的なものであるため、国際展開の計画はない。→　Yes　/　No

61）将来的に輸出はありうるが今はその段階ではない。→　Yes　/　No

62）当社は現在多忙であり、輸出や海外進出については、いずれ検討する。→　Yes　/　No

63）輸出刺激策については、関心を払っていない。→　Yes　/　No

64）輸出誘導政策については全く認識していない。→　Yes　/　No

65）我々は輸出に必要な経験がない。→　Yes　/　No

66）我々は輸出に必要な知識がない。→　Yes　/　No

67）我々には海外の顧客やその動向について詳しいマネジャーがいない。→　Yes　/　No

68）我々は輸出に携わったことがないため、輸出業務開始に向けて準備することは、コストのかけ過ぎと
　　　なるのではないかと懸念する。→　Yes　/　No

69）我々は現状に満足している。→　Yes　/　No

70）我々は現在の売上と利益に満足している。→　Yes　/　No

71）我々は現状の業務のやり方を変更する必要はないとみている。→　Yes　/　No

72）不意の発注・照会を受けたことがある。→　Yes　/　No

73）市場での商機がある。→　Yes　/　No

74）競争にかつために輸出したい。→　Yes　/　No

75）政府による奨励策を活用したい。→　Yes　/　No

76）輸出に伴うリスクは小さい。→　Yes　/　No

77）輸出により大きな利益を得られそうだ。→　Yes　/　No

78）輸出業務に伴うコミュニケーションの壁がない。→　Yes　/　No

79）輸出実行までのLTは短いと考える。→　Yes　/　No

80）製造コストは十分低いと考える。輸出に伴う諸コスト（保険、各種事務手続き等）は低いと考え
　　　る。→　Yes　/　No

３．貴社の「自立化」についてご教示ください。

■研究開発や設計能力について：

81）当社では日常的に研究開発に
　　　a．取り組んでいる。　　b．必要だが取り組んでいない。　　c．当社では必要なし。

82）当社では技術者あるいは研究開発担当者が

　　合弁事業を行っている。　　　　　→　Yes　/　No
　　直接投資を行っている（販売、生産等）　→　Yes　/　No

■ 国際化に関連する対外能力について：以下の各問につき、a〜e のうちからもっとも当てはまる選択肢を選んでください。

43）当社は新商品開発活動につき、積極的にサプライヤ（含：同業他社）と協力する。
　　→　a. 強くそう思う、　b. そう思う、　c. 何とも言えない、
　　　　d. あまりそう思わない、　e. 全くそう思わない

44）当社はサプライヤ（含：同業他社）との間に長期にわたる関係を構築しようとする。
　　→　a. 強くそう思う、　b. そう思う、　c. 何とも言えない、
　　　　d. あまりそう思わない、　e. 全くそう思わない

45）当社は品質を重視する少数のサプライヤ（含：同業他社）との関係を重視する。
　　→　a. 強くそう思う、　b. そう思う、　c. 何とも言えない、
　　　　d. あまりそう思わない、　e. 全くそう思わない

46）サプライヤ選定（協力する同業他社選定）における当社の主要な認定基準は「品質」にある。
　　→　a. 強くそう思う、　b. そう思う、　c. 何とも言えない、
　　　　d. あまりそう思わない、　e. 全くそう思わない

47）当社の売上は、地元の多国籍企業との取引関係に依存する。
　　→　a. 強くそう思う、　b. そう思う、　c. 何とも言えない、
　　　　d. あまりそう思わない、　e. 全くそう思わない

48）当社は国際化を志向する地域ネットワークに積極的に参加する。
　　→　a. 強くそう思う、　b. そう思う、　c. 何とも言えない、
　　　　d. あまりそう思わない、　e. 全くそう思わない

49）当社は長期にわたる地元多国籍企業とのビジネス関係がある。
　　→　a. 強くそう思う、　b. そう思う、　c. 何とも言えない、
　　　　d. あまりそう思わない、　e. 全くそう思わない

50）当社は長期にわたる海外顧客とのビジネス関係構築を重視する。
　　→　a. 強くそう思う、　b. そう思う、　c. 何とも言えない、
　　　　d. あまりそう思わない、　e. 全くそう思わない

■ 国際化に関する貴社の意識について：Yes　/　No のいずれかを選択してください。

51）海外への輸出は心理的負担が大きい。→　Yes　/　No
52）経営者は国際経験（旅行、留学、出張など）がある。→　Yes　/　No
53）経営者は、国際化する動機が強い。→　Yes　/　No
54）経営者は外国顧客に関する知識がある。→　Yes　/　No

55）経営者は外国顧客との取引経験がある。→　Yes　/　No

56）経営者は国際化へのリスクは低いと認識している。→　Yes　/　No

57）経営者は国際化が必要であると認識している。→　Yes　/　No

58）当社の資源は全て既に国内向けに配分されており、輸出商機に対応することはできない。
　　　→　Yes　/　No

59）当面、国内事業に脅威はないとみており、輸出を開始する必要を感じない。→　Yes　/　No

60）当社の当面の目標は国内的なものであるため、国際展開の計画はない。→　Yes　/　No

61）将来的に輸出はありうるが今はその段階ではない。→　Yes　/　No

62）当社は現在多忙であり、輸出や海外進出については、いずれ検討する。→　Yes　/　No

63）輸出刺激策については、関心を払っていない。→　Yes　/　No

64）輸出誘導政策については全く認識していない。→　Yes　/　No

65）我々は輸出に必要な経験がない。→　Yes　/　No

66）我々は輸出に必要な知識がない。→　Yes　/　No

67）我々には海外の顧客やその動向について詳しいマネジャーがいない。→　Yes　/　No

68）我々は輸出に携わったことがないため、輸出業務開始に向けて準備することは、コストのかけ過ぎと
　　　なるのではないかと懸念する。→　Yes　/　No

69）我々は現状に満足している。→　Yes　/　No

70）我々は現在の売上と利益に満足している。→　Yes　/　No

71）我々は現状の業務のやり方を変更する必要はないとみている。→　Yes　/　No

72）不意の発注・照会を受けたことがある。→　Yes　/　No

73）市場での商機がある。→　Yes　/　No

74）競争にかつために輸出したい。→　Yes　/　No

75）政府による奨励策を活用したい。→　Yes　/　No

76）輸出に伴うリスクは小さい。→　Yes　/　No

77）輸出により大きな利益を得られそうだ。→　Yes　/　No

78）輸出業務に伴うコミュニケーションの壁がない。→　Yes　/　No

79）輸出実行までの LT は短いと考える。→　Yes　/　No

80）製造コストは十分低いと考える。輸出に伴う諸コスト（保険、各種事務手続き等）は低いと考え
　　　る。→　Yes　/　No

３．貴社の「自立化」についてご教示ください。
■研究開発や設計能力について：

81）当社では日常的に研究開発に
　　　a．取り組んでいる。　　b．必要だが取り組んでいない。　　c．当社では必要なし。

82）当社では技術者あるいは研究開発担当者が

　　a. いる。　　　　　b. 必要だがいない。　　　　c. 当社では必要なし。

83）当社では特許や実用新案を
　　a. 保有している。　　　b. 必要だが保有していない。　　c. 当社では必要なし。

84）この 15 年間に新製品、新手法開発のスピードを速める取り組みを
　　a. 実施した。　　　　b. 必要だが実施していない。　　　c. 当社では必要なし。

85）当社では上記のような技術開発、研究開発を進めるため、会社としての方針が定まっている。
　　→ Yes ／ No

86）当社は設計活動につき、優位性のある設備やノウハウ（CAD など）を持つ。
　　→ a. 強くそう思う、　b. そう思う、　c. 何とも言えない、
　　　d. あまりそう思わない、 e. 全くそう思わない

87）当社には一定数の設計者がいる。
　　→ a. 強くそう思う、　b. そう思う、　c. 何とも言えない、
　　　d. あまりそう思わない、 e. 全くそう思わない

88）当社には高度な設計要員が在籍する。
　　→ a. 強くそう思う、　b. そう思う、　c. 何とも言えない、
　　　d. あまりそう思わない、 e. 全くそう思わない

89）設計図面は貸与図である（全面的に顧客が作成し当社は一切手を加えない）
　　→ Yes ／ No

90）設計図面は顧客が作成するが、当社が修正を提案することもまれにある。
　　→ Yes ／ No

92）設計図面は顧客が作成するが、当社が修正や作成し直しを提案することが多い。
　　→ Yes ／ No

93）設計図面は承認図である（設計図は当社が作成し、顧客が承認）
　　→ Yes ／ No

94）設計図面は全面的に当社で作成する。
　　→ Yes ／ No

95）設計に際しては、顧客の購買のみならず、製造、設計、開発、場合によっては営業と会話する。
　　→ Yes ／ No

■製造や調達について
96）当社の生産技術（もしくはノウハウ）は、業界平均よりも進んでいる。
　　→ a. 強くそう思う、　b. そう思う、　c. 何とも言えない、
　　　d. あまりそう思わない、 e. 全くそう思わない

97）当社の技術的知識（もしくはノウハウ）は深い。

→　a. 強くそう思う、　b. そう思う、　　c. 何とも言えない、

　　　d. あまりそう思わない、　e. 全くそう思わない

98）当社は最先端の技術的知識（ノウハウ）を蓄積している。

→　a. 強くそう思う、　b. そう思う、　　c. 何とも言えない、

　　　d. あまりそう思わない、　e. 全くそう思わない

99）当社は必要とあれば、取引先からその技術を迅速に自社内に横展開可能である。

→　a. 強くそう思う、　b. そう思う、　　c. 何とも言えない、

　　　d. あまりそう思わない、　e. 全くそう思わない

100）生産性や品質を高めるため、最新鋭の設備を導入している。

　　　a. 導入した。　　　b. 必要だが導入できていない。　　　c. 当社では必要なし。

101）当社では独自の製造技術や加工技術を

　　　a. 保有している。　　b. 必要だが保有できていない。　　　c. 当社では必要なし。

102）当社では一括受注・ユニット加工を

　　　a. 実施している。　　b. 必要だが実施していない。　　　c. 当社では関係なし。

103）当社では熟練技能者が

　　　a. いる。　　　　　b. 必要だがいない。　　　　　　　　c. 当社では必要なし。

104）当社では高精度品・高難度品（ハイテク品）を

　　　a. 作っている。　　　b. 必要だが作れていない。　　　　　c. 当社では関係なし。

105）国内外で安く作る仕組みを構築することを（コストダウンの努力を）

　　　a. 実施している。　　b. 必要だが構築できていない。　　　c. 当社では必要なし。

106）当社では短納期対応の生産システムの構築を

　　　a. 実施している。　　b. 必要だが構築できていない。　　　c. 当社では関係なし。

107）当社では自主的に品質改善を

　　　a. 実施している。　　b. 必要だができていない。　　　　　c. 当社では必要なし。

108）当社では上記のような製造に関して、会社としての方針が定まっている。

　　　→　Yes　/　No

109）当社には独自の生産技術がある。　　　　　　　→　Yes　/　No

110）当社には、独自製品がある。　　　　　　　　　→　Yes　/　No

111）当社は設備投資を自主判断して行っている。　　→　Yes　/　No

112）当社は技術の人材育成を行っている。　　　　　→　Yes　/　No

113）当社の部材調達は独自に行っている。　　　　　→　Yes　/　No

■営業について

114）顧客の設計上の問題を解決するために、当社は顧客と協力する力を持つ。
　　→ a. 強くそう思う、　b. そう思う、　c. 何とも言えない、
　　　　d. あまりそう思わない、　e. 全くそう思わない

115）物流上の問題を解決するために、当社は顧客と協力する力を持つ。
　　→ a. 強くそう思う、　b. そう思う、　c. 何とも言えない、
　　　　d. あまりそう思わない、　e. 全くそう思わない

116）商品開発上の問題を解決するためのに、当社は顧客と協力する力を持つ。
　　→ a. 強くそう思う、　b. そう思う、　c. 何とも言えない、
　　　　d. あまりそう思わない、　e. 全くそう思わない

117）品質上の問題を解決するために、当社は顧客と協力する力を持つ。
　　→ a. 強くそう思う、　b. そう思う、　c. 何とも言えない、
　　　　d. あまりそう思わない、　e. 全くそう思わない

118）主要な製品や加工の販売先に対する価格決定権は、
　　→ a. 当社の意向が反映される、　b. 当社の意向がある程度反映される、
　　　　c. ケースバイケースである、　d. ほとんど決定権はない、　e. 全く決定権はない

119）当社の製品や加工に関して、現在、競争相手は少ない。
　　→ a. 強くそう思う、　b. そう思う、　c. 何とも言えない、
　　　　d. あまりそう思わない、　e. 全くそう思わない

120）当社は顧客の多様化（複数顧客化）に努めている。→ Yes / No

121）当社は独自のブランドを有する。→ Yes / No

122）日製グループ（あるいはその他特定顧客）売上高比率。＿＿＿＿＿＿％

123）日製グループ（あるいはその他特定顧客）以外の顧客への売上高比率。
　　＿＿＿＿＿＿％

以上、ご協力誠にありがとうございました。

索　引

【数字・アルファベット】
1 次下請　132
2 次・3 次下請　132
3D（3 次元）技術　160
3D モデル　163
　——製造　169
5 軸機械　161
Air ブラシ　147
AOI　193
　——検査　193
　——装置　194
BAGC　16, 17
BGC　16, 17, 73
Blue オーシャン　160
Born Again Global Company　16, 200
　——論　188
Born Global　16
　—— Company（BGC）論　15, 188
BtoB　226
　——向け産業財ニッチ市場　102
CAD/CAM　149, 161, 162, 229
CDK/SKD 生産　197
CNC　229
　——旋盤　189
COMPAMED　121, 158
CT スキャナ　215
D/d（デイバイデイ）　124
D/d4　256
DOI　4, 69, 70, 90, 143
　——指標　6, 70, 107, 111, 113, 186, 239, 243, 258
　——測定　69, 76
　——測定指標　71, 72, 73, 74, 75, 79, 84, 91, 103, 141, 173
　——の記述的説明　70
　——の動因追究的説明　70
Establishment Chain　71
Exit　21, 22, 25
Feasibility Study　126, 197, 198, 256
Fortuitous Order（思いがけない発注）　77, 79,

176
IEO　73, 238, 257
IMP（International Marketing and Purchasing）プロジェクト　13, 14
IOT 技術　163
JIS　145
JIT　61
Lateral Rigidity　72, 91, 217, 260
Liability of Foreignness　198, 225
MRI 用の医療機器部品　217
NC 機械化　63
NC 旋盤　61, 228
NC ターレットパンチ　61
NC プラズマプレス　61
NC ボール盤　61
NC レーザー切断機　61
ODM　64
OEM　64
OJT　165
PCB　192, 194
　——検査機　193
　——実装ライン　192
Pre-Export　90
　——段階　76, 78, 79, 176, 188
Psychic Distance　177
QCD　52, 54, 66, 96, 147, 155, 158
R&D　222
　——コスト　182
　——力　85, 96, 113, 114, 115, 117, 121, 122, 127, 133, 135, 243, 244, 248, 250, 251, 252, 259
Red オーシャン　160
Stage Model　90, 188
Stage モデル　198
Uppsala　70
　—— Model　8, 9, 177
　——モデル　13, 15, 20, 26, 71, 90
　——理論　188, 197, 198, 201, 224, 258
VA　61
　——活動　59

VEC　62, 63
　　──活動　61
Voice　21, 22, 25

【ア行】
アーク溶接技能　48
アフターサービス　199
アルミ鋳型製品　215
アルミ鋳造　214, 216, 217
一業種一社　214
一社依存　212
イノベーション　9, 22, 23, 24, 25, 71, 248, 251
　　──能力　80
鋳物　214
　　──生産　215
医療機器用のアルミ鋳造品　217
医療用アルミ鋳造部品　231
医療用向け特殊ランプ　116
打ち抜き　224
売上依存　135, 144, 187
営業　115
　　──能力　131
　　──部　150, 155, 197
　　──力　113, 114, 117, 121, 131, 139, 243
液化天然ガス（LNG）のポンプ用モーター
　　181
エスカレータ　45
エッチング作業　61
エバポレータ　195
エレベータ　45, 154
オイルショック　58, 152
大みか工場　239
大物溶接設備　150
オペレータ　229
オンリーワン　241
　　──技術　81

【カ行】
海外市場開拓　76, 185
海外進出　100
海外直接投資　18, 97, 100
海外展開　18, 59
海外輸出　166
海岸工場　38, 184
階層的下請制度　253

外注 MST　57, 58
外注化　74
外注加工業者　252
外注管理　52, 55, 57, 62
　　──政策　33, 61, 235
　　──体制　52
外注技能競技会　145
外注工場　145
外注政策　35, 38, 39, 40, 41, 53, 64, 66, 142
外注製品　74
外注単価　48
価格決定権　81, 82, 96, 120, 137
価格決定力　70
価格交渉能力　102
価格交渉力　21, 81, 82, 255
加工　229
　　──技術分野　224
　　──費　152
　　──プレート　159
　　──プロセス技術（製造技術）　251
カタログ　226
金型　194, 219
　　──・治工具　106, 113, 114, 115, 131
　　──部品　228
　　──メーカー　221, 222
家父長的温情主義　238
亀有工場　36
関係構築能力　75, 76, 90
関係特殊的投資　76
完全受注生産　175
キーシリンダー　189
機械加工　107, 144, 146
　　──業　29, 59
　　──工程　151
機械設備　42
機械の音　229
基幹インフラ製品　241
起業家精神　30, 117, 187
企業間取引　25
　　──関係　4
企業城下町　i, 2, 4, 24, 26, 66
　　──型産業集積地　98
　　──的産業集積地　25, 29, 72, 82, 84, 235, 245
技術　40, 80, 152, 168, 178, 242
　　──・品質　227

――営業　164
――革新　23
――指導　96, 215
――蓄積　25
――的（な）蓄積　29, 243, 245
――ネタ　187
――力　25, 30, 31, 33, 34, 47, 75, 159, 169, 255
教育訓練　48
業態　85, 91, 96, 243, 248
――の変化　96
共同検査　50
共同購入　50
――事業　48
共同受注　50
――方式　48
共同輸送　50
協力会　36
金属プレス加工　177
久慈鉄工協同組合　49, 50, 58, 60
組立工場　211
組立工程　218
組立メーカー　224
グローバル・ニッチ・トップ企業（GNT）　102
グローバル競争　2
経営　40
――者の認識　122, 133
――戦略　218
――ノウハウ　152
――理念　219
――力　33, 34, 255
経済産業省サポイン　176
経済成長停滞期　31
研究開発　115, 117, 120, 122, 123, 131, 133, 137
――能力　96
検査・保証　147
研削切削技術　230
現地調達　189
コイル　181
工業協同組合　33, 34, 41, 43, 47, 49, 51, 99, 107, 152
工作機械　227
工場協同組合　65
工場用コンプレッサー用モーター　182
高度技術者　116

高度経済成長　41, 64, 151
――期　49, 66, 142
高度な技術力　220, 230
高付加価値　102, 164
――技術　69, 101
――ニッチ需要　84
合弁企業　218
高密度の技術　84
五感　229
顧客　168
――開拓　155
――価値　222
――管理能力　75, 80
――対応能力　83, 115, 117, 120
――（の）多角化　70, 169
――の多様化の努力　96
国際 BtoB マーケティング　13, 14
国際化　i, 3, 5, 7, 10, 11, 12, 15, 18, 19, 20, 21, 22, 23, 24, 25, 26, 30, 66, 71, 72, 74, 80, 83, 97, 112, 138, 173, 177, 180, 187, 188, 191, 197, 218, 230, 235, 238, 239, 245, 246, 248, 250, 252, 257, 259
――準備企業　109, 125, 126, 130, 173, 186, 203, 209, 210, 218, 230, 236, 237, 246
――成果　122
――段階（Stage）　90, 91, 122, 133, 126
――度合　4
――に向けた硬直性　80
――範囲　90
――プロセス　75
――モード　90
国際起業家志向　17
国際起業家精神　16, 102
国際競争　25
国際協力機構（JICA）　182
国際経営論　74
国際産業財マーケティング理論　79
国際志向性　150
国際性　242
国際調達　13
国際的ベンチャー企業　102
国際展開　195, 204, 216, 223
国際ビジネス　78
国際マーケティング　13
国内志向自立化企業　125, 127, 169, 209, 210,

　　230, 236, 237, 239, 246, 255, 260
国内志向自立型企業　143
国内市場　10, 12
　　──開拓　155
国内生産工場　197
国分工場　239
コスト　162
　　──ダウン　54, 154
護送船団方式　29, 32, 53, 66, 99, 109, 166, 255
コンサルテーションサービス　232
コンデンサー　195
コンピタンス　255

【サ行】
サプライチェーン　1, 74
サプライマネジメント　74
　　──能力　75, 80
サプライヤー　100
差別化技術　24
サポイン　156
　　──事業　121
佐和工場　184, 200, 203, 239
産業集積　9, 29
　　──地　i, 3
時間単価　152
仕事量　152
試作品　162
試作用精密部品　184
試作量産　232
自社製品　227
　　──開発型企業　250
　　──を持つ製造販売メーカー　132
自社ブランド品　251
自主独立型中小企業　101
下請外注　11, 256
下請型企業　141
下請型中小企業　26
下請型中小製造業　101
下請企業　76, 79, 209, 235, 241
下請工場　36
下請制度　73
下請部品メーカー　35
史的展開過程　27
自動車エアコン　200
自動車部品　239

　　──加工　180
自動滴定装置　198
弱電関係　184
射出成型　157
従属的下請企業　25, 69, 98, 125, 130, 138, 143,
　　169, 209, 236, 239, 242, 246
重電系工場　241, 242
重電向け圧力容器（タンク）　217
従来型下請企業　142
熟練技能者　96
樹脂・ゴム加工　106, 114, 125, 127, 167
受注先多角化　58
受注先複数化　255
受注生産型中小企業　81, 83
受注単価交渉　51
承認図面　34, 101
ショットブラスト　147
自立　98
　　──化　i, 3, 5, 7, 11, 21, 22, 24, 25, 30, 66, 69,
　　97, 112, 152, 173, 191, 204, 239, 246, 250,
　　257, 259
　　──化指標　6, 83, 107, 111, 113, 186, 239,
　　243, 258
　　──化測定指標　81, 82, 84, 91, 103, 141, 173
　　──型　85
　　──型企業　101
　　──型国際化企業　84, 109, 121, 125, 126,
　　130, 131, 138, 200, 203, 209, 210, 230, 236,
　　237, 241, 246, 260
　　──型国際化中小企業　102
　　──型国内志向企業　138, 142
　　──化度合　4
　　──性　54, 143, 150, 186, 245
新幹線用 CAM モーター製作　181
新規顧客開拓　66
人材育成　47, 144, 147, 220
新製品開発力　81
振動　229
心理的（な）距離（Psychic Distance）　12, 71,
　　79, 198, 225, 258
垂直方向　231
ステージモデル　71, 76, 79
　　──理論　14
ステンレス　148
図面更新　190

製缶　38, 45
　　──・鈑金　106, 114, 125, 126, 127, 130, 135,
　　　137, 148, 151, 183
　　──・鈑金作業　231
　　──・溶接　144
　　──・溶接技術　149
　　──作業　40, 151
製作　219
生産技術　43, 164
生産設備　165
生産ライン　195
生産割り付け数量　145
製造　96
　　──技術　83
　　──現場　192
　　──工程付加価値　253
　　──コンピタンス　212
　　──能力　137, 139, 243, 244
　　──販売兼下請メーカー　132
　　──力　113, 114, 115, 121, 123, 124
精密機械加工　184
精密難加工材加工等　255
精密刃物・微細プレス加工　219
精密板金　148
精密微細加工企業　190
精密部品製造　220
精密プレス加工技術　185
精密プレス部品製造　220
石英・各種高品質ガラス加工　116, 186
設計　80, 219
　　──・開発・装置　106, 114, 115, 122, 126,
　　　127, 130, 131, 133, 139
　　──図面　58, 200
　　──能力　83, 122, 131, 133, 135
　　──力　75, 96, 137
切削・研削　106, 113, 114, 117, 120, 126, 127,
　　　131, 135
切削技術　124
切断　224
設備　213
設備投資　80, 96, 203
セラミック加工　157
洗浄　156
先端技術　10
旋盤　42, 45

戦略的基盤技術高度化支援事業　121, 176
装置メーカー　221, 224
測定器　239
測定顕微鏡　195

【タ行】
タービン　184
第一次オイルショック　145
対外的能力　126
対外能力　90, 127
ダイキャスト　43
対顧客関係管理能力　80
対中核企業関係　243
貸与図面　34, 41, 62, 101, 154
多角化　204
多賀工場　36, 41, 42, 43, 46, 49, 50, 54, 56, 58,
　　　59, 60, 65, 110, 184, 191, 200, 239
脱下請　250
多品種少量　164
　　──生産　213
断続滴加方式　198
地域中小企業　20, 72
地域未来牽引企業　116, 163
治工具　165, 175
中核企業　5, 8, 17, 27, 29, 35, 107, 124, 135, 154,
　　　199, 214, 218, 230, 243, 252, 257
　　──以外への売上依存　117, 120
　　──との関係　96, 107
中間財分野　19
中小外注企業　40, 42, 58, 65, 152
中小外注下請企業　45
中小機械加工　38
中小企業　21, 23, 24, 25, 26, 29, 242
　　──国際化　15, 20, 176
　　──自立化　20
中小産業財製造企業　76
中小下請外注企業　29, 42
中小下請企業　19, 30, 38, 45, 47, 50, 51, 52, 65,
　　　153, 217
中小ものづくり企業　26
鋳造・鍛造　106, 114, 125, 127, 130, 183, 214
長期固定的（な）取引関係　7, 11, 167, 184,
　　　209, 230, 236, 253, 257
超高精度　84
超最先端技術　25

長寿命金型　222
超精密加工技術　245
超精密研削加工技術　219
直接取引　159, 166
賃率交渉　152
追従型国際化　100
　　——企業　99, 131, 138
　　——中小企業　109
定性的アプローチ　259
定量的アプローチ　259
定量的分析　8
テーブルスポット型自動スタット溶接機　213
滴加制御式滴定記録装置 RAT-1　201
電気・電子・部品　139
電機・電子部品・機器　135
電気・電子部品・機器　106, 113, 114, 116, 122,
　　125, 126, 127, 130, 131, 163
電気機関車　45
電池業界　223
転入企業　101, 107, 174, 209, 244
動因追究的説明　91
東海工場　184
都会型産業集積地　82
尖った技術　191
独自・高度技術　81
独自技術　24, 102, 116, 256
独自製造技術　133
独自製品　116
特殊ネジ　189
特殊ボルト　189
特殊ランプ　187
独立型中小企業　83
塗装工場　211
塗装工程　218
塗装設備　150
ドラフトチャンバー　213
取引関係　27, 34
取引空間　82

【ナ行】
那珂工場　117, 156, 167, 184, 199, 200, 203, 239,
　　242
難加工材　159, 180
日製　24, 27, 30, 32, 110, 117, 135, 144, 146, 151,
　　181, 182, 187, 241

日製依存度　156
日製グループ　107
日製工場　34, 35, 37, 38, 64, 66, 142, 144, 146
ニッチ　121, 223
　　——市場　10, 20, 59
　　——製品　166
　　——トップメーカー　190
日本人的モノ作り　229
認識　90, 91
熱交換器部品　196
熱処理　148, 221
　　——技術　147
ネットワーク　14
　　——関係　76
粘着質の知識　75
ノッチ　79, 188, 198, 202

【ハ行】
バイス　227, 228
バックアップ電源　197
発電機　184
はばたく中小企業・小規模事業者300社選　225
パフォーマンス　79, 90, 91
刃物　221
　　——・金型製作　224
　　——事業　221
バリ取り　183
鈑金　210, 211
半自動メッキ装置　61
半導体製造装置　158
半導体装置企業　163
　　——メーカー　157
販売委託契約　175
比較的従属的　141
微細加工　184
　　——技術　190
非接触 IC カード・IC タグ　199
日立工場　31, 36, 38, 40, 41, 46, 48, 49, 52, 53,
　　65, 146, 152, 167, 180, 239, 242
日立製作所工業協同組合　47, 49, 52
日立地域　i, 2, 3, 4, 24, 27, 30, 37, 99, 138, 209,
　　214, 257, 259
　　——中小企業　24, 97
日立ハイテク　156, 157, 210, 212
標準時間　152

表面処理設備　63
ピラミッド型の取引構造　99
品質　40, 81, 242
　——改善　96
　——管理能力　47
　——向上　59
　——指導　155
ファイバーレーザー溶接　214
複雑三次元形状　178
物流上の問題　120
部品加工　42, 45
部品生産　195
プラスチック成形　58
ブラスト　148
ブランド力　81
プレス　194
　——加工　58, 106, 114, 115, 123, 125, 130,
　　131, 135, 202, 220, 232
　——加工企業　245
　——金型　178
　——工程　232
　——事業　222
　——ブレーキ　61
分析機器　116
分析枠組み　138
ベンチャー型中小企業　15
ボール盤　42, 45

【マ行】
マーケティング　96, 117, 123, 219
　——能力　23, 250
　——ミックス　78
　——力　115
マルチスライス化　215
水戸工場　31, 36, 45, 46, 60, 62, 63, 64, 154
ミルスケール　147
無償支給　34
メンテナンス　182
モーター　184
モード　80

目視検査　193
　——支援システム　192
モデルチェンジ　162
モニター　193
ものづくり　1, 2
　——職場　144
　——哲学　228

【ヤ行】
山手工場　38, 181, 184
有償支給等　34
輸出　23, 26, 69, 71, 78, 97, 166, 226
　——刺激　78
　——志向性　90
　——実現　201
　——前段階　73, 76
　——比率　80
溶接　149, 150
　——管理棟　211
　——技術　147, 149
　——工程　153
　——作業　40, 151
要素技術　179

【ラ行】
リーマンショック　149
理想プロフィール　98
　——指標　84
　——手法　103
歴史的アプローチ　259
歴史的重要性　257
レジスト等塗布　156
ロックイン　153
　——効果　197
ロボットベンダー　213

【ワ行】
ワニス　41
ワニス塗布技術　181

【著者略歴】

菅田　浩一郎（すがた　こういちろう）

1969 年　神奈川県生まれ
1993 年　慶應義塾大学法学部政治学科卒業
同年　　ソニー(株)入社
2015 年　常磐大学准教授
2020 年　埼玉大学大学院人文社会科学研究科博士後期課程経済経営専攻修了
現在　　常磐大学教授　博士（経営学）（埼玉大学）

（主要業績）
「茨城県県北中小製造企業の事業国際化への取り組み：“Born-Again Global Company”の萌芽」『常磐国際紀要』20，2016 年
「地域中小企業国際化度合（DOI：Degree of Internationalization）測定指標の策定：理想プロフィール指標による測定項目設定の試み」『常磐総合政策研究』2，2018 年
「地域中小企業国際化の胎動と自立化：日立地域中小企業の DOI（Degree of Internationalization）と自立化の測定」『国際ビジネス研究』11（2），2019 年
「日立製作所の外注政策展開過程（1）：工場史にみる日立製作所の中小企業対応」『常磐総合政策研究』4，2019 年
「日立製作所の外注政策展開過程（2）：工場史にみる日立製作所の中小企業対応」『常磐総合政策研究』5，2020 年

中小企業の国際化と自立化
—日立地域にみる胎動—

2022 年 3 月 25 日　第 1 版第 1 刷発行　　　　　　　　検印省略

著　者　菅　田　浩　一　郎

発行者　前　野　　　隆

発行所　株式会社　文　眞　堂
東京都新宿区早稲田鶴巻町 533
電　話 03（3202）8480
FAX 03（3203）2638
http://www.bunshin-do.co.jp/
〒162-0041 振替 00120-2-96437

印刷／製本・美研プリンティング
©2022
定価はカバー裏に表示してあります
ISBN978-4-8309-5173-2 C3034